哲學研究叢書・學術思想叢刊

靜坐、讀書與身體：
理學工夫論之研究

王雪卿　著

自 序

　　本書是一部探討宋明理學工夫論的著作，所收錄的篇章內容雖然概括不同時代的理學家，但貫穿其間的是筆者對儒學的一個基本信念──實踐之學。儒學作為「成德之學」而存在，「成德之學」的性格指向「實踐」，「工夫論」乃成為儒家義理的核心。但在儒學現代化過程中，學科分類下被勉強劃入「哲學」學門的儒學，所面臨的學術化、客觀化之要求，當代儒學也出現了一個難題──學術化後的儒家哲學如何面對「實踐」的問題？所謂儒學，如何不僅成為一種「思辯哲學」？儒學的實踐，如何能不僅是一種「實踐的理論」？如何得以避免「實踐的脫落」？此實是儒學現代化、學術化下的一項挑戰。

　　儒家工夫論的研究，如何由在思想文獻中做為靜態結構描述的「實踐的理論」，轉向返回實修實證的動態歷程之展現，此是筆者近年來對理學家工夫論持續研究之動機。也因此，筆者的關注興趣也集中在工夫的具體實踐與操作方法，它們如何被運作、展開之上。回到理學傳統看，朱子有教人「半日靜坐，半日讀書」之說，姑且不論此說所引起的種種爭議，在後來理學家修養工夫中，靜坐與讀書兩種工夫，確實不斷的被頻繁熱情的使用著。筆者首先關注的工夫是理學靜坐法。它與宋明理學的興起幾乎同時，但由於孔門傳統教法是在「人倫日用感應處」用功，並無靜坐法。因此，靜坐不只在當代儒學地位尷尬，即使在理學史上也因和二氏關係過密，在當時即是一個須要不斷被解釋的修養法。雖然如此，不論是用於個人修養或公共教學，從理學家對靜坐的密集使用情形，說明靜坐即使未必構成儒家本質工夫，卻是不可略過的理學重要工夫。至於讀書法，理學家談「讀書」

往往與「身心」緊密相連，意味著他們將讀書視為一種與身心轉換密切相關的實踐工夫，和一般知識意義下的認知活動有很大差異。除了文本檢擇與閱讀，讀書工夫的運作也關連到閱讀者整體的身心狀態，包括讀書的心態調整和身體參與，都成為重要環節。

對於理學工夫論如何展開的關注，也是筆者對當代儒學身體觀研究的一個回應。身體觀是晚近學者切入中國哲學的一個重要視角，此研究除了呼應西方哲學對「身體」的重視外，就中國哲學內部來說也和長期以來強調心性論的思維方式有關。作為生命的學問、體驗哲學，儒家心性論和身體觀當是一體兩面，沒有無心性的身體，也沒有無身體的心性；宋明理學家心性體驗特深，對身體和意識關係的思考也更為深刻。東方身心觀一向重視「身心合一」，雖不否認有與「心」相對意義下的「身」，但認為此身心相對只是暫時性的，最終會在道德實踐過程中被克服，而達到「身心一如」。因此，中國哲學對身體的探討往往連著「修身」命題出現，而通向工夫論範疇。如何使儒學工夫論的探討更具體，儒家身體觀的研究是一種將儒家修養哲學，拉回身體向度的嘗試。透過身體向度的研究，使儒學成為更完整的身心之學。它是對心性論詮釋框架的補充與辯證發展，其背後的訴求是要使中國哲學的研究從心性形上學，往身體向度落實，發展成更完整的「身心之學」。讀書、靜坐與身體，就成了筆者近年來對理學工夫論關注下所呈現的一些面貌。

本書的各個篇章，多為在國內外學術研討會宣讀過或於學術期刊發表過的論文，各篇章發表之情形如下：

壹：〈導論：靜坐、讀書與身體〉，新作。

貳：〈朱子工夫論中的靜坐〉，本文初稿發表於廈門大學國學院、臺灣師範大學國際與僑教學院、臺灣大學人文社會高等研究院、臺灣朱子學研究協會與閩北朱子後裔聯誼會聯合舉辦「第六屆朱子

之路研習營」之「朱子之路回顧與展望」研討會——兩岸研究生朱子文化論壇（廈門篔簹書院，2013年7月11日）。修改後刊登於《鵝湖月刊》466期（2014年4月）（THCI 期刊），經修改而成。

叁：〈讀書如何成為一種工夫——朱子讀書法的工夫論研究〉，發表於臺灣大學人文社會高等研究院、臺灣朱子研究協會、臺灣中文學會、中華朱子學會等舉辦之「『朱子哲學的當代反思』國際學術研討會」（2014年3月14-15日）。經修改而成，已接受《清華中文學報》第13期（2015年6月）（THCI 期刊）刊登。

肆：〈程朱工夫如何合陸王本體——作為「生命實踐」的李二曲思想研究〉，本文初稿發表於《鵝湖月刊》，原篇名為〈作為「生命實踐」的李二曲思想之研究〉（上）（《鵝湖月刊》438期，2011年12月）、〈作為「生命實踐」的李二曲思想之研究〉（下）（《鵝湖月刊》439期，2012年1月）（THCI 期刊），經修改而成。

伍：〈李二曲工夫論中的靜坐〉，初稿曾發表於吳鳳科技大學「2012通識教育暨經典學術研討會」（2012年5月23日），經修改而成。

陸：〈李二曲工夫論中的身體觀〉，發表於《揭諦》26期（2014年1月）（THCI CORE期刊）。

柒：〈張載工夫論：大心與變化氣質說及其具體實踐〉，發表於《揭諦》24期（2013年1月）（THCI CORE期刊）。原篇名為〈「生命實踐」視域下的張載工夫論—大心與變化氣質說及其具體實踐〉。

捌：結論，新作。

附錄一：〈唐君毅的張載學——以「氣」為中心的思考〉，發表於四

　　　　川省宜賓市宜賓學院唐君毅研究所、香港中文大學新亞書
　　　　院、臺灣中央大學儒學研究中心、臺灣東海大學、浙江傳媒
　　　　學院生命學與生命教育研究所等聯合舉辦「歷史與文化：現
　　　　代新儒學的理論與實踐——紀念唐君毅先生誕辰一〇五周年
　　　　國際學術研討會」（2014年10月15-16日）。刊登於《宜賓
　　　　學院學報》2015年第4期（2015年4月）。

附錄二：〈以心解經：張載經典詮釋思想之考察〉，發表於《吳鳳學
　　　　報》19期（2011年12月），經修改而成。

其中附錄一、二看似與筆者對理學工夫論的關懷主軸未必完全一致，
但卻也是同一思考脈絡下前後的產物，因此，筆者也一併將之收錄於
書中。它們一方面既是筆者儒學研究路上的雪泥鴻爪，也是對未來研
究方向的可能線索之想像。

　　　此書的寫成，要感謝清華大學中文系楊儒賓教授與中山大學中文
系賴錫三教授，這兩位我最敬畏與佩服的老師。當代的宋明理學研
究，在氣、工夫論、身體觀等議題上，楊儒賓教授開闢了一塊塊的沃
壤，提供嶄新的研究視野。在我最關注靜坐工夫的這些年，陸續拜讀
楊老師〈宋儒靜坐說〉、〈明儒與靜坐〉、〈主靜與主敬〉等關注理
學靜坐法的大作，深受啟發。二〇一二年五月楊儒賓、馬淵昌也、艾
皓德主編的《東亞的靜坐傳統》一書問世，促使學界注意靜坐工夫的
意義，為儒學靜坐法在當代學術研究的可能性留下了一個空間。賴老
師是我的指導教授，在氣論與身體觀和道家思想的課堂上所受到的浸
潤與啟發自然不在話下。對於我開口閉口「工夫」，賴老師偶爾就會
拋出他的質疑：東方哲學愛講工夫，工夫有什麼了不起？只有靜坐是
工夫？讀書不能是一種工夫嗎？西方哲學就沒有工夫嗎？好的學者身
上，那種專注與深刻、豐富的生命深度與品質，他們身上難道就沒有
工夫嗎？每每以一種近乎「異議的意義」式的犀利與睿智，使我的思

考必須更細緻、更深刻、更當代。這些聲音都如當頭棒喝般化為筆者理學工夫論研究上的重要養分。

　　西方哲學是不是就不可以「講工夫」？晚期傅柯在建構歐洲修養哲學系譜時，對於修養哲學與認識哲學間的重新反省，迫使人們擺脫有關歐洲哲學只重視「認識」的刻板觀點，做了一種歐洲哲學也可以「講工夫」的回應。傅柯將哲學視為「是一種徘徊在修養與學術間的生命狀態」，而提出「哲學工夫」。這是一種「在思想中進行的，並且通過思想進行的訓練。」[1]「不僅是指理論思維，而涉及多種與思想和語言相關的自我技術，如對話、聆聽、書寫（日記、筆記、書信）、閱讀、良心省察等。」[2]在哲學工夫中，讀書與思考可以作為一種身體修養、精神安頓的技術。來自於跨文化的修養與認識兩種哲學向度的組合潛力，對於東方哲學的工夫論研究是一個值得聆聽的重要聲音，是儒家工夫論在當代的發展必須吸納的向度，也是筆者在本書的思考如有未盡，日後將更細緻的處理之處。回到宋明理學系統來說，事實上，讀書作為一種工夫，在理學家陣營中，本來就有一段關於讀書悟道很美的記載，那是明末高攀龍知名的「汀州之悟」：

> 過汀州，陸行，至一旅舍。舍有小樓，前對山，後臨澗；登樓甚樂。手持二程書，偶見明道先生曰：「百官萬務，兵革百萬之眾，飲水曲肱，樂在其中。萬變具在人，其實無一事。」猛醒曰：「原來如此，實無一事也。」一念纏綿斬然遂絕，忽如百斤擔子，頓爾落地；又如電光一閃，透體

1　傅柯：《主體解釋學》，收入杜小真編選：《福柯集》（上海：上海遠東出版社，1998），頁479-480。
2　何乏筆：〈修養與批判：傅柯《主體解釋學》初探〉，《中國文哲研究通訊》第15卷第3期（2005年9月），頁6。

通明，遂與大化融合無際，更無天人內外之隔。（〈困學記〉，《高子遺書》，卷3）

理學名家高攀龍是在讀《二程集》中明道「實無一事」之語而悟道。讀書能不能是一種好的實踐工夫，也可以達到悟的境界？可作為此問題的一個註腳。

在理學工夫論的研究過程中，靜坐法是我最早的關注點，在此佛家一向工夫細密，筆者要感謝我的佛教道場中台禪寺，每年寒、暑假期間為學界舉辦的大型禪七，為我的靜坐工夫提供殊勝指導與實踐空間。九次禪七期間，在暫時離身離事的超越隔絕體證中，遙契理學家與禪者間的某些共同語言與身影，使我的思緒得以略為清明。禁語前往禪堂路上，每年夏日總有滿地阿勃勒的黃豔豔落花，春季則見一株株桃花小小，以一種無言而深刻的方式演繹生命的喜悅與天地之大美。

一路奔波忙碌中不知不覺已入中年，檢視自己的生命，受之於人者多。最要感謝的自然是我慚愧沒有承歡膝下，好好孝養的雙親，以及我的新儒家哲學啟蒙恩師曾昭旭教授。在吳鳳科大執教以來三位通識中心主任：周虎林、周天令、楊志遠主任的提攜與關照。還有我的靈魂伴侶，南華大學生死學系廖俊裕副教授。一路同行，多所包容，何其有幸。

王雪卿
謹序於民雄
2015年2月

目次

壹
導論：靜坐、讀書與身體

一　前言：理學工夫

　　「工夫」在東方哲學的用法中涵義相當豐富，它可以被視為「修養」，但似乎又比「修養」一詞多了些宗教神秘氣味。它不見於先秦儒家，大致上要到宋代以後才逐漸出現在儒門典籍，成為一種重要的文化現象，明代以後學者使用此一詞語更是翕然成風。因此，儒學史上工夫論的最重要脈絡也應當放入宋明時期來討論。[1]日本學者山井湧將「宋學之本質性特質」定位為「修養之學」，並且進一步指出：「作為其修養之學的基礎、支撐，則有理氣哲學的理論，而該理論的根柢則存在著經書。此即此修養之學的特性。」[2]宋明儒者的「修養之學」，背後有一套「理氣」世界觀與對「性命」本源問題的思考作為支撐，「工夫」的問題在理學中也顯得特別重要，被視為「理學之所以為理學的最根本要素」。[3]

　　理學工夫細密、深刻，和宋代以前的儒學傳統相較呈現出多樣而且嶄新的樣貌。就發生意義來說，這是理學家們為了佛老對儒家缺乏

---

[1]　楊儒賓：〈《儒學的氣論與工夫論》：導論〉，收入楊儒賓、祝平次編：《儒學的氣論與工夫論》（臺北：臺灣大學出版中心，2005），頁ii。

[2]　山井湧：《明清思想史之研究》（東京：東京大學出版會，1980），頁18。

[3]　藤井倫明：「關於理學之所以為理學的最根本要素，乃在『工夫』（修養）這點，亦可說是日本學界多數學者之共識。」藤井倫明：〈日本研究理學工夫論之概況〉，收入楊儒賓、祝平次編：《儒學的氣論與工夫論》，頁302。

「窮理盡性，至於本源」的批評和挑戰所做的回應，理學家們的「性命之學」多有「體證本體」、契入本源的形上要求。「本體」可說是整個理學思想體系的核心概念，理學家的實踐指向「本體的體證」，整個理學工夫論重要的構成因素也指向「如何呈現本體」。理學家們常用工夫，林永勝指出：

> 依各理學家思想核心之不同，其工夫之偏向也有所差異。重視氣與成德之關係者，會肯定變化氣質、養氣乃至煉丹等工夫，而此術相當程度吸收了道教工夫論的成果；認為心性的發明與反轉是成德的關鍵者，則會有主靜、定性、觀未發或參中和等工夫的要求，這方面的工夫則頗受佛教的影響，尤其以明代後期的理學家為甚；至於程朱則架構出一嚴密的理世界，因此成德工夫就會有格物與窮理等要求。[4]

在佛道興盛，儒門衰微的時代，理學家一方面要與佛、道價值體系抗衡，而必須於現實存在的感性、智性活動中，逆反經驗性身心狀態而直入本源；但直於本源又一向是佛、道的擅場，他們的方法往往最為快速有效，理學工夫必須吸收佛、道二教的優點，佛、道的修煉方式是理學重要的他山之石，包括變化氣質、養氣、調息等工夫與道教煉丹術間的關係，靜坐與禪宗的關係都相當密切，不易切割。在眾多具體的理學工夫中，不論是靜坐、變化氣質、養氣、定性、觀未發、參中和，還是主敬、格物窮理等等，這些或者是來自於原來儒學傳統的，或者更多來自於佛、道修煉方式影響啟發的，它們的本質與目的卻並無二致，其關懷自始至終就在於成為「聖人」一事上。藉由「工

---

4 林永勝：〈中文學界有關理學工夫論之研究現況〉，收入楊儒賓、祝平次編：《儒學的氣論與工夫論》，頁382。

夫」的指引，任何人都可以達到「聖人」的境界，這是理學家的共同
信仰。「工夫」的使用起點是從「凡夫」之狀態開始的，但理學家更
常以「學者」一詞來代替「凡夫」的稱謂。[5]這是因為自覺到與聖賢
境界相較，自身生命狀態呈現出的不完全、不圓滿，而願意積極從事
工夫之實踐的人，他雖然在凡夫的現實狀態，但此現實狀態卻是流動
的、發展的，而不是固定不可改變的。湯淺泰雄說：

> 人性與神性、「俗」與「聖」之關係，並非斷絕之物，而是
> 緩和地相互浸透。要言之，兩種秩序在邏輯上並非可以明確
> 區別之物，藉由修行的過程，透過體驗到的心理、生理的；
> 物理性經驗的物質或狀態之變化，而漸次被認識到。[6]

「俗」與「聖」關係的二元性，在東方哲學的思維下，他們並非僅是
理論式的被克服，而是要從實踐上獲得解決。

　　「工夫」使「俗」與「聖」之關係不至於斷裂為不相干的兩橛，
學者在動態的修行過程中，他的身心存在樣態逐漸的被浸潤與轉化，
「俗」與「聖」區別最後泯然消失，「工夫」也由一種人為的、有意
識的作為，超越「工夫」的本身，完成其階段性任務。

二　徘徊於修養與學術之間的當代儒學

　　筆者對理學工夫論的關注，背後的問題意識其實是來自於對當代
儒學的反思。儒學作為「成德之學」，「成德之學」的性格應該是指

5　如《朱子語類》：「先生因與朋友言及《易》，曰：『《易》非學者之急務
　　也。』」參〔宋〕朱熹著、鄭明等校點：《朱子語類》，卷104，《朱子全書》第
　　17冊（上海：上海古籍出版社，2002），頁3431。

6　湯淺泰雄：《身體之宇宙性》（東京：岩波書店，1994），頁183。

向「生命實踐」的。當代新儒學泰斗牟宗三《中國哲學的特質》一書
即明白標示：「中國哲學以生命為中心，儒道兩家是中國固有的，後
來加上佛教，亦還是如此。」「希臘哲學是重知解的，中國哲學則是
重實踐的。」[7]「生命實踐」乃是中國主流哲學的共法，儒釋道三家皆
不例外。因此，儒學必須是可以實踐的，「工夫論」自然成為儒家義
理的核心，儒學之所以為儒學的根本。但在儒學現代化的過程中，學
科分類下被勉強劃入「哲學」學門的儒學，所面臨的學術化、客觀化
之要求雖有其必然性，但由於哲學家一向擅長不斷地以理論的方式探
討實踐，卻往往無法自己親自實踐。修養與學術間，往往存在著一個
難題，這問題其實是也跨文化的。何乏筆〈修養與批判：傅柯《主體
詮釋學》初探〉一文透過對晚期傅柯倫理學思想之探究，檢討了歐洲
的「實踐哲學」，他說：

> 學術化的哲學應如何面對「實踐」的問題，意味著難以解決
> 的弔詭：哲學家不斷地以理論的方式探討實踐，但無法自己
> 實踐。針對理論與實踐的關係，康德曾經強調實踐的優先
> 性，但他的實踐哲學是指道德理論而已。[8]

何乏筆認為哲學不應被化約為以思想和辯論為核心的「思辯哲學」，
或諸種「思想體系」的歷史，也包含許多修養模式。修養工夫不只是
實踐的理論，而應是日常具體的諸種實踐。傅柯晚年藉著探討古代希
羅哲學，做了一個歐洲哲學傳統下的返本開新，重新開啟歐洲當代探
究「修養」的風氣。何乏筆此文透過晚期傅柯倫理學思想探究，考察
當代人類主體的處境；他認為不只宋明理學講工夫，歐洲一樣有一條

7　牟宗三：《中國哲學的特質》（臺北：臺灣學生書局，1998），頁8、15。
8　何乏筆：〈修養與批判：傅柯《主體詮釋學》初探〉，《中國文哲研究通訊》第
　　15卷第3期（2005年9月），頁5。

修養哲學的傳統；並且試圖進一步將傅柯的修養論觀點與中國修養論資源，作了一個跨文化對話。[9]除了來自跨文化視域的觀察，回到儒學來說，當代儒學也出現一個難題——學術化後的儒家哲學如何「實踐」？對作為「生命學問」的儒學而言，實踐本是儒學之擅場。但在學術化過程中，所謂儒學，如何不僅成為一種「思辯哲學」？儒學的實踐，如何避開「哲學家不斷地以理論的方式探討實踐，但無法自己實踐」，使儒學工夫論僅成為一種「實踐的理論」？此實是儒學現代化、學術化下的一項挑戰。

　　面對此一儒學現代化、學術化下的修養與學術間的難題，或許可以先回顧儒家傳統的修養方法，嘗試作一個返本開新的工作。儒家傳統的修養方法原本就不止一端，孔門之訓原教人於人倫日用感應處用功，孟子則有盡心知性、知言養氣之說。漢唐儒者智不窮源，他們關心社會倫理與文化價值，道德實踐的焦點並不在於對自我的本質作超越的體證；而是在文化傳統所體現的世界中作倫理的奉獻。楊儒賓因此稱漢唐儒者的道德實踐為「社會文化的實踐模式」。[10]相較於漢唐儒者「歷史文化導向」的道德實踐，宋明理學家的道德實踐則是另一種「心性形上學」的類型。理學家喜言「性命」，此自然不是一個可以與歷史文化、倫理關懷切割的孤立之虛靈堡壘，二者之間具有一種「內在連續性之互相涵攝之關係」；「性命之學的內涵要在倫理教化事件中顯現，而倫理教化事件的本質也要在性命之學當中顯現」。[11]理學家「性命之學」的道德實踐，用傳統的語言來說，即是「內聖」

9　參何乏筆：〈修養與批判：傅柯《主體詮釋學》初探〉，頁5-6。

10　參楊儒賓：〈作為性命之學的經學——理學的經典詮釋〉，《從《五經》到《新五經》》（臺北：臺大出版中心，2013），頁31。

11　參楊儒賓：〈作為性命之學的經學——理學的經典詮釋〉，《從《五經》到《新五經》》，頁31。

之學；至於「社會文化的實踐」則被視為是儒家「外王」學領域所關懷的事物。但是，陸象山「宇宙內事乃己分內事，己分內事乃宇宙內事。」[12]的名言早已清楚揭示：所有的道德實踐皆是「己分內事」，都是內聖之學必須完成的環節，沒有可以切割、自外於外王事業的內聖學。宋明儒不會否認外王事業在儒家成聖之學道德實踐上的重要性。雖然如此，和之前的儒者相較，他們確實更在意要為外王事業尋找一個朱子所說的「源頭活水」。理學家的窮究本源興趣和佛道二教的崛起，尤其是佛教東來有關。華嚴五祖宗密，在其《華嚴原人論序》中提到：

> 策萬行，懲惡勸善，同歸於治，則三教皆可遵行；推萬法，窮理盡性，至於本源，則佛教方為決了。[13]

在宗密看來，在揚善懲惡以同歸於治這一點上，儒釋道三教都有著同樣的關懷面向；而在窮理盡性以至於本源、窮究本體這一點上，佛教則顯出超越於儒、道二家的「決了」意。宗密指出的重點是儒家對於超越的形上本體之根源的反省是缺乏的，因此，它充其量只是一種人倫道德的「世法」，稱不上是究竟之學。佛教的挑戰對宋明儒學的發展方向有著重大影響，唐君毅指出：

> 宋明理學家更有進于漢唐儒者者，則在自覺地追求倫理、政治、社會之道之道德形上學、心性論的根據，緣是而自覺的重新提出儒家人生理想，而自覺的肯定種種倫理政治社會之

---

12 參《年譜》「紹興二十一年辛未先生十三歲」條。〔宋〕陸九淵：《陸九淵集》（臺北：里仁書局，1981），卷36，頁483。

13 〔唐〕宗密：《原人論·序》，《大正新脩大藏經》第45冊（臺北：新文豐出版社，No.1886），頁1。

道。此種種之自覺，則可說為由佛家思想之刺激，與佛家思
想相對照而後引起者。[14]

佛學風行對宋明儒學的影響，大致在於刺激宋明儒自覺地反省先秦儒
學的心性之學與生命智慧，同時也刺激宋明儒家重視形上學的發展。
這是宋明儒者所進行的返本開新工作，他們並不真的只是要回到先秦
儒學而已，而有他們所要回應的當代性問題。

　　面對佛教的挑戰，理學家們在此一為儒學尋找安身立命的源頭
活水過程中不斷奮鬥，「性命之學」與其他學問的關係，也往往以
「體──用」的結構來展開，成為一個「體用之學」。宋明理學家
援用「體用」結構來探討「性命之學」，乃受佛教影響而開始大量使
用。清初理學家李二曲與顧炎武曾針對「體用」一詞是否來自佛教有
過一番論辯。[15]儒學要有體有用，而且必須要先明體才能達用，「性
命之學」因此成為理學的核心概念。理學家以體用論模式朗現的「性
命之學」，他們的道德實踐所要達成的目標和漢唐儒者不盡相同，在
儒門淡薄衰微的年代，理學家們如果要與佛、道價值體系抗衡，必然
要在天道、性命等終極關懷的領域做「工夫」。尤其是經過佛、道二
教洗禮過的「理學工夫」，為了要達到「體證本體」、契入本源的形

14　唐君毅：〈附錄〉，《中國哲學原論──原道篇卷三》（臺北：臺灣學生書局，
　　1990），頁424。

15　顧炎武認為《易》中早有「體用」的用法；李二曲則認為在原來的儒學傳統中雖
　　有分開言「體」或「用」之說，但未曾以「體用」一詞連用並舉，「體用」成為
　　一組重要概念，還是受佛教禪宗的影響而成。他說：「《繫辭》暨《禮記》『禮
　　者，體也』等語，言『體』言『用』者故多，然皆就事言事，拈體或不及用，語
　　用則遺夫體，初未嘗兼舉並稱。如內外、本末、形影之不相離，有之實自佛書
　　始。……然西來佛書，雖無此二字，而中國佛書，盧惠能實始標此二字。」參
　　〔清〕李顒撰，陳俊民點校：〈答顧寧人書〉，《二曲集》（北京：中華書局，
　　1996），卷16，頁148-149。

上要求，理學之工夫也呈現出更為細密、深刻、多樣的嶄新樣貌，甚至更具修煉氣息。

三　從「半日靜坐，半日讀書」到身體觀研究

儒家工夫論研究，如何由在思想文獻中做為靜態結構描述的「實踐的理論」，轉向返回實修實證的動態歷程之展現，此是筆者近年來對宋明理學工夫論持續關注之處。也因此，筆者的興趣也多半集中在「工夫」的具體實踐與操作方法，它們如何被運作、展開之上。

在這個過程中，筆者首先關注的是理學工夫論中靜坐法的使用。理學工夫論修養法不止一端，但最弔詭的是靜坐法。它原本是二氏行之久遠的法門，操作方便而且績效顯著，並且也廣為理學家所採納。儒家靜坐法的使用與宋明理學的興起幾乎同時，理學靜坐法始於二程，此乃先儒通說。[16]而朱子則是理學家中討論靜坐最為詳盡的儒者，是不可略過的重量級人物。到了明代，陳白沙、王陽明、陽明後學到高攀龍、劉蕺山等理學家，大多也有過靜坐工夫的實踐。[17]在當

16　王龍溪說：「顏子、仲弓德行之首，惟日視聽言動，日出門使民，皆於人倫日用感應處求之，未嘗以靜坐為教也。至明道始教人靜坐，每見學者靜坐，便嘆其善學。此非有異於孔門之訓，隨時立教，所謂權法也。」〔明〕王畿：《王龍溪語錄》（臺北：廣文書局，1977），卷5，頁6，b面。

17　關於以上諸子靜坐法使用的詳細情形，已有部分學者開始進行研究。如李孟儒：〈從「靜坐」衡定陳白沙之心學〉，《鵝湖月刊》33卷3期，總387期（2007年9月），頁22-31。黃慧英：〈陳白沙之工夫論〉，《鵝湖學誌》33期（2004年12月），頁208-232。王曉昕：〈王陽明「為教之變」中的本體與工夫—也從「靜坐教法」談起〉，《貴州社會科學》10期，總226期（2008年10月），頁54-58。陳劍鍠：〈高攀龍對「靜」的體認—兼及對朱熹未發、已發說的修正〉，《鵝湖學誌》28期（2002年6月），頁119-147。楊菁：〈高攀龍的靜坐實踐及其體悟〉，《彰化師大國文學誌》22期（2011年6月），頁301-333。潘振泰：〈劉宗周（1578-1645）對於「主靜」與「靜坐」的反省——一個思想史的探討〉，《新

代新儒家梁漱溟和唐君毅兩位大儒身上，還多少可以看到靜坐實踐的軌跡。[18]但由於孔門傳統教法是教人在「人倫日用感應處」用功，並無靜坐法。靜坐工夫不只在當代儒學中地位尷尬，即使在宋明理學史上因為和二氏關係過於密切，在當時即是一個須要不斷被解釋的修養法。雖然如此，不論是用於個人修養或公共教學，從理學家對靜坐法的密集使用情形，說明靜坐即使未必能構成儒家的本質工夫，卻是不可略過的理學重要工夫。靜坐是理學家們常用的修養法，乃至親證本體的方法，恐怕是一個很難完全被忽視的事實。楊儒賓說：

> 靜坐在東亞思想圈中的重要地位，無庸再論，學界少掉對此項議題的研究，我們對三教工夫論的理論即有缺口。既然它那麼重要卻缺乏相應的學術論述，這種失衡的現象總是不正常。[19]

這說明了如果要對理學工夫論面貌有更完整、全面的理解，靜坐法的研究恐怕還是有被正視的必要。

史學》18卷1期（2007年3月），頁43-85。

18　梁漱溟在做農村建設實驗、或模仿儒門師生相處模式時，曾試圖建立一種準宗教的公社組織。公社的成員或學生每天清早時先集合一起默坐，然後再聽訓。參楊儒賓：〈新儒家與冥契主義〉，收入王邦雄等著，陳德和主編：《當代新儒學的關懷與超越》（臺北：文津出版社，1997），頁346。唐君毅也提到自己年輕時的經歷，他說：「吾在三十歲前之生命情調亦嘗時覺其自己之心靈，位於此世界之邊緣。吾亦嘗求仙、學道。於靜坐中，略有與西方神秘主義類似之證悟。」唐君毅：《生命存在與心靈境界》下冊（臺北：臺灣學生書局，1986），頁476。

19　楊儒賓、馬淵昌也、艾皓德編：《東亞的靜坐傳統》（臺北：臺大出版中心，2012），頁xvii-xviii。楊儒賓的看法指向這個靜坐議題的學術研究缺口，來自於「實踐的脫落是當代學界，尤其是儒學研究圈中一個明顯的現象。」（同上，頁xvii）清華大學人文社會研究中心成立後，在第一期計畫中，設立了「東亞工夫論研究」，促使學界注意靜坐工夫的意義，2012年5月而有《東亞的靜坐傳統》一書問世。

　　除了靜坐法，在追尋生命的源頭活水過程中，讀書是另一種重要
的理學工夫。北宋理學家中張載最重視讀書，其形象是「終日危坐
一室，左右簡編，俯而讀，仰而思，有得則識之，或中夜起坐，取
燭以書。」[20]朱子繼承了程頤「涵養須用敬，進學在致知」的工夫綱
領，主敬與致知齊頭並進，但和程頤相較更突顯進學致知的認識向
度，讀書工夫更成為朱子哲學中最重要的本質工夫。朱子在談其讀書
實踐時說自己「某舊時用心甚苦」，即使晚年深為「氣痛、腳弱、泄
瀉」等身體病痛所苦，他仍是「雖甚病，纔見光，亦便要起，尋思
文字。」[21]張載和朱子的苦學隱約透露一個訊息——理學中越能正視
「氣質」葛藤纏繞的儒者，其學刻苦，也特別重視讀書工夫之必要。
至於陸王心學系統的「《六經》皆我註腳」說，則視經籍為心性副產
品，雖未嘗教人不讀書，但讀書對陸王來說確實不成為與本質工夫相
干的第一義工夫。明末心學「心即理」說發展到極致，劉蕺山將王學
「虛玄而蕩，情熾而肆」（牟宗三綜合語）流弊，歸咎於他們不讀
書。[22]明末清初以降，儒者復無不重視讀書。雖然，對於讀書是否能
作為儒門第一義的本質工夫，朱陸看法固然存有歧異，但作為儒家信
仰共同體的成員，在道德實踐優先於理論思辯的一貫立場之下，讀書
不會只是為了認知客觀知識，此處並無二致。理學、心學陣營都認同
讀書的目的是為了道德實踐，此可視為儒學之共法。因此，宋明理學

20　呂大臨：〈橫渠先生行狀〉，收入〔宋〕張載：《張載集》（臺北：漢京文化，
　　1983），頁275。

21　〔宋〕朱熹著、鄭明等校點：《朱子語類》卷104，《朱子全書》第17冊（上海：
　　上海古籍出版社，2002），頁3442。

22　劉蕺山說：「夫吾之心未始非聖人之心也，而未嘗學問之心，容有不合於聖人之
　　心者，將遂以之自信曰：『道在是。』不已過乎？夫求心之過，未有不流為猖狂
　　而賊道者也。」〔明〕劉宗周：〈張慎甫《四書解》序〉，《劉宗周全集》第3冊
　　下（臺北：中央研究院中國文哲研究所籌備處，1997），頁712。

家所說的讀書和一般知識意義下的認知活動有很大差異，他們是將讀書也視為一種與身心轉換密切相關的實踐工夫。理學家談「讀書」時往往與「身心」一詞緊密相連，讀書的目的是為了安頓生命；而安頓生命又不能不讀書。讀書如何成為一種工夫？它不僅是一種在思想中進行的，僅具有認知意義的意識活動，或意識哲學反思的範圍；而是作為一種道德實踐、修養工夫。它同時關連著整個肉身存在而展開，讀書時必須是全身全心投入，包括讀書中的心態調整和身體參與，都成為相關的重要環節，才能夠達到真正轉化學習者的全幅身心性命的效果。

　　靜坐與讀書兩種工夫，不僅被理學家頻繁的使用，而且交互為用，密切相連。在理學傳統中，朱子既是理學靜坐法的大家，同時也是理學讀書法的集大成者，他除了以靜坐與讀書作為理學重要工夫外，甚至也有教人「半日靜坐，半日讀書」之說。[23]不論「半日靜坐，半日讀書」在朱子究竟是作為權法還是常法，在理學工夫的具體實踐中它具有一定的影響力，明末清初高攀龍、劉蕺山到李二曲皆認同此一教法。高攀龍在〈困學記〉中曾提到他對於「半日靜坐，半日讀書」工夫，立下規程實際操作的情形，他說：

> 明日於舟中厚設蓐席，嚴立規程，以「半日靜坐，半日讀書」。靜坐中不帖處，只將程、朱所示法門參求。於凡誠敬、主靜、觀喜怒哀樂未發、默坐澄心體認天理等，一一行

23　「半日靜坐，半日讀書」最早由朱子對其弟子郭友仁（德元）提出，朱子云：「人若於日間閒言語省得一兩句，閒人客省見得一兩人，也濟事。若渾身都在鬧場中，如何讀得書？人若逐日無事，有見成飯喫，用半日靜坐，半日讀書，如此一二年，何患不進！」〔宋〕朱熹著、鄭明等校點：《朱子語類》卷116，《朱子全書》第18冊，頁3674。

之。[24]

除了高攀龍外，劉蕺山對於朱子「半日靜坐，半日讀書」說，亦認同
其可取以為法。劉蕺山也說：

> 朱夫子曰：「學者半日靜坐，半日讀書，如是三五年，必有
> 進步可觀。」今當取以為法。然除卻靜坐工夫，亦無以為讀
> 書地，則其實亦非有兩程候也。[25]

他們認可「半日靜坐，半日讀書」之教，除了以之作為自己日常實踐
方法外，亦運用在教學之上。[26]不論理學家們是要直證心體或涵養本
源，靜坐與讀書都不是斷裂的兩種不相干工夫，這說明理學工夫傳統
中所使用的方法，雖然與佛、道修煉工夫有非常高的家族相似性，但
是他們的靜坐仍表現了儒學的特色，道德意識是其中的主導因素。理
學家在使用靜坐法的同時，卻也不斷強調不可鎮日瞑目枯坐，必須
閱讀「聖書」，以聖賢經典義理涵詠、浸潤身心，此亦是理學靜坐法
被理學家認為異於原來的佛、道系統靜坐法之處。在理學家修養工夫
中，靜坐與讀書兩種工夫緊密相連，並且不斷的被頻繁熱情的使用
著。

　　「半日靜坐，半日讀書」之教，肯定了靜坐與讀書工夫對於涵養
性命本源具有高度價值，朱子此說卻也曾被顏元譏評為「半日達磨，

---

24 參〔明〕高攀龍：〈困學記〉，《高子遺書》（臺北：臺灣商務印書館，1985）
　　（影印文淵閣四庫全書第1292冊·集部231別集類）卷3，頁14、15。

25 參〔明〕劉蕺山：〈讀書說〉，《劉宗周全集》，頁358-359。

26 李二曲〈關中書院會約〉對於理學中「半日靜坐，半日讀書」，「半日」如何操
　　作、「靜坐」與「讀書」如何結合，也作了說明。參〔清〕李顒撰，陳俊民點
　　校：〈關中書院會約〉，《二曲集》（北京：中華書局，1996），卷13，頁116-
　　117。

半日漢儒」、「試問十二個時辰，那一刻是堯舜周孔」。[27]顏元的批評堪稱嚴厲，但在宋明理學傳統中，大概不會真有哪一位理學家認為靜坐與讀書足以盡孔門之道。除了陽明學一向重視「事上磨練」工夫外，事實上朱子的「主敬」工夫也一再強調儒門工夫應在語默動靜間「隨處著力」。[28]在儒釋道三教的工夫修煉傳統中，儒家確實對於人與人的關係和日常生活事務投注了更多的關注，任何離身離事的隔離式修煉工夫都只是暫時性的權宜之計而已，如果只能在某種特定的時空條件下，以某種特定的方式來進行工夫的修煉，而無法將此一身心狀態的靜、定，延伸到紛繁複雜的現實世界中，使日常生活的任何情境都成為工夫練習的每一個機會，那麼所獲得的就是「猶有待於境」，成效有限，難以臻至聖賢境界，不是儒學的本質工夫。因此，理學工夫在靜坐與讀書外，更加重視日常生活的諸種實踐，以「事」的磨練作為自身所把握到的道德意識與心靈境界真實不虛的驗證，這是理學工夫論的另一個更常被強調的重要特徵。

對於讀書、靜坐與主敬等日常生活之諸種實踐，它們在宋明理學傳統中如何具體的被展開，此一工夫論的回顧與關注，也是筆者對當代儒學身體觀研究的一個回應。身體觀是晚近治中國哲學者切入中國哲學的一個重要視角，此研究除呼應西方哲學對「身體」的重視外，就中國哲學內部來說也和長期以來強調心性論的思維方式有關。作為生命的學問、體驗哲學，儒家心性論和身體觀當是一體兩面，沒有無心性的身體，也沒有無身體的心性；宋明理學家心性體驗特深，對身

27　顏元：「朱子半日靜坐，是半日達磨也。半日讀書，是半日漢儒也。試問十二個時辰，那一刻是堯舜周孔乎？宗朱者可以思矣。」《顏李叢書》（四存學會本）第6冊，〈朱子語類評〉，頁24上。

28　朱子：「但不專在靜處做工夫，動作亦當體驗。聖賢教人，豈專在打坐上？要是隨處著力，如讀書、如待人處事、若動若靜、若語若默，皆當存此。」〔宋〕朱熹著、鄭明等校點：《朱子語類》卷115，《朱子全書》第18冊，頁3639。

體和意識關係的思考也更為深刻。東方身心觀的特質一向重視「身心合一」，因而能夠避免笛卡兒式的身心二元論。中國哲學中對「身」的看法，雖不否認有與「心」相對意義下的「身」，但認為此身心相對只是暫時性的，最終會在道德實踐的過程中被克服，而達到「身心一如」。因此，中國哲學對身體的探討往往連著「修身」的命題出現，而通向工夫論範疇。如何使儒學工夫論的探討可以更具體，而非抽象的「實踐理論」或「思辯哲學」，探討實踐場域中的理學身體是一個重要視角，儒家身體觀研究並不宜視之為與心性論研究針鋒相對的反命題，而是對心性論詮釋框架的補充與辯證發展，是一種將儒家修養哲學，由心性論為主的詮釋，拉回身體向度的嘗試。透過身體向度的研究，使儒學不僅成為道德形上學或心性形上學，而是往身體向度落實，發展成更完整的「身心之學」。

　　讀書、靜坐與身體，就成了筆者近年來管窺理學工夫論的相關研究過程中，比較集中關注的面向。雖然它們僅是理學諸多下手工夫中的一部分，以它們來標示理學工夫論的綱目自有掛一漏萬的嫌疑。但對於宋明理學的研究進入現代西方學術之轉譯過程中，被放入「哲學」部門下討論，而逐漸被學院哲學遺忘的理學實踐向度的重新顯露與召喚，筆者認為這樣的理學工夫之研究，還是具有一定的意義。

四　本書內容

　　本書的內容由八篇論文所構成，其中包括：〈朱子工夫論中的靜坐〉、〈讀書如何成為一種工夫——朱子讀書法的工夫論研究〉、〈程朱工夫如何合陸王本體——作為「生命實踐」的李二曲思想研究〉、〈李二曲工夫論中的靜坐〉、〈李二曲工夫論中的身體觀〉、〈張載工夫論：大心與變化氣質說及其具體實踐〉等六篇，分別探討

了朱子、李二曲與張載三位理學家的工夫論。此外，亦收錄了〈唐君毅的張載學——以「氣」為中心的思考〉、〈以心解經：張載的經典詮釋思想之考察〉二篇附錄。

〈朱子工夫論中的靜坐〉、〈讀書如何成為一種工夫——朱子讀書法的工夫論研究〉兩章，分探別討朱子工夫論中的靜坐法與讀書法。理學靜坐法始於二程，但是朱子則是理學家中討論靜坐最詳盡的儒者，朱子著作保存了理學傳統中最密集的靜坐理論，在儒學靜坐史上堪稱是重量級核心人物。在朱子看來，靜坐未必是儒門的本質工夫，但卻是重要的工夫，在《朱子語類》中紀錄相當多朱子與門人反覆論及靜坐的問答，其重視靜坐應是不爭之實；另一方面，靜坐和理學形象間若即若離、綢繆難分的關係，朱子的影響也同樣巨大。靜坐和佛、道關係十分密切，理學家一面批判二氏缺乏成德之學，一面使用二氏行之久遠的靜坐法，此歷史淵源使得和儒學靜坐史相始終的是「近禪」之譏。靜坐法如何成為一種具有合法性的理學工夫？本文論述重點在透過朱子雖分散但為數不少的靜坐言論，展示他如何在對靜坐既使用又限制的權衡取捨中，建立一套異於二氏、保有儒家特色之靜坐法。朱子靜坐法在身體坐姿上呈現出一種「靜坐無法」，不特別強調跏趺坐以自別於「坐禪」的論調；而在思想內容上則將靜坐工夫收攝於「主敬窮理」之下。除了對世界誠明價值的肯定外，特別重視在日常生活中「事」的動態修煉。此外，朱子靜坐法的另一個特徵是和任何「明心見性」、直證心體的冥契主義語彙脫鉤；靜坐從證體的橋樑，變成收斂心氣的手段。朱子論靜坐往往與道理、讀書、思量、事並舉，呈現貫通動與靜，形—氣—神—事合一，具儒學之特色，可以開展出全體大用的理學靜坐法，以保有儒者對「世界誠明」的信仰和道德實踐的動能。

朱子除了是儒學靜坐史的重量級核心人物，同時也是理學讀書法

的集大成者，〈讀書如何成為一種工夫──朱子讀書法的工夫論研究〉一章探討朱子的讀書工夫。朱子繼承程頤的「涵養須用敬，進學在致知」的工夫綱領，對修養與認識兩個向度的關懷中，雖然肯定修養優先於認識，但在朱子看來認識活動仍在儒家身心性命之學中扮演著關鍵性角色，主敬與致知二者永遠必須齊頭並進。與程頤相較，朱子更突顯了進學致知的認識向度，讀書成為朱子格物窮理的首要工夫。朱子讀書法因此帶有強烈的知性探究氣味。儘管如此，「讀書」與「身心」二詞的緊密相連，意味著朱子的讀書本質上是一種與身心密切相關的實踐工夫。如此所構成的讀書工夫，在理學內部與「堯舜之前，何書可讀」的陸象山處處針鋒相對；在理學外部則批評只出於功利實用、娛樂消遣目的而讀書的閱讀者。其思路不同於心學，也和一般意義的認知活動有很大的差異。讀書是心靈修養，也是身體實踐；讀書是為了安頓生命；而安頓生命又不能不讀書，如此才能對治微細難纏的存在之惡──氣稟之雜與人欲之私。經典是「聖顯」，讀書才能與聖相遇，與理合一。朱子這個高難度的讀書過程不是一個可單獨切割的工夫，所需要的「自我技術」與訓練，除了學習者既須專注於經典文本，展開多層次的閱讀；也必須藉由讀書過程中心態調整、身體參與，甚至與靜坐互相配合交養才能完成。朱子以一系列精心構思的方法，在「涵養需用敬，進學在致知」的工夫總綱中，讀書、主敬、靜坐，所有的工夫都貫穿起來。在離心、迴心不斷的迴復用功中，生命不斷的強化，讀書的「體悟」或「體會」貫穿人的整個存在，最後才能穿透、浸潤學習者的全幅身心性命，使人的現實存在獲得終極性的自我轉化。

〈程朱工夫如何合陸王本體──作為「生命實踐」的李二曲思想研究〉、〈李二曲工夫論中的靜坐〉、〈李二曲工夫論中的身體觀〉三章，則是筆者對清初理學家李二曲（李顒，字中孚，學者稱二曲先

生，1627-1705）工夫論的研究成果。李二曲思想在近代是不太被學術界重視的研究領域，因此筆者首先經由〈程朱工夫如何合陸王本體——作為「生命實踐」的李二曲思想研究〉一文，對李二曲思想進行一概論式的介紹，作為討論的基礎。李二曲和孫奇逢（夏峯）、黃宗羲（黎洲）在清初並稱「三大儒」，根據全祖望的說法，他「起自孤根，上接關學六百年之統」，在無所憑藉、寒餒清苦中，致力於講學明道，所到之處皆是「一時巨紳名儒，遠彌駢集」，盛況空前。李二曲被視為是張載「關學」一系的終結者，除繼承關學重視「躬行」傳統外；作為經過明亡之痛的清初遺民理學家，他和明清之際儒者一樣，面臨其時代對王學乃至整個宋明理學的批判、反思，他對狂禪流弊有深切的反省，認為象山、陽明言本體簡易直截，能得心要，但是其末流高談本體，忽略工夫，以致於空疏無用，恍惚近禪。所以二曲之學試圖融攝程朱、陸王之學，標榜以程朱「主敬窮理」工夫，合陸王「良知」本體，二曲提出儒家的「體用之學」應該要一方面繼承陸王系統「先立其大」、「致良知」為本體，而提出他的「靈原本體論」；一方面要繼承程朱系統的以「主敬窮理」作工夫之說。但在實際運作過程中，二者如何結合有其複雜性。以程朱工夫合陸王本體如何可能？在現代哲學研究者眼中對此頗有異議，認為此作法乃是一個不同哲學系統間的任意拼湊，但在李二曲而言，陸王與程朱的本體並非二體，這個問題不是兩個哲學系統間的拼湊，而是沒有真修實證工夫所產生的斷裂。融攝程朱陸王之學的可能，關鍵還是在於工夫。

　　〈李二曲工夫論中的靜坐〉一章是筆者對李二曲靜坐工夫的研究，李二曲三十一歲時因「患病靜攝，深有感於默坐澄心之說」，因而明性見道，靜坐成為其工夫論中最重要之教法。李二曲延續明儒對靜坐工夫的使用，一方面將靜坐日常生活化；一方面也將靜坐公共教學化。其靜坐法特別值得注意的是〈學髓〉「虛明寂定」圖，與書院

講學之〈關中書院會約〉。前者可看到二曲如何透過「每日三坐」，
進行日常生活中的靜坐實踐；後者可看到二曲如何嘗試將靜坐法落實
到大型公共教學上。理學家工夫論中從朱子到高攀龍著名的「半日靜
坐，半日讀書」說，李二曲就其中靜坐和讀書兩種理學工夫，如何結
合、操作以達到最大的修養效益，做了一具體的規劃。此外，由於朱
子一向不喜頓悟之說，朱子靜坐法的性質是一收攝在主敬窮理位階下
的涵養心氣工夫，其目的並不指向直證心體。但在經過明儒心學靜坐
法長期發展、使用後，靜坐通常連結著直證心體的目的而來，李二曲
靜坐法，一方面形成不盡同於朱子系統的具有明儒心學特色的靜坐
法；一方面試圖再度將心學靜坐法與程朱學派主敬窮理工夫結合，將
「主靜」之學放入「主敬」工夫的架構，彰顯理學作為儒學的成德結
構和真實作用，以對治心學工夫之空疏流弊。二曲靜坐法可代表理學
靜坐法由宋而明之後，經過長期使用和論辯，所形成的成熟期之理學
靜坐思想。

〈李二曲工夫論中的身體觀〉一章，則是以身體觀角度對李二曲
工夫論進行的研究。儒學是指向「成聖論」的學問，理解儒家「身
體思維」，通常預設「修身」的概念，儒家身體觀必然要通向工夫
論的議題。二曲試圖以工夫上身體真修實證之「實」，重新融攝程
朱、陸王之學；其融攝以王學為本體，程朱為工夫。就工夫面言，二
曲對程朱工夫並不是單純繼承，其中涉及理學「主靜」與「主敬」兩
種工夫如何交涉的問題。他一方面延續「主靜」工夫，以身體最重要
部位——「頭腦」作隱喻，強調「識頭腦」以明心見性，方法是靜
坐。但是，儒家關懷的重心，不僅是存有論意義下「本來面目」之呈
現，而是價值論上的應然實現，理學靜坐法的模式，雖然乍看下與佛
道近似，但二曲靜坐法的重點與特色在於進一步運用靜坐時心靈澄澈
的高度覺察力，檢驗意念邪正與言行得失。此一作法顯現了理學工夫

重視即身即事與心—氣—形—事的統合之特質，所有的工夫必須要能夠彰顯儒學之成德結構和真實作用。儒家身心修為要帶著整個身體來成就，即使它暫時使用了離身離事之超越的逆覺體證法。「主靜」與「主敬」交互運作，靜坐證體的「逆返」能量方向，再度被轉引到「表現」上，而更能呼應儒家原來的成德結構與全體大用精神。此特質在其「主敬工夫」的身體動態修煉中有更清楚的展現，李二曲設計了隨身佩帶以自警的「肘後牌」，其圖示的整體工夫架構，具有明顯程朱學特色。這是「莊敬靜默，整頓威儀，刻刻照管，步步提撕」，時刻保持高度覺察力的禮教威儀身體。「禮教之身」的養成，在反覆的練習浸潤後，被規訓的勉強被超克，到達心—氣—形—事（禮）合一階段，「主敬」工夫會呈現聖人身體「睟面盎背」的「踐形」氣象。但是由於「遺民哲學」特質，與生活的極度困窘，孔門原來詩樂禮一體為用的「禮樂之教」，樂教相對被淡化。李二曲呈現出的修身面貌是對自身行為是否合宜，時刻警醒、覺察的高度緊張狀態，這也是道德嚴格主義的身體。雖然此緊張正是工夫論的起源，但如果能更精細的肯認藝術做為美學修養的價值。那麼，修身將包含「修身」與「被修身」兩個向度，修身既是作為焦點意識的精神高度自覺，也是一種即使在隱闇向度也能潛移默化的自然薰習。這當是二曲理學身體觀在當代的進一步發展，也是儒家身體由「禮義之身」向「禮樂之身」的回歸。

　　〈張載工夫論：大心與變化氣質說及其具體實踐〉一章，探討北宋理學家張載的工夫論。朱子云：「橫渠工夫最親切。」[29]不管是張載本人，還是他所建立的關學學派，都以重視「躬行」著稱。[30]在張

29　參〔宋〕張載：《張載集·張子語錄·後錄下》（臺北：漢京文化，1983），頁345。

30　黃宗羲：「關學世有淵源，皆以躬行禮教為本。」參〔清〕黃宗羲著、沈芝盈點

載工夫論的研究上，學者或指出其「大心」說，或指出其「變化氣質」說，或指出其「躬行禮教」說是其工夫論的重點。本文在這些研究基礎上，進一步將張載工夫論中的創造性觀點作一個整合，以展現其工夫次第，並將討論重點放在張載工夫論的具體實踐之上。張載自云「竊希於明誠」，其工夫正是由下學與上達兩條路線開展，而且特重下學工夫。在上達工夫上，張載「大心」說乃是對孟子「擴充四端」、「盡心知性」工夫的繼承，是屬於直截簡易、先天的心學系統工夫。在「大心」工夫的實際操作上，如何使這個直入先天層次的直覺之知得以真實的朗現，沒有錯認？張載修持方法有二，一是強調「靜」的作用，雖然張載不似二程以靜坐作為教法，但其本人亦有深厚的靜坐實踐；一是重視「讀書」，「心解」以求得聖人、聖書義理，維持此心常在。張載對讀書工夫的重視，與對經典文字的在意，在北宋理學家中十分少見，只有後來的朱子可以相比。在下學工夫上，張載則提出「變化氣質」說。「變化氣質」的目的是要由「氣質之性」返回「天地之性」，實際的操作方法是透過「禮」的持守，以「禮」化「氣」，是屬於後天的檢束工夫。兩條工夫路線同時進行，互為表裡。本文指出，由於對「氣質」複雜的重視，張載工夫論展現一種工夫艱難之特色，張載和二程論辯「自明誠」與「自誠明」問題時，二程認為「誠」則「明」，本體即是工夫，張載則以為失之太快。因此，不同於明道工夫的直截簡易，伊川工夫的漸修，張載工夫展現：漸修→頓悟→漸修的循環往復，又不斷提升的「勉勉」歷程。整體而言，張載工夫論是一個自覺的、亟力精思的系統性建構之作，讀書、靜坐、禮教、變化氣質等工夫的重視與使用，對於後來的理學工夫論之發展方向具有相當的影響力。

校：《明儒學案・師說》（北京：中華書局，2010），上冊，頁11。

　　〈唐君毅的張載學——以「氣」為中心的思考〉、〈以心解
經——張載經典詮釋思想之考察〉二篇附錄，則是筆者對張載學的相
關研究。附錄一〈唐君毅的張載學——以「氣」為中心的思考〉一
文，透過當代新儒家唐君毅的詮釋來探討張載學的「氣論」，並且由
此思考當代儒家倫理學與工夫論發展的可能方向。唐君毅之張載學在
當代並非最被聚焦的研究對象，和牟宗三相較顯得門前冷落，但卻具
有不可忽略之重要價值。包括詮釋方法的高度自覺，尊重張載作為具
有完整系統性的哲學家，不任意割裂顛倒以論其學的平實可貴態度。
尤為重要的是，唐君毅對張載「氣」涵義與位階之分析，認為「氣」
具核心價值，應被高看為形上之氣，此為其重要論斷，並已獲不少學
者認同。但由於他給張載之氣很高位階，卻又斷言張載非唯物論、唯
氣論者，其「氣」的用法是否一致頗受質疑，但若藉助於晚近學者
「兩種氣學」的提法，區分「先天型氣學」與「後天型氣學」，其說
並不糾葛難解。張載氣學在理學有合法性，在當代儒家倫理學與工夫
論的思考上也很有啟發性。新儒家重視「天道性命相貫通」的道德形
上學，開展出縱貫面高度的內向型超越倫理學，但還有一橫攝面向度
的「倫際性」道德哲學應被同樣關注。「氣」可以是「感通」的重要
媒介，唐君毅認為張載氣學的貢獻是在橫攝面向度上關注到主體與他
人同情共感的重要性，進一步指出互相滲透、感通、涵攝的根據在於
「虛靈之氣」流動其間。唐君毅對張載之「氣」詮釋堪稱獨到精闢，
不論在當代張載學研究，或儒家道德哲學的開展都具有重要的價值。
　　附錄二〈以心解經：張載經典詮釋思想之考察〉一文探討張載的
經典詮釋學。理學工夫論中讀書如何成為一種重要的工夫，當中也涉
及對於經典的詮釋與閱讀方法的自覺。張載強調以「心解」的詮釋方
法來超越漢儒「字字相校」的訓詁法，以明了經典中的「義理」，求
得「作者之意」，並且由經義而「取證明」，達到自覺、自明的經典

詮釋目的。從張載的經典詮釋思想中，可以看到中國經典詮釋傳統作為「體驗之學」、「實踐的詮釋學」的特色。其重要性在於他在儒家經典詮釋傳統中具有承先啟後的地位，繼承了孟子「以意逆志」說，並開啟宋代以「義理」解經的風氣，同時也是宋明理學經典詮釋觀首次比較有系統的被表述者。

五　結語

　　理學家的實踐關懷有不同於漢唐儒學，也不同於當代新儒學的地方，正如楊儒賓所說：「理學家的實踐，乃意味著『本體的體證』；而理學家的工夫論，乃意味著『本體的呈現』之學問。由於『本體』的概念是理學整個思想體系的核心石，因此，『如何呈現本體』的工夫論才會變成理學的要因。」[31]如何呈現本體是理學工夫論共同的追求，但是在理學工夫論的共相之外，由於各理學家思想核心不同，工夫的內涵在理學內部不同體系間也有著路徑的差異。陽明學的工夫性格即不同於朱子學，陽明的工夫乃是「即本體以為工夫」，並不走朱子的「由工夫以合本體」路數。前者是一由上而下的工夫，後者為一由下而上的工夫；用朱子的話來說，陽明工夫的路徑叫做「上達而下學」，朱子認為自己的工夫則是「下學而上達」，朱子並且認為孔門一向只教人「下學而上達」，不聞「上達而下學」之教，因此所有「上達而下學」的理論在朱子看來都是禪，非儒門工夫。[32]因此，即

31　楊儒賓：〈宋儒的靜坐說〉，收入臺灣哲學學會編：《儒家哲學》（臺北：桂冠圖書，2004），頁40。

32　朱子說：「只聞『下學而上達』，不聞『上達而下學』。」（《朱子語類》卷8，《朱子全書》第14冊，頁295）又〈答汪尚書〉：「然竊觀來意，似以為先有見處，乃能造乎平易，此則又似禪家之說，熹有所不能無疑也。聖門之教，下學上達，自平易處講究討論，積慮潛心，優柔饜飫，久而漸有得焉，則日漸其高深遠

使在理學內部也有工夫論上的差異與殊途，很難一概而論。

　　本書的八篇論文是筆者近年來關注理學工夫論議題所做的相關研究，它們雖然在不同時期完成，並且被分別在期刊發表或研討會宣讀，再經修改而成書，並非是一有系統的專著。但其間也確實存在著一些共同的想法，此即是筆者對儒家工夫論研究，如何由在思想文獻中做為靜態結構描述的「實踐的理論」，轉向工夫實踐的動態歷程之展現的關懷。也因此本書所探討的三位理學家，不論是「只聞『下學而上達』，不聞『上達而下學』」的朱子，或是「以程朱工夫合陸王本體」的李二曲，還是「竊希於明誠」、「工夫最親切」，特重變化氣質等下學工夫的張載，他們的工夫論基本上都是走向「由工夫以合本體」路數，對於下學工夫如何具體的操作有更清楚的分解與說明。其中附錄一、二兩篇論文，雖然看似與筆者對理學工夫論的關懷主軸未必完全一致，但卻也是同一思考脈絡下前後的產物，因此，筆者也一併將之收錄於書中。

大而不可窮矣。……今日此事非言語臆度所及，必先有見，然後有以造乎平易，則是欲先上達而後下學，譬之猶先察秋毫而後睹山岳，先舉萬石而後勝匹雛也。」（《晦庵先生朱文公文集》卷30，《全書》第21冊，頁1307。）對朱子而言只有「下學而上達」是儒門工夫。至於那些要求「先有見」，包括禪宗的頓悟法門，也包括象山學的先明本心，都是「上達而下學」的作法，非聖賢之教。

貳
朱子工夫論中的靜坐[*]

一　前言

　　儒家工夫論修養法不止一端[1]，但最弔詭的是靜坐法。靜坐法不只在當代儒學中地位尷尬，即使在宋明理學史上也是一個既被重視，又須不斷解釋的修養法。靜坐法爭議來自它並非孔門傳統教法。孔門傳統教法是教人在「人倫日用感應處」用功，並無靜坐法。理學靜坐法始於二程，此乃先儒通說。[2]此外，靜坐和佛、道關係密切，也是不爭

---

* 本文初稿曾發表於廈門大學國學院、臺灣師範大學國際與僑教學院、臺灣大學人文社會高等研究院、臺灣朱子學研究協會與閩北朱子後裔聯誼會聯合舉辦「第六屆朱子之路研習營」之「朱子之路回顧與展望」研討會——兩岸研究生朱子文化論壇（廈門篔簹書院，2013年7月11日），並感謝台中教育大學高瑋謙教授的講評與寶貴意見。修改後刊登於《鵝湖月刊》466期（2014年4月）（THCI 期刊）。

1 理學家們常用的工夫，林永勝指出：「依各理學家思想核心之不同，其工夫之偏向也有所差異。重視氣與成德之關係者，會肯定變化氣質、養氣乃至煉丹等工夫，而此術相當程度吸收了道教工夫論的成果；認為心性的發明與反轉是成德的關鍵者，則會有主靜、定性、觀未發或參和等工夫的要求，這方面的工夫則頗受佛教的影響，尤其以明代後期的理學家為甚；至於程朱則架構出一嚴密的理世界，因此成德工夫就會有格物與窮理等要求。」林永勝：〈中文學界有關理學工夫論之研究現況〉，收入楊儒賓、祝平次編：《儒學的氣論與工夫論》（臺北：臺灣大學出版中心，2005），頁382。

2 王龍溪說：「顏子、仲弓德行之首，惟日視聽言動，日出門使民，皆於人倫日用感應處求之，未嘗以靜坐為教也。至明道始教人靜坐，每見學者靜坐，便嘆其善學。此非有異於孔門之訓，隨時立教，所謂權法也。」〔明〕王畿：《王龍溪語錄》（臺北：廣文書局，1977），卷5，頁6，b面。

的事實。[3]理學家一面批判二氏缺乏成德之學，一面使用二氏行之久遠的靜坐法。如何運用此工夫，又不會招致譏彈（兼來自理學內部與外部），便成為一個重要問題。此歷史淵源使得和儒學靜坐史相始終的是「近禪」之譏，以及由之而來的儒佛靜坐目標、方法異同之辨，這是理學家必須要不斷回應的課題。

朱子是理學家中討論靜坐最詳盡的儒者，在儒學靜坐史上，朱子是不可略過的重量級核心人物。楊儒賓說：

> 在朱子的著作中，我們發現到理學傳統中最密集的靜坐理論，我們看到他有著名的調息法：「鼻端有白，我其觀之；隨時隨處，容與猗移。靜極而噓，如春沼魚；動極而翕，如百蟲蟄。氤氳闔闢，其妙無窮」，我們看到他有「跏趺靜坐，目視鼻端，注心臍腹之下，久自溫暖」的治病法；我們看到他為萬古丹經王的《周易參同契》撰了一本很重要的注解之書；他還有一連串的靜坐言論可以提供後人纂輯專輯成

3　朱子曰：「後來達磨入中國，見這般說話，中國人都會說了，遂換了話頭，專去面壁靜坐默照。」〔宋〕黎靖德編：《朱子語類》（北京：中華書局，1994），卷126，頁3035。根據朱子的說法，將靜坐法介紹到中國的是禪宗達摩祖師。日本學者中嶋隆藏對此說持不同看法，認為戰國末期文獻即有「靜坐」一辭，漢魏六朝開始就有用於身心修養的「靜坐」法。中嶋隆藏的研究論點著眼於是否明確使用「靜坐」一辭，他認為根據《景德傳燈錄》或《傳法正宗記》所見者，皆是達摩「面壁默坐」、「面壁而坐」，但皆不是以「靜坐」之語來表現，甚至遍覽傳至中國的禪宗典籍，也未見「靜坐」之語，因此，認為朱子以中國「靜坐」始出達摩，或源自達摩以來的禪宗，皆有必要重新檢討。參中嶋隆藏：《靜坐──實踐與歷史》（新竹：國立清華大學出版社，2011），頁44。筆者以為此研究只能證明達摩之教沒有使用「靜坐」一辭，但「默坐」、「坐」的實質內涵是否就不同於「靜坐」，是可再商榷的。雖然早於達摩，中國本身就有「靜坐」紀錄，但蔚為大法，恐怕還是和禪宗有關，雖然對「靜坐」的重視程度，如來禪與祖師禪有別。朱子的說法反映理學家內部對靜坐法來源的認定，說明至少理學家自己也承認靜坐法和禪宗有深厚的淵源。

書，朱子儼然成了靜坐大家。如果沒有朱子這些靜坐論，
「儒門的靜坐論」或「理學的工夫論」此種命題的內涵勢必
會大為失色。[4]

在朱子對靜坐的眾多議論中，個別來看，頗有參差出入。但整體來
說，其意見卻又自成體系，可相互融合。個別來看，頗有參差出入的
原因，除了針對記錄弟子氣質的不同，因材施教，而有不同側重的教
法外；還關係到朱子對如何運用靜坐的有效性與避開其危險性所作
的權衡取捨。整體來說，其意見卻可相互融合，是因為在此權衡取捨
中，朱子嘗試建立一套異於二氏、保有儒家特色之靜坐法。本文論述
重點在透過朱子雖分散但為數不少的有關靜坐的言論，展示他對靜坐
有效性與危險性（包括對儒家修持者與儒學本身）的自覺；並探討由
此開展出的理學靜坐法之內容與特色。

二　朱子靜坐法的使用與限制

朱子是否以靜坐為常態性教法，曾引起一番論辯。此論辯環繞著
朱子訓郭友仁的「半日靜坐，半日讀書」說而展開，朱子說：

> 人若於日間閒言語省的一兩句，閒人客省得見一兩人，也濟
> 事。若渾身都在鬧場中，如何讀得書？人若逐日無事，用半
> 日靜坐，半日讀書，如此一、二年，何患不進？（《語類》

4　楊儒賓：〈主靜與主敬〉，收入楊儒賓、馬淵昌也、艾皓德編：《東亞的靜坐傳
統》（臺北：臺大出版中心，2012），頁133。關於後人纂輯專輯成書的朱子靜
坐法，楊儒賓認為「日本江戶時期朱子學者柳川綱義編的《朱子靜坐集說》（江
戶：須原屋版，1717年）一書可為代表。」

卷116，《全書》第18冊，頁3674）[5]

明末理學家高攀龍、劉蕺山認可「半日靜坐，半日讀書」是朱子教人常法，二人除了以「半日靜坐，半日讀書」作為自己日常實踐方法外，亦以之作為教學法。[6]而最著名的批評來自顏元：「朱子半日靜坐，是半日達磨也。半日讀書，是半日漢儒也。試問十二個時辰，那一刻是堯舜周孔乎？宗朱者可以思矣。」[7]陸隴其為朱子開脫說：「德元曾學禪。此語係德元所記，恐失其真。」陸隴其認為朱子教敬而不教靜坐，連朱子以靜坐為教法都一併否認了。[8]

　　朱子是否教人靜坐？朱子出身的門庭二程子本身即重視靜坐；他曾師事李延平，李延平重視靜坐是有名的，他也接受了延平建議探求

5　本論文所引用朱子原典文獻版本為〔宋〕朱熹著、鄭明等校點：《朱子全書》（上海：上海古籍出版社，2002）。以下版本同此，並簡稱《朱子語類》為《語類》，《晦庵先生朱文公文集》為《文集》，《朱子全書》為《全書》。將直標頁數，不再徵引。

6　高攀龍對靜坐的實踐十分著名，除著有〈靜坐說〉外，他對於「半日靜坐，半日讀書」的操作情形如下：「明日於身中厚設蓐席，嚴立規程，以『半日靜坐，半日讀書』。靜坐中不帖處，只將程、朱所示法門求索。於凡誠敬、主靜、觀喜怒哀樂未發、默坐澄心體認天理等，一一行之。」參〔明〕高攀龍：〈困學記〉，《高子遺書》（臺北：臺灣商務印書館，1985）（影印文淵閣四庫全書第1292冊・集部231別集類），卷3，頁14、15。劉蕺山雖批評高攀龍的靜坐帶有濃厚的佛教傾向，卻也每日實踐，並且撰著了〈靜坐說〉、〈靜坐法〉（後改為〈訟過法〉）傳世。對於朱子「半日靜坐，半日讀書」說，他亦認可其可取以為法。蕺山曰：「朱夫子曰：『學者半日靜坐，半日讀書，如是三五年，必有進步可觀。』今當取以為法。然除卻靜坐工夫，亦無以為讀書地，則其實亦非有兩程候也。」參〔明〕劉蕺山：〈讀書說〉，《劉宗周全集》（臺北：中央研究院中國文哲研究所籌備處，1997），頁358-359。

7　《顏李叢書》（四存學會本）第6冊，〈朱子語類評〉，頁24上。

8　陳榮捷：〈半日靜坐半日讀書〉，《朱子新探索》（臺北：臺灣學生書局，1988），頁312-313。陸隴其說見《三魚堂文集》（嘉會堂原刊本）卷4，〈讀朱子告郭友仁語〉，頁3下-4上。

靜坐法。因此，對於靜坐作為儒門的重要工夫，朱子是認可的，他說：

> 今人皆不肯於根本上理會。如敬字，只是將來說，更不做將去。根本不立，故其他零碎工夫無湊泊處。明道延平，皆教人靜坐。看來須是靜坐。（《語類》卷12，《全書》第14冊，頁371）

> 「伊川見人靜坐，如何便歎其善學？」曰：「這却是一箇總要處。」（《語類》卷96，《全書》第17冊，頁3249）

朱子繼承二程至延平以來對靜坐法的肯定，認為它是一個「總要處」，即使孔門傳統教法並無靜坐法。在朱子看來，要把握學問根本，而不是只去做一些「無湊泊處」的「零碎工夫」，靜坐有其必要；它未必是儒門的本質工夫，但卻是重要的工夫。因此，在《語類》中紀錄了相當多朱子與門人反覆論及靜坐的問答，如：「須是靜坐，方能收斂。」「靜坐無閒雜思慮，則養得來便條暢。」「始學工夫，須是靜坐。靜坐則本原定，雖不免逐物，及收歸來，也有個安頓處。」（《語類》卷12，頁379），其重視靜坐應是不爭之實。[9]

　　另一方面，靜坐和理學形象間若即若離、綢繆難分的關係，朱子的影響也同樣巨大。他雖鼓勵靜坐，但對靜坐在儒門工夫論使用的正當性其實亦有所限制。《語類》記載了朱子和弟子的問答：

> 問：「向見先生教童蜚卿於心上著工夫。數日來專一靜坐，澄治此心。」曰：「若如此塊然都無所事，却如浮屠氏矣。

---

[9] 陳榮捷搜集《朱子語類》與《朱子文集》涉及靜坐的內容，從為數不少的文獻證明朱子時常靜坐，亦常鼓勵門人靜坐。參陳榮捷：〈朱子與靜坐〉，《朱子新探索》，頁299-308。

> 所謂『存心』者或讀書以求義理，或分別是非以求至當之歸。只那所求之心，便是已存之心，何俟塊然以處而後為存耶！」（《語類》卷115，《全書》第18冊，頁3635）

> 如仲思早來所說專一靜坐，如浮屠氏塊然獨處，更無酬酢，然後為得。吾徒之學，正不如此。遇無事時則靜坐，有書則讀書。以至接物處事，常教此心嗆嗆地，便是存心。豈可凡百放下，祇是靜坐。（同上）

使用源自二氏的靜坐法，卻又認為儒學不同於佛教「塊然獨處」、「專一靜坐」，使用之又限制之，日本學者馬淵昌也因此說：

> 在靜坐的有效性和危險性中間，儒者們經常搖擺不定。暫且不論他們中間敢超越儒者的藩籬，全面歸入佛教、道教之人，即使那些願意留在儒教徒的自覺中，但又感受到靜坐魅力的人，他們也總是持續地被封鎖在此頭痛的問題圈裡。[10]

從朱子身上即可看出理學家對靜坐的複雜情緒，這使得理學靜坐法的討論，乍看之下也顯得特別矛盾糾結。雖如此，此矛盾糾結其實有其理路，以下便嘗試梳理朱子靜坐法的內容，包括他如何確立靜坐合法性、如何進行與佛道辨同異，並建立具儒學特色的靜坐工夫論等。

---

10 〔日〕馬淵昌也：〈宋明時期儒學對靜坐的看法以及三教合一思想的興起〉，收入楊儒賓、馬淵昌也、艾皓德編：《東亞的靜坐傳統》，頁101。

三　靜坐無法：朱子靜坐的身體坐姿、呼吸、療癒

以下先整理朱子靜坐法內容，檢視他如何在與佛道辨同異中建立具有儒學特色的靜坐工夫論。儒家的靜坐法要如何坐？其身體的坐姿和佛道二氏是否有所區隔，而具有自己的特色？朱子說：

> 胡問靜坐用工之法。曰：「靜坐只是恁靜坐，不要閑勾當，不要閑思量，也無法。……不須得倚靠。若然，又是道家數出入息，目視鼻端白一般。他亦是心無所寄寓，故要如此倚靠。若不能斷得思量，又不如且恁地，也無害。」（《語類》卷120，《全書》第18冊，頁3772）

> 曰：「也不必要似禪和子樣去坐禪方為靜坐。但只令放教意思好，便了。」（《語類》卷12，《全書》第14冊，頁379）

朱子說「靜坐只是恁靜坐，不要閑勾當，不要閑思量，也無法。」理學靜坐法中便呈現出一種「靜坐無法」——不特別強調身體坐姿以自別於坐禪的論調。岡田武彥區分儒家「靜坐」與佛教「坐禪」坐法之別為：

> 靜坐的秘訣就在於安安靜靜的坐。靜坐與坐禪不同。坐禪是結跏趺坐，眼看鼻端而心收臍下，消滅念慮的修法。坐禪是刻意而為，並不是因為有空閒才做。……靜坐不限定期間或時間，無論在早上或中午或晚上，在接觸事物之後，處理完事情而有空閒之時，或者讀書、筆記等有空閒之時，無論何時只要是什麼都不用做的這種空閒的時候就可以進行。端正

地坐也可以，盤腿坐也可以，採用當時舒適方便的坐法，但
使身體伸直，將兩手放在一處，讓身體放鬆。[11]

除岡田武彥外，吾妻重二認為靜坐乃「姿勢挺直，背不靠物之坐
法」，並考證靜坐無論是坐於椅子，或盤坐於床榻皆可。吾妻重二的
考察釐清了一般以為「靜坐」的坐法，乃同於結跏趺坐之姿勢的概
念。[12]朱子不刻意強調跏趺坐的儒家式靜坐身姿為後來理學家繼承，
明末高攀龍本人雖有「趺坐」紀錄[13]，但其〈靜坐說〉提到「靜坐之
法，不用一毫安排，只平平常常，默然靜去。」[14]劉蕺山也說：「此
時伎倆，不合眼，不掩耳，不趺跏，不數息，不參話頭，只在尋常
日用中。」（〈靜坐說〉）[15]都可以看到理學靜坐中，不刻意強調趺
坐，以自別於「坐禪」的說法。

朱子雖對二氏靜坐法都有意見，要求儒者不要「似禪和子樣去坐
禪」，或「道家數出入息，目視鼻端白一般」，呈現出「靜坐無法」
的儒學靜坐法面貌。但朱子亦非全不用跏趺坐和數息法，朱子晚年有

11　〔日〕岡田武彥：〈靜坐論〉，《坐禪與靜坐》（東京：櫻楓社，1970）。本
　　文引自中嶋隆藏：《靜坐——實踐與歷史》（新竹：國立清華大學出版社，
　　2011），頁20-21。

12　參藤井倫明：〈日本研究理學工夫論之概況〉，收入楊儒賓、祝平次主編：《理
　　學的氣論與工夫論》（臺北：國立臺灣大學出版中心，2005），頁313。

13　〔明〕高攀龍〈山居課程〉：「趺坐。盡線香一炷。」見〔明〕高攀龍：《高子
　　遺書・卷3》（臺北：臺灣商務印書館，1985）（影印文淵閣四庫全書第1292冊・
　　集部231別集類），頁18。又見，高攀龍〈復七規〉：「然後入室，炷香趺坐。」
　　同上書，頁19。

14　〔清〕黃宗羲：《明儒學案・東林學案一》（北京：中華書局，2007），卷58，
　　頁1409。高攀龍為何自己使用趺坐，卻不以趺坐教人，頗值得玩味。恐怕趺坐的
　　身心收攝還是較有效的，只是不刻意強調趺坐，或許是為了便於接引，或自別於
　　坐禪。

15　〔清〕黃宗羲：《明儒學案・蕺山學案》，卷62，頁1577。

疾，開始更頻繁靜坐，他發現佛道靜坐法的身體療癒功效。他曾說：
「病中不宜思慮，凡百可且一切放下，專以存心養氣為務。但加趺靜
坐，目視鼻端，注心臍腹之下，久自溫暖，即漸見功效矣。」[16]除跏
趺坐外，也用「鼻端白」調息法，秦家懿指出：

> 「鼻端白」看來是一種簡單的靜坐法，後者凝神目視鼻端，
> 至有白光而入定。可是同時又須「注心臍腹之下」，即是道
> 教所謂「下丹田處」。朱熹此處又加言「久自溫暖」，可見
> 亦有肉體上的反應；而且與今日西方心理治療學家Biofeed
> back法，盡力放鬆身心，使手足得以溫暖，大有相同之
> 處。[17]

朱子對於道教調息法是有研究的。他試過「鼻端白」靜坐法，「鼻端
白」出自佛教《楞嚴經》，此修法除「凝神目視鼻端」外，同時「注
心臍腹之下」，頗受道教內丹影響。朱子並針對「鼻端白」呼吸法作
了〈調息箴〉：

> 鼻端有白，我其觀之。隨時隨處，容與猗移。靜極而噓，如
> 春沼魚；動極而翕，如百蟲蟄。氤氳開闢，其妙無窮。孰其
> 尸之，不宰之功。雲臥天行，非予敢議。守一處和，千二百
> 歲。（《文集》卷85，《全書》第24冊，頁3997）

〈調息箴〉後來成了理學靜坐法談論呼吸的重要文獻。他肯定以「鼻
端白」法調息可以「千二百歲」，具延年益壽的長生之效。

　　因此，可以說在術層面的身體療癒效果上，朱子肯定二氏靜坐法

16　〔宋〕朱熹：〈答黃子耕〉，《文集》卷51，《全書》第22冊，頁2381。
17　秦家懿：〈朱熹與道教〉，收入鍾彩鈞主編：《國際朱子學會議論文集》（臺
　　北：中央研究院中國文哲研究所籌備處，1993），下冊，頁18。

跏趺坐、調息法的功效；但在道之修養層面，作為理學工夫論的靜坐，則不強調坐姿與任何調心調氣之法，在坐姿、眼睛、呼吸、靜坐空間與時間等問題上，發展出較隨意的方式，這些都是為了要與佛道靜坐作區隔。靜坐只是靜坐——安安靜靜的坐，寬鬆隨意的身體姿態，成了儒學靜坐法的特色之一。

四　主敬窮理下的朱子靜坐法

靜坐就只是靜坐，安安靜靜的坐，這主張是否真能構成儒學靜坐法異於二氏的特色？其實有不同聲音。歐洲漢學家謝和耐（Jacques Gernet）就認為坐姿等身體儀式的差異，「並不足以作為儒、釋分別的立論根基，因為那只是為了讓世俗能適應僧人傳統的變通而已。」[18]也就是說，靜坐不強調特定坐法是為接引方便，不足以構成儒學靜坐法的特色，它的寬鬆隨意可能說的是：坐的儀式不是重點。那麼，重點何在？朱子認為真正異於二氏的儒學靜坐法特質在哪？此問題自然和儒學本質相關。

（1）靜坐與主敬

雖然理學受佛、道二氏的挑戰而展現對形上本源的高度興趣，但是儒者一向主張「世界的誠明」，儒家關懷重心，不會僅是存有論意義下「本來面目」之呈現，而是價值論上的應然實現，因此，儒家身心修為是要帶著身體進行創生與成就的。它的方向不會只是「逆」、「返」先天、進入本源而已；而必然要求展開道德實踐，並且「順

18　史甄陶：〈東亞儒家靜坐研究之概況〉，收入楊儒賓、馬淵昌也、艾皓德編：《東亞的靜坐傳統》，頁37。

成」人文世界。靜坐在儒學工夫論中非孤立工夫，所有修行須連結日用倫常，此亦是理學家自覺儒門靜坐法異於二氏處，不管就心學或理學工夫來說皆是如此，不可能忽略「事」上的磨練，此可說是儒學工夫論之本質。朱子在論靜坐工夫時，往往將靜坐收攝在「主敬工夫」下，並以此教導門人：

> 明道教人靜坐，蓋為是時諸人相從，只在學中，無甚外事，故教之如此。今若無事固是只得靜坐，若特地將靜坐做一件工夫，則卻是釋子坐禪矣。但只著一敬字，通貫動靜，則於二者之間自無間斷處，不須如此分別也。（《文集》卷62，《全書》第23冊，頁2988）

理學「主敬工夫」來自程門，濂溪「主靜以立人極」，程子恐人偏滯於靜，故將「主靜」改為「主敬」。楊儒賓說：

> 後世學者即常主張周敦頤的「主靜」實即「主敬」。然而，就「主敬」工夫發生的歷程考察，程朱明顯的在兩者之間畫了一道紅線，「主敬」不是「主靜」，但可包含「主靜」的內涵在內。筆者曾稱呼「敬」為「動態的靜坐」，這個用語雖新穎，也有部分的解釋功能，其實仍不太妥。因為就「敬」貫穿動靜此定義而言，它或許可勉強解為「貫通動靜」的活靜坐。然而，「敬」此一工夫與「活靜坐」連結，畢竟還有語病。因為針對心學的主靜工夫之毛病，「主敬」的內涵包含了使身體全身規範化以及行為規範化的因素。[19]

「主敬」工夫特色有二，一是相較「主靜」偏於靜，它具有「貫通動

19　楊儒賓：〈主敬與主靜〉，頁141-142。

「靜」特質，可視為靜坐工夫的更高發展，楊儒賓稱此為「活靜坐」、「動態的靜坐」；一是針對「直證心體」、「逆覺體證」型態的心學靜坐工夫之毛病[20]，「主敬」對身體、行為規範更加重視。在朱子看來，「主靜」工夫的重點在「心」，不在「身」，離開外在身體儀節規範的工夫，要談「養其中」、「正其心」，會遇到沒有下手處的麻煩。因此朱子說：

　　蓋人能制其外，則可以養其內。固是內是本，外是末，但偏

---

20 所謂「心學型態的靜坐工夫之毛病」其實並不是說心學工夫都是使用靜坐法，或心學和理學相比，與靜坐的關係更為密切。但是因為心學工夫的「直證心體」、「逆覺體證」特質，當心學家在使用靜坐法時，往往比理學家更重視其悟覺作用，而容易產生「著於光景」的問題。如明代陳白沙要人「靜中養出箇端倪」，「端倪」──悟境是何景象，本可作為證量之驗證；但後來執著於此「端倪」是何景象的追求和討論，便有「著於光景」之流弊，羅近溪在回答問者以「靜中養出箇端倪」為下手工夫時說：「只一心字，亦是強立。後人不省，緣此起個念頭，就會生個識見，露個光景，便謂吾心實有如是本體，本體實有如是朗照，實有如是澄湛，實有如是自在寬舒。不知此段光景，原從妄起，必隨妄滅。及來應事接物，還是用著天生靈妙渾淪的心。心儘在為他作主幹事，他却嫌其不見光景形色，回頭只去想念前段心體，甚至欲把捉終身，以為純亦不已，望顯發靈通，以為宇泰天光。用力愈勞，違心愈遠。」（〔清〕黃宗羲：《明儒學案·泰州學案》，卷34，頁768）王陽明教法隨著不同階段而有變化，後期以「致良知」取代靜坐法為教。陽明在《傳習錄》中曾說明箇中原由：「吾昔居滁時，見諸生多務知解，無益於得，姑教之靜坐，一時窺見光景，頗收近效。久之，漸有喜靜厭動流入枯槁之病，故邇來只說致良知。」（〔清〕黃宗羲：《明儒學案·姚江學案》，卷10，頁211）陽明以靜坐為法時，亦是因其有「窺見光景」之效。楊儒賓認為在程朱學者看來，「當『靜坐』和一切直證心體的心學工夫論連結在一起時……這樣的工夫很容易造成某種程度的精神官能症。依據心學的基本預設，雖說『心即理』，但實際的運作上，『心即理』的『理』字不見得會出現。」「心學的頓教法門縱可使心體朗現，但這樣的心體一旦處事應物，即顯得張惶失措，舉止乖謬，完全不管用。當學者走出了光明孤絕的心之城堡，踏入人世，所謂的悟道之心靈竟會不識路途，寸步難行，因為缺少理則的指引作用。」楊儒賓：〈主敬與主靜〉，頁141。

> 說存於中，不說制於外，則無下手腳處，此心便不實。外面
> 盡有過言、過行更不管，卻云正吾心，有此理否。（《語
> 類》卷120，《全書》第18冊，頁3795）

朱子的「主敬」工夫不只是心的凝煉專一而已，而必然是包括身體容
貌、言語動作上的點檢，身心的整齊收斂。[21]這些「制其外」工夫，
正是「涵養本原」的下手處，「克己復禮」的表現。晚明理學家針對
王學末流狂禪「虛玄而蕩，情識而肆」（牟宗三綜合語）流弊[22]，在
使用靜坐工夫之外，他們非常重視程朱「主敬」工夫。高攀龍說：

> 「坐如尸，坐時習也；立如齋，立時習也」。豈不是一箇
> 「敬」字；即如〈君子九思章〉，豈不是一箇活「敬」字；
> 「非禮勿視聽言動」，豈不是一箇活「敬」字。朱子曰：
> 「習靜，不如習敬。」信哉！[23]

儒者始終是生活在此世的，靜坐時暫時的離身離事終究要回到生活世
界中，生活世界由事件構成，事件何其繁多。「主敬」工夫運用的重
點正落在「事」上，「事」構成了行為場域的意識之焦點。對朱子來
說，「無事固是只得靜坐」，有「事」應事，並無隔絕「事」而去討
靜坐的儒理。

　　因此，「主敬」在朱子是「成始成終」、「徹上徹下」的聖賢工
夫；靜坐則是很好的築基法門。但這個築基法門有其不可忽視的重要
性，因為它有助於涵養深層意識。當涵養到深層意識覺醒、清澈，身

21　朱子：「整齊收斂，這身心不敢放縱，便是敬。嘗謂『敬』字似甚字？恰似箇
　　『畏』字相似。」（《語類》卷120，《全書》第18冊，頁3779）
22　牟宗三：《從陸象山到劉蕺山》（臺北：臺北學生書局，1984），頁454。
23　高攀龍語引自〔清〕李顒撰，陳俊民點校：〈東林書院會語〉，《二曲集》（北
　　京：中華書局，1996），卷11，頁95-96。

心聯繫管道打通，道德實踐自然可以順利地展開。靜坐在朱子工夫論體系中，它的位階被降低了，收攝在「主敬」工夫下，並成為「主敬」工夫的主要內涵之一。

（2）靜坐與窮理

朱子靜坐法的儒學特色，除了對世界價值的肯定，特別重視日用倫常──「事」的身體動態修煉，將靜坐置入「主敬」工夫下之外；另一個特徵是和任何「明心見性」、直證心體的冥契主義語彙脫鉤。這首先表現在朱子對「頓悟」之說的批判，朱子說：「頓悟之說，非學者所宜盡心也，聖人所不道。」（《語類》卷9，《全書》第14冊，頁312）朱子不認同所謂「頓悟」之說，原因在他不相信「心即理」，荒木見悟說：

> 朱子學基於理一分殊的原則，執著於個個事物之理的漸進追求，其終極在達到豁然貫通的境界。不過，以渾然一心為迷悟與否的根據的禪，則以為細緻的分析意識，自始即斲傷一心而加以否定。如禪所說的「八識田中下一刀」，就是說明這個意思。如果以朱子學的生命是理；那麼禪的生命就是心。朱子學是理學；禪是心學。朱子學是漸進主義；禪是頓悟主義。[24]

荒木見悟指出所謂頓漸之別，其實並不在於時間長短，因為即使禪宗講頓悟，但事實上在頓悟之前也需很長的修行時間，所謂頓悟不代表成佛比較快，或成聖比較簡單。因此，不能用時間長短斷二者優

---

24 〔日〕荒木見悟：〈朱子學與大慧宗杲〉，收入鍾彩鈞主編：《國際朱子學會議論文集》下，頁801。

劣。「所謂頓，是不分散人的意識，而是在渾然的狀態中，斬斷煩惱
的意思」，「所謂漸，是意味著將人的體驗階段化，然後逐步地嚴密
地做理的追求。」[25]在朱子立場，心不即是理，心外還有理，道德實
踐必須經過格物窮理，長久累積才能達到一旦「豁然貫通」境界，因
此「禪不承認理的權威，一味的修清淨的一心，則不得不說是荒謬且
無知的方法。」[26]朱子不僅以此批判禪學，在儒學內部也同樣批判象
山是禪、不窮理。[27]對湖湘學派「識心」說不以為然：「今之所謂識
心者，乃欲恃此而外天下之理」[28]甚至對程門「觀喜怒哀樂未發前氣
象」說也不放心。此廣義的心學工夫（包括禪）不管是透過「超越的
逆覺體證」方式的靜坐法，或不隔離日用倫常的「內在的逆覺體證」
工夫，心學工夫的模式，基本上強調的是「內向翻轉，以體證一種未
發層次的本心。此工夫預設了一種逆覺的體證，就工夫模式而言，
它與走『逆』、『反』、『空』、『無』的佛道靜坐法實有近似之
處。」[29]朱子批判背後的理據是心、理的差距，對朱子而言這不是靠
「直證心體」就可跨越的鴻溝，這也是他對「頓悟」之說和任何頓教
工夫沒有好感的原因。

　　朱子和頓教「直證心體」、「逆覺體證」（不論是「內在的逆覺
體證」或「超越的逆覺體證」）一類心學工夫切斷關係，靜坐在他的
工夫論中改至漸教「格物窮理」工夫中扮演輔助性角色。特質是靜坐

25　荒木見悟：〈朱子學與大慧宗杲〉，頁801。

26　荒木見悟：〈朱子學與大慧宗杲〉，頁801。

27　朱子批判象山是禪的言論不少，如：「子靜尋常與吾人說話，會避得箇『禪』
字。及與其徒，卻只說禪。」「吳仁父說及陸氏之學。曰：『只是禪。初間猶自
以吾儒之說蓋覆，如今一向說得熾，不復遮護了。』」（《語類》卷124，《全
書》第18冊，頁3887）

28　朱子：〈答方賓王〉，《文集》卷56，《全書》第23冊，頁2657。

29　楊儒賓：〈主敬與主靜〉，頁137。

與理關係十分密切，在朱子靜坐與思量可以合一，也往往與讀書並舉，他說：

> 靜坐非是要如坐禪入定，斷絕思慮。只收斂此心，莫令走坐閑思慮，則此心湛然無事，自然專一。及其有事，則隨事而應；事已，則復湛然矣。（《語類》卷12，《全書》第14冊，頁379）

> 人也有靜坐無思念底時節，也有思量道理底時節，豈可畫為兩塗，說靜坐與讀書時工夫迥然不同！當靜坐涵養時，正要體察思繹道理，只此便是涵養，不是說喚醒提撕，將道理去卻那邪思妄念。只自家思量道理時，自然邪念不作。（《語類》卷12，《全書》第14冊，頁380）

朱子的靜坐不是「逆覺體證」工夫，而是「涵養本源」工夫，雖不要「閑思量」，但以靜坐涵養的「常惺惺」、「湛然」澄澈狀態，用來幫助「思量道理」則是他肯定的。楊儒賓說：

> 靜坐分兩種型態，一種不思量型，一種思量型，兩種模態先後迭起。靜坐固然要斷「閑思量」，但如果思量不「閑」，朱子也支持靜坐可以有正思量的方式。他甚至說：「也不可全無思慮，無邪思耳。」無思量的方式與佛道兩教的靜坐相似，思量的靜坐則為程朱所側重。[30]

靜坐不需特別去「斷絕思慮」，此工夫的運作過程不一定是反智識或超智識的，它與思量可以合一。更特別的，朱子刻意抹殺靜坐法可以直探本體的悟覺作用，而強化它在身心修行上的工具意義，和作為

---

30 楊儒賓：〈主敬與主靜〉，頁134。

「主敬窮理」工夫下的輔助功能。

　　朱子不否定靜坐之必要，靜坐法是他工夫論系統中核心一環。但由於儒者肯定「世界的誠明」，朱子強調儒學靜坐法不同坐禪入定的空心、空理、寂靜，強調從世界暫時撤出、中止身體動作，以及從事意識的超越、逆返之靜坐法門。朱子的理學靜坐法不強調和世界隔離，反而要順成人文世界。因此，除有事應事，無事靜坐外，朱子認為心可呈現理，但不即是理，必須透過格物窮理的漫長過程、無窮累積，才能一旦「豁然貫通」。漸教性格使他的靜坐法不同於禪宗明心見性的直截頓悟，即使在理學內部也不同心學系統在使用靜坐工夫時，將靜坐視為「超越的逆覺體證」之工夫。朱子靜坐是「涵養的體證」，「靜坐從『證體的橋樑』，變成『收斂心氣的手段』。」[31]不相信一悟百悟，也不談果地風光，他的靜坐和格物窮理關係密切，與道理、讀書、思量、事並舉，並收攝在主敬工夫下，呈現貫通動與靜，形—氣—神—事合一，具儒學特色的「另類靜坐法」。

五　結語

　　靜坐如何成為一種具有合法性的理學工夫？靜坐作為理學工夫論中的一環，何時該使用？何時又該限制？在有效性與危險性間徘徊，一路與二氏辨同異的理學靜坐法，如何不「持續地被封鎖在此頭痛的問題圈裡」？朱子試圖透過「主敬窮理」收攝靜坐來建立具有儒學特色，可以開展出全體大用的理學靜坐法，以保有儒者對「世界誠明」的信仰和道德實踐的動能。此做法可說是穩健的工夫，其證成的目標

31　楊儒賓：〈宋儒的靜坐說〉，收入臺灣哲學學會編：《儒家哲學》（臺北：桂冠圖書，2004），頁63、64。

又符合儒家價值體系。

但是，對於朱子所建立的理學靜坐法，楊儒賓曾提出一個值得思考的問題，他說：

> 為什麼後來工夫論史的發展並不是向它傾斜，反而是主敬工夫所要對治的心學工夫享有更大的優勢，至少在思想界，後者似乎更加活潑。作為漸教法門的主敬常被視為代表一種等第較低一級的法門的作用，眾所共知的禪宗的南北宗之爭的結果姑且不論了，就在理學的範圍內，整個明代最有活力的思想家似乎都不走程朱「主敬」的路線，而是反其道而行。歷史的前塵往事難免令人懷疑主敬法門的作用：它有可能達成程朱的預期效果嗎？[32]

朱子質疑禪宗和心學工夫的「徹悟」，「在其徹悟後，在判斷所遭遇每一件事物或事件時，如果沒有格物致知的漸修的工夫，要搜尋出適切應對的理，是不可能的。」「但憑一件法寶而要沒有錯誤地應對日常萬變的事物，是不可能的。因此，絕對有理一分殊之實踐的必要，即非重視沉潛的深思不可。」[33]不是頓悟後一悟百了，禪宗的「但得本何愁末？」其間還煞有介事在，朱子因此對任何直證心體工夫都持批判態度。但是，後來宋明理學的發展並不完全繼承朱子對廣義心學工夫（包括禪宗）的批判，拒絕直證心體式的「逆覺體證」工夫。理學內部還有另一個聲音，心學工夫模式直證心體固有其風險，但不「逆覺體證」以徹悟本源，那麼要涵養個甚麼？晚明諸儒高攀龍、劉蕺山、李二曲等，皆試圖融攝朱王之學，以朱學工夫補王學之弊，將

---

32 楊儒賓：〈主靜與主敬〉，頁157。
33 荒木見悟：〈朱子學與大慧宗杲〉，頁804。

靜坐再度融入主敬工夫下，以保有儒家成德結構；但他們仍多肯定逆覺體證之必要。因此，如果要說程朱「主敬工夫」是「主靜工夫」的更高發展，或許也須回答理一分殊體系下，不證體的涵養、無止盡的格物窮理，如何迴避後來對朱學「支離」的批評。

　　朱子對靜坐法是有疑慮的，他使用之也限制之。馬淵昌也所說的令儒者頭痛的儒學靜坐問題，從後續理學發展來看，並未隨著朱子儒學靜坐理論的建立而結束，而是開啟了更多質疑、批判與回應的討論空間。

叁

讀書如何成為一種工夫

——朱子讀書法的工夫論研究*

一　前言

　　朱子讀書法一向被認為是中國傳統讀書法中最親切有味者；學者並發現它與西方詮釋學相通處甚多，二者之間有不少可互相參照之處。[1]因此，在目前東亞經典詮釋傳統的建構中，朱子讀書法或經典詮釋的研究是一門重要的子課題。西方詮釋學的各種理論對於深化朱子讀書法的理解，有其重要貢獻，目前已有不少相關的研究。[2]儘管

*　本論文曾發表於臺灣大學人文社會高等研究院、臺灣朱子研究協會、臺灣中文學會、中華朱子學會舉辦之「『朱子哲學的當代反思』國際學術研討會」（2014年3月14-15日）。經修改增加篇幅而成。已接受《清華中文學報》第13期（2015年6月）（THCI期刊）刊登。

1　余英時：「中國傳統的讀書法，講得最親切有味的無過於朱熹。……朱子不但現身說法，而且也總結了荀子以來的讀書經驗，最能為我們指點門徑。我們不要以為這是中國的舊方法，和今天西方的新方法相比早已落伍了。我曾經比較過朱子讀書法和今天西方所謂『詮釋學』的異同，發現彼此相通之處甚多。『詮釋學』所分析的各種層次，大致多可以在朱子的《語類》和《文集》中找得到。」余英時：〈怎樣讀中國書〉，氏著：《中國文化與現代變遷》（臺北：三民書局，1992），頁262。

2　以西方詮釋學作為參照來探討朱子讀書法或經典詮釋的研究，專著有林維杰：《朱熹與經典詮釋》（臺北：臺大出版中心，2008）。單篇論文有邵東方：〈朱子讀書解經之詮釋學分析——與伽達默爾之比較〉；鄭宗義：〈論朱子對經典詮釋的看法〉，二文俱收入鍾彩鈞主編：《朱子學的開展——學術篇》（臺北：

哲學詮釋學強調「理解本身不僅只有理論思辯的意義，同時必然指向實踐領域，可以說是一種實踐哲學。」它畢竟是近代以理性主義為主導的西方哲學之產物，是通過反省人類「理解」活動而建立的，宋灝（Mathias Obert）指出：

> 詮釋學之「理解」仍然屬於「認識」（即「求知」）的範圍。一直到葛達瑪與呂格爾，以溫故精神為前提的詮釋學發展絲毫沒有擺脫以認知功效為標準的歐洲哲學主流之典範。[3]

理論切入點畢竟在於「認知」的哲學詮釋學所談的「實踐」，和關注「道德」、「身心體驗」、「日用倫常」的儒家傳統所談的道德意義下的「實踐」，二者之間應該還是存在著差異。儒家以「道德實踐」優先於理論思辯此一基本立場從未改變，並未以「認知」為核心，即使是儒家傳統中最具知性傾向、最重視讀書與經典詮釋的朱子，其基本立場亦是如此。因此，西方詮釋學與朱子讀書法雖然多有可參照處，但不代表其理論足以涵蓋朱子讀書法的所有面向。彭國翔指出：

> 在閱讀朱子的相關文獻時，以往的一些研究者也不能不留意到一個值得進一步深究的現象，即無論朱子視經典為「聖人

漢學研究中心，2002）。陳立勝：〈朱子讀書法：詮釋與詮釋之外〉，收入李明輝主編：《儒家經典詮釋方法》（臺北：喜馬拉雅研究發展基金會，2003）；此文亦收入氏著：《身體與詮釋——宋明儒學論集》（臺北：臺大出版中心，2011）。宋灝（Mathias Obert）：〈普遍理解與個人理解——以現代詮釋學看程朱詮釋學〉，收入李明輝、邱黃海主編：《理解、詮釋與儒家傳統：比較觀點》（臺北：中央研究院中國文哲研究所，2010）。

3　宋灝（Mathias Obert）：〈普遍理解與個人理解——以現代詮釋學看程朱詮釋學〉，收入李明輝、邱黃海主編：《理解、詮釋與儒家傳統：比較觀點》，頁109。

之言」的記錄因而具有神聖性，還是朱子將經典的閱讀和詮
釋視為一種精神轉化和精神踐履，都已經超出了作為一種
「哲學」的「詮釋學」的範圍，而進入到「宗教學」的領
域。[4]

朱子對經典閱讀與詮釋的深刻反省與投注的巨大心力，使得朱子一方
面既成為中國經典詮釋傳統接軌西方詮釋學最好的研究資糧；另一方
面，朱子本人將經典閱讀、詮釋視為一種身心轉化和道德踐履的重要
橋樑，使他儘管再怎麼重視讀書與知識，也不可能只作為一種「詮釋
學」而存在，有其道德性、宗教性的實踐向度，也就是說朱子讀書
法的真實意涵是一種工夫論。在理學內部他與說「堯舜之前，何書
可讀」的陸象山處處針鋒相對；在理學外部他則批評那些不把讀書視
為道德實踐的工夫，而只是出於功利實用、娛樂消遣的閱讀者，視之
為「外學」、「俗學」。朱子的讀書工夫是傳統儒學中成聖的重要方
法，與聖人、天理相遇合一的要徑；也可以被視為是一種具有身心療
癒功能的自我技術。在詮釋學的「詮釋」與道德的、宗教性的「實
踐」之間，如同余英時所說，朱子是能夠「把『實證』和『詮釋』有
機地結合起來，加以靈活運用」的人。[5]這個「詮釋」與「實踐」（或
「實證」）[6]的有機結合，同時也展現在朱子讀書法上。

4　彭國翔：〈身心修煉：朱子經典詮釋的宗教學意涵〉，收入林維杰、邱黃海主
　　編：《理解、詮釋與儒家傳統：中國觀點》（臺北：中央研究院中國文哲研究
　　所，2010），頁195-196。

5　余英時：〈「明明直照吾家路」——《陳寅恪晚年詩文釋證》新版自序〉，氏
　　著：《中國文化與現代變遷》（臺北：三民書局，1992），頁251。

6　匿名審查者指出：「把『實證』和『實踐』等同起來的理由，應該言明。」筆者
　　感謝審查者的寶貴意見，並在此做一補充說明。筆者認同「實證」與「實踐」二
　　者之間未必可以畫上等號，「實踐」的用法一般來說較為寬泛，甚至未必是指
　　「道德實踐」，亦有可能僅指一種「行動」。即使在儒家思想中「實踐」一般習

　　本文擬從工夫論角度探討朱子讀書法，不意味可以否定當代從詮釋學角度研究朱子讀書法的意義與價值，只是朱子讀書法的當代反思可以有多重視野，工夫論所突顯的實踐面向、宗教性以及身心療癒意義也當在其中。「讀書」與「身心」二詞的緊密相連，也意味著朱子哲學中修養與認識兩個向度不可以輕易割裂為二。朱子的讀書是一種與身心密切相關的實踐工夫；他既肯定修養優先於認識，卻也認為認識活動在儒家的身心性命之學中扮演著關鍵性角色，朱子的讀書工夫在理學工夫論中有其特殊性與獨特地位。他以一系列精心構思的方法，在「涵養需用敬，進學在致知」的工夫總綱中，將讀書、主敬、靜坐，所有的工夫都貫穿起來，讀書不是一個可單獨切割的工夫。在認識與修養諸種實踐工夫不斷的迴復用功中，生命不斷的強化，讀書工夫達到的境界，同時也是人格的完成。整體而言，本論文的立場認為朱子讀書法的性格並不真屬於單純的「知性探究」一路，讀書的「體悟」或「體會」貫穿人的整個存在，方式迂迴卻又處處與生命相關。

　　至於本論文的分析架構，則先確立朱子讀書法的基本立場：既迴異於一般世俗消遣、功利等意義下的閱讀，也相對於心學系統的「淡化經典」，朱子視經典為「聖顯」（hierophany）。「聖顯」隱喻說

慣用來指稱「道德實踐」，確實也未必和「實證」等同。不過，在儒家的「實踐」用法中，楊儒賓曾把「理學的性命之學的實踐稱作心性論的模式，而把漢唐儒者的模式稱作社會文化的實踐模式。」（參見楊儒賓：〈作為性命之學的經學——理學的經典詮釋〉，收入氏著：《從《五經》到《新五經》》，臺北：臺大出版中心，2013，頁29。）由於理學對於「性命之學」的關注，宋明儒者的「道德實踐」和前儒相較，一般來說，他們更關注如何對自我的本質進行體證，更在意如何去尋求生命的源頭活水，以明體達用。因此，理學「性命之學」意義下的「實踐」除了是一種「道德實踐」外，也常帶有宗教修煉氣味的「體證」、「實證」意涵，因此，將「實證」與「實踐」二者連用，除連接著余英時說法作使用外，筆者以為放入理學「性命之學」意義下來說，應該是可以成立的。

明朱子認為「聖」與「俗」間的裂縫必須被真誠的正視，但在理學家「聖可學」的普遍信念下，「聖」—「俗」的本質性分裂並不存在，包括朱子。有巨大裂縫但可以跨越，經——聖——道的一體化，閱讀「聖經」顯得格外重要。朱子這條與聖人（道）跨越裂縫而相遇合一的路如何走？本論文接著探討朱子的經典學習地圖。朱子精心建構出一張學習地圖，以方便學者按圖索驥。朱子除了透過從《五經》到《新五經》（《四書》加上《易經》）的典範轉移，使儒家核心經典可以更直接體現人的主體性外，朱子對於如何讀好一本書，乃至於整體閱讀過程的該如何讀好書，如何專注於聖經文本，仔細的、反覆的、多層次的、一點一滴而長期不斷的累積式閱讀，都有詳細的討論。這些讀書次第與讀書方法的規定與說明，使朱子讀書法看起來帶有強烈的知性探究氣味，儘管如此，要完成朱子與聖、道相遇合一意義下的讀書，所需要的「自我技術」與訓練，用傅柯的話說，有一些是要在思想、語言中進行；有一些則須在「真實情況下進行」。除了必須在文本上好好地讀一本書之外，也關連到閱讀者整體的身心狀態，包括讀書中的心態調整和身體參與，都是相關的重要環節。因此，工夫的運作也涉及讀書中的心態與身體，讀書工夫與虛心、變化氣質，與主敬、靜坐也都有相當密切的關係。因此，本論文接下來的小節分別探討了朱子的讀書與存心、讀書與身體、讀書與靜坐的關係；以說明在朱子哲學中讀書作為一種工夫，需要同時正視認識與修養兩個向度，它是一個高難度的自我技術與奮鬥過程。朱子工夫中種種的「兩端一本」、「互相發」的主客交互作用，這是一個「積累」的、「漸」的工夫；雖然朱子說窮理不是真要一一窮盡天下之理，但也真是一條「堅苦」的漫漫長路。在離心、迴心不斷的迴復用功中，生命不斷的強化，帶著學習者的全身全心全氣走向與聖合一，或者說是「心與理一」。這是讀書工夫，或者說是朱子所有的工夫所企求的

境界，此時同時也是人格的完成，朱子不喜使用有禪學、心學氣味的
「悟」，而稱此為「豁然貫通」。本論文最後一小節即以讀書工夫與
豁然貫通，作為探討朱子讀書如何作為一種工夫的收束處。

二　朱子讀書法的基本立場

對朱子來說「道問學是大事」。[7]朱子以重視讀書出名，除了他本
人親身實踐「窮此理於學問思辯之際」（〈朱子行狀〉），幾乎無時
無刻不在讀書外，讀書也被他視為最重要的教法。如門人問：「先生
教人，有何宗旨？」朱子回答：「某無宗旨，尋常只是教學者隨分讀
書。」[8]朱子教人讀書的記錄《語類》與《文集》隨處可見。他最不滿
陸象山的地方也在於認為象山不教人讀書，朱子說：

> 若陸氏之學，只是要尋這一條索，卻不知道都無可得穿。且
> 其為說，喫緊是不肯教人讀書，只恁地摸索悟處。譬如前面
> 有一個關，纔跳得過這一箇關，便是了。此煞壞學者。某老
> 矣，日月無多。方待不說破來，又恐後人錯以某之學亦與他
> 相似。今不奈何，苦口說破。某道他斷然是異端！斷然是曲
> 學！斷然非聖人之道！但學者稍肯低心向平實處下工夫，那
> 病痛亦不難見。[9]

> 某嘗謂，人要學禪時，不如分明去學他禪和一棒一喝便了。
> 今乃以聖賢之言夾雜了說，都不成個物事。道是龍，又無

7　〔宋〕朱熹著、鄭明等校點：《朱子語類》卷10，《朱子全書》第14冊（上海：
　　上海古籍出版社，2002），頁314。以下簡稱《語類》、《全書》。

8　《語類》卷121，《全書》第18冊，頁3811。

9　《語類》卷27，《全書》第15冊，頁982-983。

角；道是蛇，又有足。子靜舊年也不如此，後來弄得直恁地
差異。如今都教壞了後生，個個不肯去讀書，一味顛蹶沒理
會處，可惜！可惜！[10]

朱子對象山的批評堪稱嚴厲，他斷定陸學是異端——象山禪。[11]理由
有二：不肯教人讀書；只摸索悟處。這兩個批評對象山來說是否存
在著誤解，有失公允？歷來已多有討論。象山本人是讀書的，他並
未教人不要讀書。[12]但是朱子的批評也未必是空穴來風，因為陸學重
視先立其大，發明本心，本心一悟，那麼「宇宙即吾心，吾心即宇
宙」，就算未讀書也不礙於我堂堂正正做個人，所以象山說的是：
「若某則不識一箇字，亦須還我堂堂地作箇人。」[13]「堯舜之前，何
書可讀？」[14]「學苟知本，《六經》皆我注腳。」[15]心學系統中象山
的「《六經》皆我注腳」，到了陽明更被表述成「《六經》者，吾心
之記籍也，而《六經》之實則具於吾心。」[16]關於「記籍」，楊儒賓

10　《語類》卷104，《全書》第17冊，頁3437。

11　朱子批判象山是禪的言論不少，如：「子靜尋常與吾人說話，會避得箇『禪』
字。及與其徒，卻只說禪。」「吳仁父說及陸氏之學。曰：『只是禪。初間猶自
以吾儒之說蓋覆，如今一向說得熾，不復遮護了。』」《語類》卷124，《全書》
第18冊，頁2978。

12　象山《年譜》記載：「從幼讀書便著意，未嘗放過。外視雖若閒暇，實勤考索。
伯兄總家務，嘗夜分起，見先生觀書，或秉燭檢書。」〔宋〕陸九淵著：《年
譜》紹興十九年己巳條，《陸九淵集》（臺北：里仁書局，1981），頁482。由
此看來，象山不僅非不讀書，其讀書之刻苦令人印象深刻。至於是否不教人讀書
的問題，象山勸弟子：「後生看經書，須著看注疏及先儒解釋，不然，執己見議
論，恐入自是之域，便輕視古人。」〔宋〕陸九淵著：《語錄》下，《陸九淵
集》，頁431。也說明了實情正好與朱子所指責的相反。

13　〔宋〕陸九淵著：《陸九淵集》，頁447。

14　〔宋〕陸九淵著：《年譜》淳熙二年乙未條，《陸九淵集》，頁491。

15　〔宋〕陸九淵著：《語錄》上，《陸九淵集》，頁395。

16　〔明〕王陽明著：〈文錄·四·稽山書院尊經閣記〉，《王陽明全集》上（上

說：

> 「記籍」只是帳簿上的名目而已，它本身並沒有獨立的價
> 值，它是索引，是媒介，是種過渡性的工具，實質的內涵在
> 有沒有家產（良知）。[17]

因此，「記籍」說正可看出陸王心學視經籍為心性副產品、「經文本身沒有獨立價值」的態度。象山雖未必教人不讀書，但讀書對象山來說確實不成為與本質工夫相干的第一義工夫。

作為儒家信仰共同體的成員，在道德實踐優先於理論思辯的一貫立場之下，讀書不會只是為了認知客觀知識。在讀書這件事上，朱陸異同並不在於讀書目的上，他們都認同讀書是為了道德實踐，此可視為儒學之共法。就理學內部來說，理學意義下的道德實踐關注焦點在「性命之學」上，這並不意味著他們不關注社會文化意義下的道德實踐。道德倫理、社會教化，乃至政治關懷等等固然都是「道德實踐」的範疇，但他們確實更在意尋找作為外王關懷的「源頭活水」，也就是「性命之學」。不論是程朱的性理學或陸王的本心（良知）學，對於「性命之學」的關注，理學家的道德實踐和前儒相較，一般來說，他們更關注如何對自我的本質進行體證。理學中此種由「社會文化的實踐模式」到「心性論的模式」不同價值抉擇途徑的轉向，楊儒賓

海：上海古籍出版社，1992），頁255。

17 楊儒賓：〈水月與記籍：理學家如何詮釋經典〉，收入李明輝編：《中國經典
詮釋傳統（二）：儒學篇》（臺北：喜馬拉雅研究發展基金會，2003），頁188-
189。六經記籍說的結果是造成經文虛無化，經典地位自然水落船低，經典被視
為記籍、故紙、陳編，在往下便是糟粕、秕糠，王龍溪認為秦始皇焚書「亦暗合
刪述之意」、李卓吾讚美秦始皇等等，這些態度說明了最後經典連工具性的價值
都不保。詳細論述參見楊儒賓：〈「積累」與「當下」——時間隱喻下的經典詮
釋〉，收入氏著：《從《五經》到《新五經》》，頁86-94。

說：

> 由於有了心性論的轉向，儒家的經典從此成為儒者追求安身
> 立命之學的經典依據，經典跨越了方外、方內的界線，重新
> 恢復了「究天人之際、通幽明之故」的固有版圖。[18]

對「性命之學」的關注，使得他們在追求安身立命的過程中，表現出更明顯的內在性與超越性的道德實踐面向。扣緊自家的身心狀態立言；甚至不乏以宗教性的「求道」字眼來稱呼儒者的道德實踐[19]，而有稱儒家的經典閱讀與詮釋為「道學」，以自別於一般世俗學問（「俗學」）的用法。朱子說：

> 今人讀書，多不就切己上體察，但於紙上看，文義上說得去
> 便了。如是，濟得甚事！「何必讀書，然後為學？」子曰：
> 「是故惡乎佞者。」古人亦須讀書始得。但古人讀書，將以
> 求道。不然，讀作何用？今人不去這上理會道理，皆以涉

18　參見楊儒賓：〈作為性命之學的經學──理學的經典詮釋〉，收入氏著：《從
　　《五經》到《新五經》》，頁30。

19　匿名審查者指出：「『求道』是不是就等同於『道德實踐』也應該說清楚。朱熹
　　曾經批評呂祖謙只講求『孝悌忠信』，難道孝悌忠信不是道德實踐嗎？為什麼朱
　　熹要批評呂祖謙？」對於審查者的質疑，朱子說：「聖賢言語，粗說細說，皆著
　　理會教透徹。蓋道體至廣至大，故有說得易處，說得難處，說得大處，說得小
　　處。若不盡見，必定有窒礙處。若謂只『言忠信，行篤敬』便可，則自漢唐以
　　來，豈是無此等人，因甚道統之傳卻不曾得？亦可見矣。」（《語類》卷19，
　　《全書》第14冊，頁652。）筆者以為在朱子看來所謂聖賢言語有粗說細說，「道
　　德實踐」亦有粗細難易的不同層次，「孝悌忠信」這些倫理道德行為，固然屬於
　　「道德實踐」的範疇，但理學意義下的「道德實踐」不僅止於此，當「性命之
　　學」的探索由個人的安身立命問題向世界的本源領域擴散時，理學家所追問的道
　　德實踐之源頭活水，還有對於本源、道體的探究追求，在此意義下朱子也以「求
　　道」來指稱理學的「道德實踐」。

獵該博為能，所以有道學、俗學之別。」因提案上藥囊起，
曰：「如合藥，便要治病。終不成合在此看。如此，於病何
補！文字浩瀚，難看，亦難記。將已曉得底體在身上，卻是
自家易曉易做底事。解經已是不得已，若只就注解上說，將
來何濟！」[20]

吃藥本身不是目的，而是為了治病，朱子的「藥喻」說，除了說明讀
書目的和自家身心活動的密切關係外，讀書還具有身心療癒的功效。
而在儒家看來此一身心的救贖與療癒，唯有讓自己成為一個人格健全
的聖賢君子，才是終極的自我救贖之道，讀書必然與關注自家身心狀
態、如何安身立命，如何成聖成賢，這樣的「道德實踐」議題發生關
係。這也是即使是朱子這麼重視讀書的人，其〈讀書法〉一開頭就連
續說了三次讀書已是「第二義」、「第二事」。[21]就儒學信仰來說，
究竟什麼才是「第一義」？朱子說：「且如為學，決定是要做聖賢，
這是第一義。」[22]讀書是為了求道、立志成為聖賢而存在的「性命之
學」。朱陸異同也不在於該讀何書，因為既然讀書是為了道德實踐，
「要看聖人教人做工夫處」，那麼讀書自然要讀聖人載道之書，即
《四書》、《五經》等儒家核心經典，在這裡朱、陸也沒有太大的歧
異。

　　那麼，朱陸對讀書一事的不同看法到底在哪裡？應該說他們的歧
見其實是在於對學問知識與經典的位階和下手工夫的進路、次第之
上。象山重視先明本心、當下即是的逆覺體證工夫路數，在朱子看來

20　《語類》卷11，《全書》第14冊，頁337。

21　朱子〈讀書法上〉：「讀書乃學者第二事。」「讀書已是第二義。蓋人生道理合
　　下完具，所以要讀書者，蓋是未曾經歷見許多。」「學問，就自家身己上切要處
　　理會方是，那讀書底已是第二義。」《語類》卷10，《全書》第14冊，頁313。

22　《語類》卷15，《全書》第14冊，頁462。

叫做「上達而下學」。朱子認為這根本不是儒學工夫，儒學工夫是「下學而上達」。[23]朱子說：

> 聖賢教人，多說下學事，少說上達事。說下學工夫要多也好，但只理會下學，又局促了。須事事理會過，將來也要知個貫通處。不去理會下學，只理會上達，即都無事可做，恐孤單枯燥。程先生曰：「但是自然，更無玩索。」既是自然，便都無可理會了。譬如耕田，須是種下種子，便去耘除灌溉，然後到那熟處。而今只想像那熟處，卻不曾下得種子，如何會熟？如「一以貫之」，是聖人論到極處了。而今只去想像那一，不去理會那貫。譬如討一條錢索在此，都無錢可穿。[24]

朱子工夫重視次第，他認為聖賢教人只教「下學上達」，不是「上達下學」。唯有「下學」才能到「上達」，中間自有一定次第。此外，「下學」中又自有層層次第，這些次第都不能略過。他反對跳過一層又一層的次第，去憑空想像「別有一箇大底上達」。朱子以繩索銅錢喻說明《論語》的「吾道一以貫之」，「下學」事猶如銅錢，如果沒有那些銅錢，繩索何用？要貫什麼？楊儒賓分析朱子銅錢喻指出：

23　朱子說：「只聞『下學而上達』，不聞『上達而下學』。」（《語類》卷8，《全書》第14冊，頁295）又〈答汪尚書〉：「然竊觀來意，似以為先有見處，乃能造乎平易，此則又似禪家之說，熹有所不能無疑也。聖門之教，下學上達，自平易處講究討論，積慮潛心，優柔饜飫，久而漸有得焉，則日漸其高深遠大而不可窮矣。……今日此事非言語臆度所及，必先有見，然後有以造乎平易，則是欲先上達而後下學，譬之是猶先察秋毫而後睹山岳，先舉萬石而後勝匹雛也。」（《文集》卷30，《全書》第21冊，頁1307。）對朱子而言只有「下學而上達」是儒門工夫。至於那些要求「先有見」，包括禪宗的頓悟法門，也包括象山學的先明本心，都是「上達而下學」的作法，非聖賢之教。

24　《語類》卷117，《全書》第17冊，頁3693-3694。

朱子認為「一以貫之」的「一」就像條線索，要貫通，總要有東西可以貫。如果沒有許多錢幣集結起來，繩索有何用處？朱子強調：不是「理一」此事不存在，或不重要，而是理一要在分殊上顯現，沒有分殊的展現，理亦無用處。[25]

朱子一再強調：不是「以一貫之」，而是「一以貫之」，一不是前提，不是始點，不是陳白沙所說的「把柄」；而是「目標」，也是當下專誠篤敬的態度。由當下的「主一」才可以達到終點的「統體之一」，「一以貫之」的路途是漫漫悠遠的。[26]

朱子「下學上達」也可以說是他「理一分殊」說的轉語。「理一」要在事事物物的「分殊」處見，不是一悟百悟，一了百了，所以必須要一件一件、一層一層的進學致知、格物窮理。朱子認同的聖門工夫便有別於心學系統立基於本源的「當下」即是；而是需要不斷的「積累」與「窮格」，此一「積累」既需要時間上的長期延伸，也需要多層面的探討，才能「積累既久」而「豁然貫通」。

「下學上達」的窮格工夫是朱子用來判教的標準，既可用來區分儒學與佛老（包括「象山禪」），也可區分道學與俗學。他在當時兩面作戰，用「下學」去鞭打佛、老、象山，用「上達」去敲擊世俗之學。這兩者對讀書的看法，他都各打五十大板，同樣不能忍受：

或問讀書工夫。曰：「這事如今似難說。如世上一等人說道

---

25 楊儒賓：〈格物與豁然貫通──朱子〈格物補傳〉的詮釋問題〉，收入鍾彩鈞主編：《朱子學的開展──學術篇》（臺北：漢學研究中心，2002），頁230。

26 楊儒賓：〈「積累」與「當下」──時間隱喻下的經典詮釋〉，收入氏著：《從《五經》到《新五經》》，頁68-69。

> 不須就書冊上理會，此固是不得。然一向只就書冊上理會，
> 不曾體認著自家身己，也不濟事。……如世上一等說話，謂
> 不消讀書，不消理會，別自有個覺處，有個悟處，這個是不
> 得。」[27]

> 學須做自家底看，便見切己。今人讀書，只要科舉用；己及
> 第，則為雜文用；其高者，則為古人用，皆做外面看。[28]

朱子不接受禪學、心學認為不須讀書也可頓悟，別有個覺處、悟處
之說；但他同樣也不能忍受不把讀書視為道德實踐、身心修煉的工
夫，而只出於功利實用的企圖（如科舉考試）、娛樂消遣（如寫雜
文）、文字訓詁學術研究等（所謂的「為古人用」），這是「皆做外
面看」、無益於身心性命的「外學」。朱子認為前者有「上達」而無
「下學」工夫，批評他們黑淬淬的、兩邊明中間暗，所謂的覺悟往往
只是「私意」而不自知。後者則頂多只有「下學」，而無「上達」的
工夫與希冀，更是與身心無關、曠日費時。雖然朱子往往批評象山與
禪學用詞更為激烈嚴苛，但也承認他們畢竟都還是要「做個人」，切
合自家身心要務，因此，朱子批評之餘也不忘讚美象山：「子壽兄弟
氣象甚好，其病卻是盡廢講學而專務踐履，卻於踐履之中要人提撕省
察，悟得本心，此為病之大者。要其操持謹質，表裏不二，實有以過
人者。」[29]雖然教法有誤，但他們門內皆「那下常有人」。[30]至於只知

27　《語類》卷11，《全書》第14冊，頁338。

28　《語類》卷11，《全書》第14冊，頁338。

29　〈答張敬夫〉，《文集》卷31，《全書》第21，頁1350。

30　朱子說：「佛家一向撒去許多事，只理會自身己；其教雖不是，其意思卻是要自
　　理會。所以他那下常有人，自家這下自無人。今世儒者，能守經者，理會講解而
　　已；看史傳者，計較利害而已。那人直是要理會身己，從自家身己做去。不理會
　　自身己，說甚別人長短。」感慨「今世儒者」只知下學事，反不如前者。《語

「下學」，而無「上達」者，其實背離朱子讀書法的基本立場更遠。讀書是為了與聖人相遇，如果以一個字形容朱子讀書法的精髓，就是帶有宗教意涵的「敬」字——這當中有「對文本尊重、對聖書作者的虔敬、對一己私見的懸擱、對聖人之意的期待、認同與敞開，也有讀者自家身己的姿態、踐履與修行。」[31]因此，在朱子讀書法中讀書是為了求道。經典閱讀對朱子而言不僅是認知意義的，更重要的是它是具有生命實踐、身心轉化的功能與目的。

再回到朱陸異同問題上來說。朱子之學被象山譏評為「支離事業竟浮沉」，朱陸對讀書工夫態度的歧見，很容易讓人聯想到北宋時張載與程明道之間的交鋒，雖然他們並不似朱陸般的充滿煙硝味，但是卻有一定的家族相似性。明道教法一向直截簡易，要人當下肯認、體悟惻隱之心：

> 學者先學文，鮮有能至道。至如博觀泛覽，亦自為害。故明道先生教余嘗曰：「賢讀書，慎不要尋行數墨。」[32]

> 明道見謝子記問甚博，曰：「賢卻記得許多。」謝子不覺身汗面赤。先生曰：「只此便是惻隱之心。」[33]

明道不認為讀書學文能「至道」，「博觀泛覽」、「尋行數墨」過度用心文字，於身心反而有害。張載作《正蒙》處處置筆硯，明道認為

類》卷8，《全書》第14冊，頁289。

31 《語類》卷104，《全書》第17冊，頁3439。

32 〔宋〕程顥、程頤：〈傳聞雜記〉，《河南程氏外書》卷12，《二程集》（臺北：漢京文化，1983），頁427。

33 〔宋〕程顥、程頤：〈傳聞雜記〉，《河南程氏外書》卷12，《二程集》，頁427。

這是「子厚卻如此不熟」的表徵。[34]呂大臨〈橫渠先生行狀〉描述張載的形象：

> 終日危坐一室，左右簡編，俯而讀，仰而思，有得則識之，或中夜起坐，取燭以書，其志道精思，未始須臾息，亦未始須臾忘也。學者有問，多告以知禮成性變化氣質之道，學必如聖人而後已。[35]

這和朱子讀書的刻苦畫面何其相似，朱子在談讀書艱難時說自己「某舊時用心甚苦，思量這道理，如過危木橋子，相去只在毫髮之間，才失腳便跌落下去，用心極苦。」[36]即使朱子晚年深為「氣痛、腳弱、泄瀉」等身體病痛所苦，他仍說：

> 某自是不能晚起，雖甚病，纔見光，亦便要起，尋思文字。纔稍晚，便覺似宴安鴆毒，便似個懶墮底人，心裏便不安。[37]

「堅苦」二字是朱子對自己一生治學感想的收束語，也是他給人的深刻印象。[38]張載和朱子的苦學隱約透露一個訊息——理學中越能正視

---

34 〈傳聞雜記〉：「張橫渠著《正蒙》時，處處置筆硯，得意即書。伯淳云：『子厚卻如此不熟。』」〔宋〕程顥、程頤：〈傳聞雜記〉，《河南程氏外書》卷12，《二程集》，頁427。

35 呂大臨：〈橫渠先生行狀〉，收入〔宋〕張載：《張載集》（臺北：漢京文化，1983），頁275。

36 《語類》卷104，《全書》第17冊，頁3439。

37 《語類》卷104，《全書》第17冊，頁3442。

38 朱子女婿暨高足黃榦的朱子〈行狀〉記載朱子過世前數日，學生問及他治學感想，回答以「堅苦」二字。〔宋〕黃榦：〈朝奉大夫華文閣待制贈寶謨閣直學士通議大夫諡文朱先生行狀〉，《黃勉齋先生文集》（臺北：青山書屋，1957），卷8，頁186。

「氣質」葛藤纏繞的儒者，往往不走當下即是的頓悟路線，而有漸進主義的傾向。其學刻苦，也特別重視讀書工夫之必要。朱子評論張載與明道：「『天資高則學明道，不然，且學二程橫渠。』良以橫渠用功親切，有可循守。」[39]唐君毅說：

> 橫渠于此，則先言窮理，後伊川朱子亦以格物窮理，補明道之所未及，則又正是還同于橫渠之先窮理，然後能合內外，以盡性至命之論。至于明道之言怒時遽忘其怒，實亦乃非天資高者不能為。若在常人，則先無工夫，于怒時亦未必能遽忘其怒也。[40]

明道天資極高、心靈澄澈，他本人可以不歷階梯，直接「上達」，而常人未必能。後來伊川、朱子致力於以「格物窮理」說補明道工夫論之不足，是了解到修持時「下學」工夫之必要。明道要人不須「記問甚博」，當下體認惻隱之心，朱子則說：「一般人都不曾讀書，便言我已悟得道理，如此便是惻隱之心，如此便是羞惡之心，如此便是是非之心，渾是一個私意。」[41]於是又回到了張載重視讀書工夫的路數。

朱子不接受「上達下學」的心學（包括禪學），只認可「下學上達」才是儒門聖人之教，關鍵還是在對「心即理」說的不安。陳立勝指出：「朱陸異同的根子在於對『心』的理解之上。陸王一系重在發明『道心』之微，而朱子則對『人心』之危頗為警惕。」[42]朱子〈答

39　〔宋〕張載：《張載集‧經學理窟‧序》，頁247。

40　唐君毅：《中國哲學原論——原教篇》（臺北：臺灣學生書局，1984），頁133-134。

41　《語類》卷11，《全書》第14冊，頁354。

42　陳立勝：〈朱子讀書法：詮釋與詮釋之外〉，收入氏著；《身體與詮釋——宋明儒學論集》，頁219。

張欽夫〉說：

> 且如釋氏擎拳豎佛、運水搬柴之說，豈不見此心？豈不識此
> 心？而卒不可以與入堯舜之道者，正為不見天理，而專認此
> 心以為主宰，故不免流於自私耳。前輩有言，聖人本天，釋
> 氏本心，蓋謂此也。來示又謂心無時不虛，然而人欲己私汨
> 沒久矣，安得一旦遽見此境界乎？[43]

因為「人欲己私汨沒久矣」，這當中除了陷溺的問題外，還關連著
「氣稟」。朱子對象山有一評語：

> 陸子靜之學，看他千般萬般病，只在不知有氣稟之雜，把許
> 多粗惡底氣都把做心之妙理，合當恁地自然做將去。[44]

朱子並非不承認有「道心之微」，但確實是更在意「人心之危」。朱
子的堅持是因為「『人性本善』固是真實語，不誑語，但就現實而
言，人性的氣稟之雜之劣，卻也是事實；變化氣質不易，這也是人人
可感受到的日常現實。」[45]如何確認這個直接感通流行、當下體認的
心所認取的真是天理，而不是一己的情識私意？明末心學系統「心即
理」說發展到極致，朱子的疑慮也展現在劉蕺山對王學末流不讀書的

43　《文集》卷30，《全書》第21，頁1313-1314。

44　《語類》卷124，《全書》第18冊，頁3886。陸王體系並非完全不談「氣」，但
　　是陸王的氣通常是指「本心的動能」之展現，而不理解為「氣稟之雜」。陸王視
　　「氣」為「本心的動能」之展現，看到「氣」就想到「感通」、「良知之流行」
　　實依孟子義理而來。孟子：「志至焉，氣次焉。……其為氣也，至大至剛，以直
　　養而無害，則塞於天地之間。」朱熹：《孟子・公孫丑上》，《四書章句集註》
　　（臺北：大安出版社，1994），頁118。程朱看到「氣」就想到與「形」、「習」
　　相連的「氣質」、「氣稟」，就想到要對治、轉化，此謂之「變化氣質」。

45　楊儒賓：〈「積累」與「當下」——時間隱喻下的經典詮釋〉，收入氏著：《從
　　《五經》到《新五經》》，頁76。

不滿之上，劉蕺山說：

> 夫吾之心未始非聖人之心也，而未嘗學問之心，容有不合於
> 聖人之心者，將遂以之自信曰：「道在是。」不已過乎？夫
> 求心之過，未有不流為猖狂而賊道者也。[46]

心如何不「虛玄而蕩，情識而肆」？明末清初以降儒者因此無不重視
讀書。在朱子看來，人心不即是理，理也不能直接談「理一」，必須
在理具體化於人倫世界的分殊處用功，朱子在此談格物致知、即物窮
理。朱子說：

> 所謂致知在格物者，言欲致吾之知，在即物而窮其理也。蓋
> 人心之靈，莫不有知，而天下之物，莫不有理。惟於理有未
> 窮，故其知有不盡也。[47]

天理與人心、理與氣之間的距離如何被克服？理一分殊——下學上
達——格物窮理的哲學體系格局之下，在分殊處、下學處去進行格物
窮理的工夫，此「理一」與「上達」才有下手處，也才可能完成。

朱子哲學中用來進行這個格物窮理工夫的主體——心，其性格十
分特殊。朱子說：「性、情、心，惟孟子、橫渠說的好。仁是性，惻
隱是情，須從心上發出來。『心，統性情者也』。」[48]在程頤的「性
即理」說之外，朱子最認可張載的「心統性情」說，朱子云：「伊
川『性即理也』，橫渠『心統性情』二句，顛撲不破。」[49]對於朱子

---

46 〔明〕劉宗周：〈張慎甫《四書解》序〉，《劉宗周全集》（臺北：中央研究院
　　中國文哲研究所籌備處，1997），第3冊下，頁712。

47 《四書纂疏·大學纂疏》，頁43。

48 《語類》卷5，《全書》第14冊，頁229。

49 《語類》卷5，《全書》第14冊，頁229。

「心」繼承自張載、程頤的涵義，唐君毅認為：

> 此人心之分為內具理為性，外顯理於情之二面，而以心為
> 之統之說，乃本諸橫渠心統性情之言；亦本諸程子：「心
> 有指體而言者，寂然不動是也；有指用而言者，感而遂通是
> 也。」[50]

心統攝性情，它具有主宰性；心兼體用，其主宰性又是「動靜皆主宰」。[51]所以朱子形容「心」為：

> 心之全體湛然虛明，萬理具足，無一毫私慾之間；其流行該
> 遍，貫乎動靜，而妙用又無不在焉。故以其未發而全體者言
> 之，則性也；以其以發而妙用者言之，則情也。[52]

就朱子「心」的獨立意義來說，它具有「虛靈明覺義」和「主宰運用義」。[53]「心」是「氣之靈」，有「知」的能力，可以認知、覺察、體認，而且越用越明；雖然屬於「氣」，在「氣」世界中「心」的性格卻最特殊。朱子論「心」、「性」之別的時候雖然認為「心統攝性情，非儱侗與性情為一物而不分別也。」卻也常說「這個極難說，且是難為譬喻。」「名義之語極難下。……此等且要默識心通。」[54]因此，朱子在回答「心」是形而上還是形而下時，他都是極小心、微細的去做區隔：

50　參唐君毅：〈朱子之理氣心性論〉，《中國哲學原論——原性篇》（臺北：臺灣學生書局，1989），頁397。朱子：「虛靈自是心之本體。」《語類》卷5，《全書》第14冊，頁221。

51　《語類》卷5，《全書》第14冊，頁229。

52　《語類》卷5，《全書》第14冊，頁230。

53　唐君毅：〈朱子之理氣心性論〉，《中國哲學原論——原性篇》，頁401。

54　《語類》卷5，《全書》第14冊，頁229、222、234。

問：「如此，則心之理乃是形而上否？」曰：「心比性，則
微有迹；比氣，則自然又靈。」[55]

這種「心」與「性」、「理」的極度貼近，朱子的「心」或許未必能
乾淨俐落的一刀劃入形下之氣的範疇中。舉例來看，如朱子在回答學
生問「心為太極」或「心具太極」何者為是時，朱子的回答是「這
般處極細，難說。」[56]朱子這樣小心回答的方式也許意味著朱子的
「心」並非全然只是形下之氣、經驗意義的心，而是如楊儒賓所說：

有些「心即理」的氣味了。朱子的心性關係當然不可能如陸
王所說的那樣同質，但牟先生那般一刀兩斷的切法或許也切
得太俐落了，其間當還有些游移的空間，至少還有些補充的
餘地。[57]

因為它是「理」（太極）的呈顯原則[58]，在某個層次上又可以與
「理」（太極）的位階極度貼近。因此，朱子也說：

心與理一，不是理在前面為一物。理便在心之中，心包藏不
住，隨事而發。[59]

性猶太極也，心猶陰陽也。太極只在陰陽之中，非能離陰陽
也。然至論太極，自是太極，陰陽自是陰陽。惟性與心亦

---

55 《語類》卷5，《全書》第14冊，頁221。
56 《語類》卷5，《全書》第14冊，頁217。
57 楊儒賓：〈格物與豁然貫通——朱子〈格物補傳〉的詮釋問題〉，收入鍾彩鈞主
　　編：《朱子學的開展——學術篇》，頁243。
58 朱子：「理無心，無著處。」《語類》卷5，《全書》第14冊，頁219。
59 《語類》卷5，《全書》第14冊，頁219。

然。所謂一而二，二而一也。[60]

可以說朱子同時也設定了一個根源意義的道心概念。當一層一層剝落去除「心之病」，心與理可以「一」，朱子此處所言心與理的「一」，雖然不像陸王「心即理」那樣的同質，但也不能簡單、直接的說「理」在「心」之前或「心」之上，僅視朱子的「心」為經驗層意義的心，不具有道德創造性。至少在朱子自己的定義中，他不斷的強調「理」與「心」是「一而二，二而一」，「心、性、理，拈著一個，則都貫穿，……理在心之中。」[61]並不構成所謂的「義外」之說。因為「人生道理合下完具」，只是需要「復性」或恢復「本心」，心如何去除自己的「心之病」？朱子反對所謂「以心觀心」的作法，認為這只會更添混亂；由於心常常處在道心之微與人心之危的緊張、拉拔狀態之中，學者的下學上達、格物窮理工夫確實亟需一些幫助。朱子說：

> 所以古人設教，自灑掃應對進退之節、禮、樂、射、御、書、數之文，必皆使之抑心下首，以從事於其間而不敢忽，然後可以消磨其飛揚倔強之氣，而為入德之階。今既皆無此矣，則為有讀書一事，尚可以為懾伏身心之助。……如此積累，做得三五年工夫，庶幾心意漸馴，根本粗立，而有可據之地。[62]

往聖先賢俱往矣，雖然原先聖賢設教不只一端，但在朱子看來諸多教

60　《語類》卷5，《全書》第14冊，頁222。

61　《語類》卷5，《全書》第14冊，頁223。

62　〔清〕王懋竑：〈朱子論學切要語〉，《朱子年譜》（北京：中華書局，1998），卷2，頁466。

法並沒有完善的被保存下來。還好聖賢們以過來人的身分留下經典，因此朱子認為要做到「心意漸馴」，最好的方法還是讀書，尋求聖賢經典的幫助。對朱子來說：「學固不在乎讀書，然不讀書則義理無由明。」朱子格物窮理工夫便聚焦於讀書——閱讀聖人經典之上。朱子說：

> 讀書已是第二義。蓋人生道理合下完具，所以要讀書者，蓋是未曾經歷見許多。聖人是經歷見得許多，所以寫在冊上與人看。而今讀書，只是要見得許多道理。即理會得了，又皆是自家合下元有底，不是外面旋添得來。[63]

> 且將一件書讀。聖人之言，即聖人之心；聖人之心，即天下之理。且逐段看令分曉，一段分曉，又看一段。如此至一二十段，亦未解便見個道理，但如此心平氣定，不東馳西騖，則道理自逐旋分明。去得自家心上一病，便是一個道理明也。道理固是自家本有，但如今隔一隔了，須逐旋揩磨呼喚得歸，然無一喚便見之理。[64]

在朱子看來，雖然道理是人性本具（性即理），但隔於氣稟、沒於私欲，這些都是心之病。朱子常使用藥喻來說讀書之必要[65]，生病要吃藥，聖人是醫生，經典是聖人治病的藥方，讀書就是服下這些藥。心想要療癒自家之病，還是得靠過來人，也就是那經驗得許多的聖人；聖人雖往矣，還好他們留下許多書冊與人，書冊上的聖賢言語文字自

---

63 《語類》卷10，《全書》第14冊，頁313。
64 《語類》卷120，《全書》第18冊，頁3805。
65 朱子以藥喻讀書處甚多，如《語類》卷10，《全書》第14冊，頁316；《語類》卷11，《全書》第14冊，頁337、347。

然是最可信任的下手工夫。[66]心生病,所以心不會即是理;藥不是一吃就好,也不會有「一喚便見之理」;求道沒有捷徑,必須透過格物窮理的讀書工夫,一一的、慢慢的、不厭其煩的做「逐旋揩磨」的鈍根工夫[67],才能重新理會。此時,朱子才能同意:「若讀得熟,而又思得精,自然心與理一,永遠不忘。」[68]經過下學工夫、格物窮理後的「理一」與「上達」,才是有內容且真實的,此時才是「心與理一」。

　　道心雖微,人心亦危,對朱子來說規矩並不在良知,而在經典。為什麼要讀書?朱子的思維模式是——因為聖人體現天理,而且將之記載於經典之上;經典乃是聖人之道同時也是天理的記載。因此學者必須透過經典的閱讀與學習,才能了解聖人之道與天理,讀書可以與聖人(理的體現者)相遇並且合一,這同時也是自身的「心與理一」的過程。聖人之言——聖人之心——天下之理,或者說是經——聖——道,此三事在朱子是一體的。相對於心學系統的「淡化經典」,視經典為「記籍」,乃至「糟粕」,讀書與悟道二者間沒有本質的關聯,讀書不是本質工夫的思路;朱子則表現出「聖化經典」的態度,視經典為「聖經」[69]。楊儒賓因此以「聖顯」(hierophany)

66　朱子:「且如聖賢不生,無許多書冊,無許多發明,不成不去理會,也只當理會。今有聖賢言語,有許多文字,卻不去做。」《語類》卷10,《全書》第14冊,頁314。

67　朱子:「若曰何必讀書,自有個捷徑法,便是悞人底深坑。」《語類》卷10,《全書》第14冊,頁326。朱子一向強調鈍根工夫的重要,討厭人家明明是鈍根人,卻要去做利根工夫。

68　《語類》卷10,《全書》第14冊,頁323。

69　以「聖經」稱呼儒家核心經典,如朱子:「如解說聖經,一向都不有自家身己,全然虛心。」《語類》卷11,《全書》第14冊,頁336。「聖經字若個主人,解者猶若奴僕。」《語類》卷11,《全書》第14冊,頁351。

做為朱子經書觀的隱喻，以突顯其宗教神聖感。[70]朱子的讀書和悟道間的關係密切太多了。常人的心不即是理，透過讀聖書，了解聖人之心，才能了解「理」。讀書是和聖人相遇乃至合一的必要途徑與階梯，這個階梯不是不能撤，但要撤也要等到真的與聖人之心、天理合一才行，談何容易？

三 朱子的經典學習地圖

對朱子而言經典是「聖顯」（hierophany），閱讀經典便是一條由「俗」走向「聖」之路，透過讀書可以與聖人（道）相遇合一。「聖顯」的隱喻，突顯出朱子經典觀的宗教神聖感；對朱子來說，「聖」與「俗」之間的裂縫確實必須被真誠的正視。但必須說明，「聖」與「俗」之間的裂縫，在儒家並不是一道本質上無法被跨越的鴻溝。儒家傳統中「聖」的概念，從先秦儒家人人皆可成為堯舜的命題開始，儒家之學既是「聖學」，也可以「學聖」。只要透過道德實踐的工夫，不斷的自我提升超拔，「俗」與「聖」的合一是有可能的。「聖可學」，而且成聖是為「第一等人」、做「第一等事」、「第一義」，這些說法乃是宋明理學家常見的普遍信念。[71]因此，伊

---

70 楊儒賓：〈「積累」與「當下」——時間隱喻下的經典詮釋〉，收入氏著：《從《五經》到《新五經》》，頁73。「聖顯」一詞出自伊里亞德（Mircea Eliade），「意指神聖外顯於此世，它的呈現地沒有固定之處，只要『聖顯』所至之處，存在界即有聖─俗之本質性分裂，一切世俗之存在皆因參與此聖之原型而獲得其存在之意義。」（同上，頁73）伊里亞德「聖顯」（hierophany）一詞或譯作「顯聖物」。參〔羅馬尼亞〕米爾恰‧伊里亞德（Mircea Eliade）著、王建光譯：《神聖與世俗》（北京：華夏出版社，2002），頁11-12。

71 儒學傳統中如果說「聖」與「俗」之間有不能合一的本質裂縫，在漢唐儒學中是成立的。漢唐儒學從董仲舒、王充、劉劭以下，以才性、氣性說聖人，視聖人為氣成命定、獨得中和之氣，不與人共的神聖物。但理學家的聖人觀中，從周敦頤

里亞德（Mircea Eliade）的「聖顯」用法中那種存在界的「聖」—「俗」的本質性分裂，並不存在宋明理學傳統中，包括朱子。這條與聖人（道）跨越裂縫而相遇合一的路要怎麼去、如何走？朱子那裏其實有一張地圖。這是一張課程學習地圖，在開始讀書前就規範了學者應該讀何書、讀書的次第如何、如何讀等等，以方便學者按圖索驥。

　　朱子首先在應該讀何書的問題上，確立必讀的核心經典。如前所述，聖書意識與經——聖——道的一體化與否，既是道學／俗學之分判，在儒學內部也有著朱陸之別，尤其是對聖——經是否能等同的問題上。這些問題在普通讀者那裡根本不存在；而在陸王心學那裏答案也很明顯，聖——經二者之間有條跨不過的鴻溝，此路支離曲折而且早已不通，成聖之道無他，惟有喚醒本心良知，透過主體的覺醒當下肯認、反身而誠，才是一條易簡久大的康莊大道。程朱學派「自然也承認從經到聖必須經由主體的喚醒這一關，他們也同意經典不能等同聖人，中間有裂痕。但裂痕不是那麼大，更不是不能克服。更重要地，新聖經亦即《四書》的概念形成後，經通向聖的路途被鋪平了，所以經的主要內涵不能從裂痕，而當從連續去衡量。」[72]讀書應該讀何書？自然要以聖人經典為核心，因為那最能對治自身病痛，其餘大多是「沒緊要」的「皮外事」，不是不能讀，而是「只怕無許多心力讀得」。聖學、俗學的區分與書籍價值的分判，對其他非儒家經典的

回答：「聖可學乎？曰：可。有要乎？曰：有。請問焉，曰：一為要。一者，無欲也。」〔宋〕周敦頤：《通書》，《周敦頤集》（北京：中華書局，1990），頁29-30。邵雍〈一等吟〉：「欲出第一等者，須有第一等意。欲為第一等人，須作第一等事。」〔宋〕邵雍：《擊壤全書》（臺北：廣文書局，1972），卷19，頁5，b面。朱子：「且如為學，決定是要做聖賢，這是第一義。」《語類》卷15，《全書》第14冊，頁462。

72 楊儒賓：〈「積累」與「當下」——時間隱喻下的經典詮釋〉，收入氏著：《從《五經》到《新五經》》，頁74。

書籍採取較為輕視的態度，此亦可被視為理學共法。[73]問題是，甚麼
是聖人核心經典？在儒學發展史，核心經典有一個從《五經》到《新
五經》（《四書》加上《易經》）的典範轉移過程。[74]楊儒賓說：

> 首先，它呈現出以《中庸》、《易經》為主的階段（北
> 宋時期的周、張、邵）；其次，再輪到以《大學》為主
> 的階段（以程、朱為代表的學問）；接著，再輪到以《論
> 語》、《孟子》為主的階段（以陸、王為代表的心學之學
> 問）。……從《五經》到《新五經》的發展，我們可以看出
> 儒家思想的連續性與轉化處。就連續性而言，《五經》與
> 《新五經》皆表現了人文化成的理想主義精神，人文世界的
> 倫理與文化精神是儒家精神環繞迴轉的北極星；就轉化處而

---

73 朱子：「看經書與看史書不同：史是皮外事，沒緊要。」「書那有不可讀者？只
怕無許多心力讀得。」《語類》卷11，《全書》第14冊，頁347。此讀書態度在
北宋張載業已形成，張載說：「觀書且勿觀史，學理會急處，亦無暇觀也。然觀
史又勝於游，山水林石之趣，始似可愛，終無益，不如游心經籍義理之間。」
〔宋〕張載：《經學理窟·義理》，《張載集》，頁276。

74 先秦儒家到六朝經學圍繞《五經》展開，魏晉以後佛道二教對儒學價值系統提出
嚴厲挑戰，《五經》權威性也遇到空前危機，帶來根源性的衝擊。伴隨《五經》
權威的失落，作為儒家詮釋學新的興奮點和思想增長點，《易傳》、《論語》、
《孟子》、《大學》、《中庸》等傳記開始備受青睞，從中唐開始慢慢增長，宋
後重要性漸超過《五經》，成為新的詮釋中心。詳細研究參見景海峰：〈儒家詮
釋學的三個時代〉，收入李明輝編：《儒家經典詮釋方法》（臺北：喜馬拉雅研
究發展基金會，2003），頁131-132。這個從《五經》到《易經》、《四書》（楊
儒賓稱後者為「新《五經》」）的核心經典轉移過程，楊儒賓認為：「宋明理學
的經學如以《四書》總括之，固然說得通，但需要多費脣舌解釋，才能周延。」
而「《易經》雖然是群經之首，但宋明時期的經解與漢唐理解者大不相同，宋明
的《易經》和漢的《易經》不妨視為兩種文本。」因此，以「新《五經》」一
詞來指稱宋明理學的核心經典比《四書》更為恰當。參楊儒賓：〈新《五經》的
時代〉，收入氏著：〈從《五經》到《新五經》〉，頁13-14。

言，從《五經》到《新五經》可說是從文化之書到性命之書的轉折，《新五經》賦予《五經》超越的向度，此超越的向度也是奧秘主體的向度。[75]

《新五經》中《四書》作為儒家核心經典的地位，經過張載、二程到朱子已大致底定。[76]《四書》加上《易經》成為理學思想系統共同的核心文本，成為宋以後儒家心性義理之學的命脈所在。朱子雖然說：「《六經》是三代以上之書，曾經聖人手，全是天理。」卻也認為「《四子》，《六經》之階梯。」[77]又說：「《語》、《孟》工夫少，得效多；《六經》工夫多，得效少。」「《語》、《孟》、《中庸》、《大學》是熟飯，看其它經，是打禾為飯。」[78]都可以看出朱子認為《四書》比《六經》更直捷了當、更重要。《四書》系統所匯聚的文化符碼提供新的可能，這些文本的基質有助於更直接的體現人的主體性，因此，透過新儒家聖經的建立，聖與經的裂縫可以被銜接。《四書》的閱讀就成了朱子經——聖——道的學習歷程之起點與重點。

應該讀何書與讀書次第非常重要，因為那是入手的進路問題，同時也關係到修行的步驟，對朱子而言此次序不容錯亂。朱子說：

---

75 參楊儒賓：〈新《五經》的時代〉，收入氏著：《從《五經》到《新五經》》，頁12。

76 張載：「學者信書，且須信《論語》、《孟子》。《詩》、《書》無舛雜。《禮》雖雜出諸儒，亦若無害義處，如《中庸》、《大學》出於聖門，無可疑者。」〔宋〕張載：《經學理窟·義理》，《張載集》，頁277。二程：「學者須先讀《論》、《孟》自有簡要約處，以此觀他經，甚省力。《論》、《孟》如丈尺權衡相似，以此去度量事物，自然見得長短輕重。」《河南程氏遺書》卷18，《二程集》，頁205。

77 《語類》卷105，《全書》第17冊，頁3450。

78 《語類》卷19，《全書》第14冊，頁644、645。

> 為學須事先立大本。其初甚約，中間一節甚廣大，到末稍又
> 約。孟子曰：「博學而詳說之，將以反說約也。」故必先觀
> 《論》、《孟》、《大學》、《中庸》，以考聖賢之意；讀
> 史以考存亡治亂之跡；讀諸子百家，以見其駁雜之病。其節
> 目自有次序，不可逾越。[79]

朱子的學習地圖首先畫出一個粗略的梗概，讀書要由《四書》——
史——子。《四書》是讀書大本，既是學習的起點（才會有鑑別、
檢擇是非對錯的標準與能力），也是學習的核心（要靠它才能得聖賢
之意）；至於史、子只是熟讀聖經後進一步的應用與驗證而已。除了
《四書》——史——子的讀書次序外，朱子在儒家核心經典的閱讀
上，也給出更詳細的學習次第，朱子說：

> 某要人先讀《大學》，以定其規模；次讀《論語》，以立其
> 根本；次讀《孟子》，以觀其發越；次讀《中庸》，以求古
> 人微妙之處。《大學》一篇有等級次第，總作一處，易曉，
> 宜先看。《論語》卻實，但言語散見，初看易難。《孟子》
> 有感激興發人心處。《中庸》亦難讀，看三書後，方宜讀
> 之。[80]

朱子認為《大學》規模大，且最有等級次第，將《大學》譬喻為「大
坯模」、「行程曆」、「腔子」、「起屋地盤」。[81]因此，《四書》
中以《大學》為閱讀起點。朱子認為《四書》的學習次第就成了《大
學》——《論語》——《孟子》——《中庸》。《四書》之後，才進

79　《語類》卷11，《全書》第14冊，頁345。

80　《語類》卷14，《全書》第14冊，頁419。

81　《語類》卷14，《全書》第14冊，頁420-421。

行《六經》的研讀。至於《六經》的研讀次第，朱子說：

> 看來《易》是個難理會底物事，卒急看未得，不若且未要
> 理會。聖人云：「《詩》、《書》、執禮，皆雅言也。」
> 看來聖人教人不過此數者。公既理會《詩》了，只得且理會
> 《書》；理會《書》了，便當理會《禮》。《禮》之為書，
> 浩瀚難理會，卒急如何看得許多？[82]

> 《春秋》是學者末後事，惟是理明義精，方見得。《春秋》
> 是言天下之事，今不去理會身己上事，却去理會天下之事，
> 到理會得天下事，於身己上卻不曾處置得。所以學者讀書，
> 先要理會自己本分上事。[83]

《六經》應由《詩》、《書》、《禮》，再讀《易》；至於《春
秋》，朱子認為非關自家身己本分事，應該放置到最後閱讀。朱子擬
定的學習次第就成了《大學》——《論語》——《孟子》——《中
庸》——《詩》——《書》——《禮》——《易》——《春秋》。
由《四書》而《六經》，進而旁及史、子。確立讀何書的次第外，朱
子對於如何讀好一本書，乃至於整體閱讀過程的該如何讀好書，都有
詳細的討論。包括：文字閱讀上由字——句——段逐漸遞進的閱讀次
第；由易及難、由近及遠的閱讀次第；由外及裡、一重一重深入文本
意義多重性的閱讀次第；乃至局部與整體循環閱讀的次第等等。[84]朱
子這些如何讀書的具體細節說明，最常被拿來與詮釋學互相參照。

82　《語類》卷120，《全書》第18冊，頁3792。

83　《語類》卷116，《全書》第18冊，頁3654。

84　朱子這些讀書過程文字上的次第之探討，參見陳立勝：〈朱子讀書法：詮釋與詮
　　釋之外〉，收入氏著：《身體與詮釋——宋明儒學論集》，頁211-216。

　　這些讀書次第與讀書方法的規定與說明，使朱子讀書法看起來帶有強烈的知性探究氣味，儘管如此，在經──聖──道三事一體的架構下，朱子讀書法本質上還是一種扣緊自家身心性命來思考的工夫論。彭國翔指出：

> 與讀書密切相關的「身心之學」幾乎成了朱子評價一切的一個標準。除了理氣、心性等抽象的哲學觀念之外，「讀書」和「身心」可說是朱子思想尤其經典詮釋話語中最為關鍵且緊密相關的兩個詞。[85]

「讀書」與「身心」二詞的緊密相連，意味著朱子的讀書是一種與身心密切相關的實踐工夫。在朱子對修養與認識兩個向度的關懷中，必須說明朱子雖然肯定雖然修養優先於認識，但卻同時也認為認識活動在儒家的身心性命之學中扮演著關鍵性角色。用理學術語來說，朱子的工夫論，繼承了程頤的「涵養須用敬，進學在致知」的工夫綱領，主敬與致知二者永遠必須齊頭並進，但和程頤相較朱子更突顯了進學致知的認識向度。如此所構成的讀書工夫，這樣的想法在當代哲學中，或許更接近晚期傅柯在《主體解釋學》中所提出的「哲學工夫」。[86]傅柯認為：

85　彭國翔：〈身心修煉：朱子經典詮釋的宗教學意涵〉，收入林維杰、邱黃海主編：《理解、詮釋與儒家傳統：中國觀點》，頁228。

86　匿名審查者指出：「但若論將讀書作為一種身體修養、精神安頓的技術，則傅柯所討論的『哲學工夫』此一概念，可能與朱子所言更有互相比較的空間，可惜的是本文並未針對此部分進行討論。建議能引用傅柯的著作及學者的相關討論，以讓讀者能有更全面的視野。」筆者在此感謝審查者的寶貴建議，也認同傅柯「哲學工夫」和朱子讀書工夫的比較，具有跨文化的深刻意義。但由於傅柯「哲學工夫」牽涉到傅柯的哲學體系，與其背後歐洲哲學傳統，因此，對於二者對修養哲學與認識哲學的關係同質性與異質性如何，實非筆者這篇論文目前所能妥善處理，日後再以專文進行更深入研究。此處，暫時引用何乏筆對傅柯《主體解釋

> 我們可以區分出兩種訓練，一種是在真實情況下進行的，主
> 要以忍耐和節制為主的訓練；另一種是在思想中進行的，並
> 且通過思想進行的訓練。[87]

對於傅柯視「哲學是一種徘徊在修養與學術間的生命狀態」的「哲學
工夫」，何乏筆說：

> 哲學工夫的內容幾乎離不開「思想」和「語言」。在此，認
> 識當然不僅是指理論思維，而涉及多種與思想和語言相關的
> 自我技術，如對話、聆聽、書寫（日記、筆記、書信）、閱
> 讀、良心省察等。[88]

傅柯回歸到歐洲古代的修養哲學，建立歐洲哲學的另類系譜，何乏筆
認為傅柯的研究「亦發現歐洲哲學（無論是古代的或現代的）可以
『講工夫』。……由傅柯的歷史分析可進一步推論，歐洲古代哲學大
體上是由修養與認識兩向度所構成，甚至是一種將認識活動歸屬於修
養過程的修養哲學。其中修養優先於認識，但同時認識向度扮演關鍵
角色。」[89]回到朱子，讀書作為下學上達、格物窮理的具體、重要工
夫，朱子希望透過讀書可以與聖人相遇，進而身心轉化、變化氣質，

學》的研究來談。傅柯回歸到歐洲古代的修養哲學，建立歐洲哲學的另類系譜，
何乏筆認為傅柯「關於修養哲學與認識哲學之關係的反省，迫使人們擺脫某些有
關歐洲哲學的刻版觀點，而重視兩種哲學向度的組合潛力。」參何乏筆：〈修
養與批判：傅柯《主體解釋學》初探〉，《中國文哲研究通訊》第15卷，第3期
（2005年9月），頁5-6。

87　傅柯：《主體解釋學》，收入杜小真編選：《福柯集》（上海：上海遠東出版
社，1998），頁479-480。

88　何乏筆：〈修養與批判：傅柯《主體解釋學》初探〉，頁6。傅柯之說參傅柯：
《主體解釋學》，頁479。

89　何乏筆：〈修養與批判：傅柯《主體解釋學》初探〉，頁5-6。

「積累既久，豁然貫通」，終能達到心與理一的聖人境界。要完成朱子與聖、與道相遇合一意義下的讀書，所需要的「自我技術」與訓練，用傅柯的話說，有一些是要在思想、語言中進行；一些則須在「真實情況下進行」。除了必須在文本上好好地讀一本書之外，也關連到閱讀者整體的身心狀態，包括讀書中的心態調整和身體參與，這些都是相關的重要環節。因此，工夫的運作也涉及讀書中的心態與身體，讀書工夫與主敬工夫，甚至讀書與靜坐工夫也有相當密切的關係。

四　讀書與存心

作為身心之學，讀書是為了求道，閱讀的文本是聖經，透過聖人之言可以得聖人之心、體會天理。讀書要能識聖人義理，在讀書的心態上朱子讀書法最常反覆強調的是「虛心」與「專一」之必要。朱子強調「虛心」才能讀書的文字俯拾皆是。他說：

> 聖人言語，皆天理自然，本坦易明白在那裡。只被人不虛心去看，只管外面捉摸。及看不得，便將自己身上一般意思說出，把做聖人意思。[90]

讀書時，在心態的調整上除了「虛心」，朱子也常強調「專心」，心要「專一仔細」、「專靜純一」之必要。朱子說：

> 讀書須將心貼在書冊上，逐字逐句，各有著落，方始好商量。大凡學者須是收拾此心，令專靜純一，日用動靜間都無

馳走散亂，方始看得文字精審。如是，方是有本領。[91]

朱子說讀書要「虛心」、「專一」，與北宋理學家張載、程頤的工夫論有一定的關連。張載亦有「虛心」之說，其工夫論以「變化氣質」為主軸，他說：

> 人之氣質美惡與貴賤夭壽之理，皆是所受定分。如氣質惡者學即能移，今人所以多為氣所使而不得為賢者，蓋為不知學。[92]

經由學，氣質是可以改變的，如何學？張載認為「變化氣質與虛心相表裏」[93]；「修持之道，既須虛心，又須得禮，內外發明，此合內外之道也。」[94]安於所執的心是「成心」、「私意」，即是「毋意、毋必、無固、毋我」之「意必固我」。因此，如何「虛心」？張載說：「毋四者則心虛，虛者，止善之本也，若實則無由納善。」[95]除了張載的「虛心」，朱子之說也脫胎自程頤的「主敬」。程頤說：

> 人心不能不交感萬物，亦難為使之不思慮。若欲免此，唯是心有主。如何為主？敬而已矣。有主則虛，虛謂邪不能入；無主則實，實謂物來奪之。……大凡人心不可二用，用于一事，則他事更不能入者，事為之主也。事為之主，尚無思慮紛擾之患，若主於敬，又焉有此患乎？所謂敬者，主一之謂敬。[96]

91　《語類》卷11，《全書》第14冊，頁332。

92　〔宋〕張載：《張載集‧經學理窟‧氣質》，頁266。

93　〔宋〕張載：《張載集‧經學理窟‧義理》，頁274。

94　〔宋〕張載：《張載集‧經學理窟‧氣質》，頁270。

95　〔宋〕張載：《張載集‧張子語錄‧語錄上》，頁307。

96　〔宋〕程顥、程頤：《河南程氏遺書》，《二程集》，卷15，頁169。

程頤以「主一」釋「敬」，強調能專心「用于一事」，則無思慮紛擾之患；能虛心「有主則虛」，邪不能入、物不能奪。程頤的主敬之說，開展成為「涵養須用敬，進學則在致知」的工夫綱領；此一工夫綱領也為朱子所繼承。只是在程頤那裡，他還擔心「解義理，若一向靠書冊，何由得居之安，資之深？不惟自失，兼亦誤人。」[97]讀書窮理還只是其工夫論中的一環，未必構成最重要的工夫；到了朱子，讀書則被明顯的放到更為重要的位置上。

如何讀書？朱子強調「虛心」才能讀書，他說：

> 如解說聖經，一向都不有自家身己，全然虛心，只把他道理自看其是非。恁地看文字，猶更自有牽於舊習，失點檢處。全然把一己私意去看聖賢之書，如何看得出。[98]

「虛心」在朱子用法中也與「私意」相對，後者指在讀書過程中「先自立說」，以「一己私意」解讀聖賢之書；結果就會扭曲歪斜「文本原意」。不論詮釋學如何的宣稱「作者已死」，或質疑有所謂的「文本原意」，宋代理學家對此問題的看法從張載就是相信有「文本原意」存在。張載說：「有言經義須人人說的別，此不然。天下義理只容有一箇是，無兩箇是。」[99]文本是聖賢經典，張載宣稱聖賢原意存在，而且只有一個。問題是，我如何確認我所掌握的確實是所謂的「文本原意」或「聖賢原意」，而別人的不是？甚且我自己不同階段所理解、掌握的「聖賢原意」，確實也出現不斷移動、變化的現象？對於張載這樣的理學家來說，這個問題確實麻煩、困難，但它不是一個詮釋學或認識論的事件，而是心性論範疇的問題。張載顯然認為文

97　〔宋〕程顥、程頤：《河南程氏遺書》，《二程集》，卷15，頁165。

98　《語類》卷11，《全書》第14冊，頁335-336。

99　〔宋〕張載：《張載集·經學理窟·義理》，頁275。

字的理解或書寫都和心靈境界息息相關，他說：

> 人之迷經者，蓋己守未明，故常為語言可以移動。己守既
> 定，雖孔孟之言有紛錯，亦須不思而改之。[100]

在張載那裡，「文本原意」的呈現與心靈境界有關，他認為如果一個
人的心靈尚未達飽滿圓熟，使用來傳達與理解義理的文字也就必定會
有種種弊病，只有義理精熟，心靈純備的聖人，才能做到以辭窮理。
經典乃是聖人言辭，是義之尤精者，還不是聖人的我們，透過對經典
閱讀來理解、把握聖人之心，張載在此顯得格外的小心翼翼、戒慎恐
懼：

> 某學來三十年，自來作文字說義理無限，其有是者皆只是億
> 則屢中。譬之穿窬之盜，將竊取室中之物而為之物之所藏
> 處，……觀古人之書，如探知於外人，聞朋友之論，如聞隔
> 牆之言，皆未得其門而入，不見宗廟之美，室家之好。比歲
> 方似入至其中，知其中是美是善，不肯復出，天下之議論莫
> 能易此。[101]

他認為這本來就是一個艱難的，需要時間上長期不斷戰鬥的過程。但
在理學家的信念中雖然艱難，但最後目標，就如同人可成為堯舜的信
念一樣，是可以被完成的。他提出來的方法是：

> 《六經》則須著循環，能使畫夜不息，理會得六七年，則
> 自無可得看。若義理則儘無窮，待自家長得一格則又見得

---

100 〔宋〕張載：《張載集・經學理窟・義理》，頁277。
101 〔宋〕張載：《張載集・經學理窟・自道》，頁288。

別。[102]

在重視身心體驗的理學家中對讀書和文字書寫的強調，朱子一向顯得與張載的樣貌特別相似、親近。張載沒有放棄「文本原意」呈現的可能，他提出的方法雖然看起來簡略，但已概括出兩個必須同時努力的方向：認知上的對於經典不斷循環閱讀，與主體的修養工夫（靜心）對於經典理解的幫助。朱子基本上延續了張載這樣的思路，但他的討論與操作與前者相較更為深刻、有更多的發揮。

朱子反覆要求讀書必須保持「虛心」狀態，聖賢言語才有進入閱讀者身心性命的空間，朱子同時稱此狀態為「不有自家身己」。朱子有時要求讀書要「虛心」，「不有自家身己」；有時卻強調為學要「切己」，不能「沒著身己處」，要「貼著自家身心理會」。[103]讀書過程中究竟要有或沒有「自家身己」？陳立勝指出：

> 其實虛心所懸擱的「自家身己」與切己突顯的「自家身己」意義完全不同，前者不過是「私意」、「一己之見」（偏見、舊見），所以需要擱置、清除，以便讓聖書之本意（「文本正意」）、聖人之見展現出來；而後者則是從行為的角度，強調讀書與踐履、身體力行密不可分，「用藥治病」很能說明這種行為義。[104]

「虛心」的沒有「自家身己」與「切己」的有「自家身己」，在自我的懸置與投入間看似衝突的說法，正好說明一個弔詭，雖然兩個「自

---

102 〔宋〕張載：《張載集・經學理窟・義理》，頁278。

103 朱子評論歐陽修時說：「歐公好事金石碑刻，都是沒著身己處，卻不似參禪修養人，猶是貼著自家身心理會也。」《語類》卷137，《全書》第18冊，頁4261。

104 陳立勝：〈朱子讀書法：詮釋與詮釋之外〉，收入氏著：《身體與詮釋——宋明儒學論集》，頁216。

家身己」各有不同指涉，但行為之實正有待於心靈之虛。如果將心比
喻做容器，要傾倒新水前總得先洗淨、清空，否則即使注入玉液瓊
漿，也難免走味變質。「虛心」的讀書法強調自我（私意、偏見）的
懸置、丟棄，朱子也以「退一步思量」說明如何在讀書時製造出一個
讓聖賢言語原味呈現的空間。朱子說：

> 再問：「所說『尋求義理，仍須虛心觀之』，不知如何是虛
> 心？」曰：「須退一步思量。」次日，又問退一步思量之
> 旨。曰：「從來不曾如此做工夫，後亦自難說。今人觀書，
> 先立了意後方觀，盡率古人語言入做自家意思中來。如此，
> 只是推廣得自家意思，如何見得古人意思。須得退步者，不
> 要自作意思，只虛此心將古人語言放前面，看他意思倒殺向
> 何處去。如此玩心，方可得古人意，有長進處。且如孟子說
> 《詩》，要『以意逆志，是為得之。』逆者，等待之謂也。
> 如前途等待一人，未來時且須耐心等待，將來自有來的時
> 候。他未來，其心急切，又要進前尋求，卻不是『以意逆
> 志』，是以意捉志也。如此，只是牽率古人言語，入做自家
> 意中來，終無進益。」[105]

朱子以「退一步思量」釋「虛心」，並且用以解釋孟子的「以意逆
志」說。「以意逆志」在朱子解讀下成了「耐心等待」聖賢原意的讀
書法；相對於「以意捉志」的以一己私意去捕捉古人言語的主動急迫
性與主觀隨意性。「虛心」的「退一步思量」，是指「耐心等待」，
它既是從一己私意、偏見等先入為主的成見、前見退出來；也是從急
迫、急切的憂愁焦躁情緒中退出來。「虛心」也通向「耐心」。「虛

---

[105] 《語類》卷11，《全書》第14冊，頁335-336。

心」可以保留聖賢言語出現的空間；「耐心」以等待聖賢言語，做好這些準備，讓聖賢本意有機會自己出現，朱子稱此為「以他說看他說」、「以書觀書」。[106]尊重聖經文本與作者，朱子的讀書法在此強調「我」的隱沒，朱子說：

> 以聖賢之意觀聖賢之書，以天下之理觀天下之事。人多以私見自去窮理，只是你自家所見，去聖賢之心尚遠在。[107]

要求以「以聖賢之意觀聖賢之書」的朱子讀書法與「《六經》皆我注腳」式的讀書法不同，陳立勝說：

> 在朱子這裡，讀書的大忌是「以己觀物」，「我」在閱讀過程中必須是隱退的、懸擱的，既不是我注六經，更不是六經注我，而是六經注六經，這頗類似於基督神學中「聖經自己解釋自己」的釋經路徑。[108]

如果說心學系統「《六經》皆我注腳」的讀書法是「以心解經」，那麼朱子所期待的「虛心」讀書法則是要做到「以經解經」。「以經解經」，讓聖賢本意原汁原味呈現困難度自然甚高，這關係到讀經者在閱讀時是否保持於專注於文本的狀態，以及心靈是否澄澈無蔽。

因此，讀書時在心態的調整上除了「虛心」，朱子也常強調「專心」，心要「專一仔細」、「專靜純一」之必要。朱子說：

> 人做功課若不專一，東看西看，則此心先已散漫了，如何

---

[106] 朱子：「放寬心，以他說看他說。以物觀物，無以己觀物。」「以書觀書，以物觀物，不可先立己見。」《語類》卷11，《全書》第14冊，頁337。

[107] 《語類》卷9，《全書》第14冊，頁311。

[108] 陳立勝：〈朱子讀書法：詮釋與詮釋之外〉，收入氏著：《身體與詮釋——宋明儒學論集》，頁203。

看得道理出。須是看《論語》，專只看《論語》；看《孟子》，專只看《孟子》。讀這一章，更不看後章；讀這一句，更不得看後句；這一字理會未得，更不得看下字。如此，則專一而功可成。若所看不一，氾濫無統，雖卒歲窮年，無有透徹之期。某舊時文字，只是守此拙法，以至於今。思之，只有此法，更無他法。[109]

「專心」在朱子讀書法中與「散漫心」相對，讀書時就專心在讀書上，不要分心分神思量外事；只專注此書，乃至讀一章、一句、一字，只將此心聚焦於此一章、一句、一字之上。以字句為最小單位，進行專心的基礎訓練，要求要「逐段、逐句、逐字」讀到精熟。朱子說：

學者觀書，先須讀得正文，記得注解，成誦精熟。注中訓釋文意、事物、名義，發明經指，相穿紐處，一一認得，如自己做出來底一般，方能玩味反覆，向上有透處。[110]

大凡看書，要看了又看，逐段、逐句、逐字，仍參諸解、傳，說教通透，使道理與自家心相肯，方得。讀書要自家道理浹洽透徹。[111]

讀書的「專心」也通向「仔細」，要求「少看」、「極熟」。[112]專

---

109 《語類》卷11，《全書》第14冊，頁346。
110 《語類》卷11，《全書》第14冊，頁349。
111 《語類》卷10，《全書》第14冊，頁314。
112 朱子：「讀書是格物一事，今且需逐段子細玩味，反來覆去，或一日，或兩日，只看一段，則這一段便是我底。腳踏這一段了，又看第二段。如此逐旋捱去，捱得多後，卻見頭頭道理都到。」《語類》卷10，《全書》第14冊，頁319-320。又說：「書宜少看，要極熟。小兒讀書記得，大人多記不得者，只為小兒心專。一

注、精熟、反覆，雖是「拙法」，卻是他一路持守的讀書法，而且
「更無他法」。精讀、熟讀，不斷循環反覆，慢慢的「道理浹洽透
徹」，聖賢道理與自己的心會「相肯」，越來越一致，如此才「向上
有透處」，有上達的可能。

除了「虛心」、「專心」，朱子讀書法中也強調「定心」、「湛
然凝定心」；與「定心」相反的是「紛擾雜亂心」。朱子說：

> 心不定，故見理不得。今且要讀書，須先定其心，使之如止
> 水，如明鏡。暗鏡如何照物。[113]

> 學者觀書多走作者，亦恐是根本上功夫未齊整，只是以紛擾
> 雜亂心去看，不曾以湛然凝定心去看。不若先涵養本源，且
> 將已熟底義理玩味，待其浹洽，然後去看書，便自知。[114]

讀書要能「以書觀書」、「以經解經」，如實呈現聖賢本意，而不
「走作」，心就不能是紛亂動盪的狀態。止水、明鏡始能覽物無遺，
朱子以水鏡喻說明讀書時須修煉自心，達到定、靜、澄澈的狀態，先
「定其心」，心「湛然凝定」來能讀好書。

「虛心」、「專心」、「定心」都可說是心的虛一靜狀態，此一
心靈狀態是朱子最常要求讀書時必須具備的。但是在朱子工夫論中之
所以強調格物窮理、讀書的重要，以及對「心即理」說的不滿，是
源自於對「心」的不夠信任，所以要人「常讀書，庶幾可以管攝此
心」。[115]如此，卻似乎形成了一個弔詭的局面：

日授一百字，則只是一百字；二百字，則只是二百字。大人一日或看百版，不恁
精專。」《語類》卷10，《全書》第14冊，頁318。

[113] 《語類》卷11，《全書》第14冊，頁333。

[114] 《語類》卷11，《全書》第14冊，頁333。

[115] 《語類》卷11，《全書》第14冊，頁332。

> 讀書有個法，只是刷刮淨了那心後去看。若不曉得，又且放
> 下；待他意思好時，又將來看。而今卻說要虛心，心如何解
> 虛得。而今正要將心在那上面。[116]

也就是說一方面必須要把心刷刮淨了才能夠讀書，可是另一方面又
唯有讀書才能夠把心刷刮乾淨。朱子如何處理這個讀書與存心間的
弔詭？朱子說：「須是存心與讀書為一事，方得。」[117]讀書與存心不
是兩件事，而是「一事」──同一個過程中的兩面，而且「兩端一
本」，「互相發」。[118]以讀書作為存心的工夫，也在讀書時注意自己
的存心。對朱子來說這個問題並不矛盾，它們可以在實踐過程中逐漸
被解決。讀書與存心「互相發」的工夫做到最後，己心可以與聖賢之
心相印，朱子說：

> 「尹先生門人言尹先生讀書云：『耳順心得，如誦己言。功
> 夫到後，誦聖賢言語，都一似自己言語。』」良久，曰：
> 「佛所謂心印是也。印第一個了，印第二個，只與第一個一
> 般。又印第三個，只與第二個一般。推堯、舜、孔、顏方能
> 如此。堯老，遜位與舜，教舜做。及舜做出來，只與堯一
> 般，此所謂真同也。」[119]

透過讀書由聖人之言──聖人之心──天下之理，讀書工夫修煉到最

---

116 朱子：「人常讀書，庶幾可以管攝此心，使之常存。橫渠有言：『書所以維持此
　　心。一時放下，則一時德性有懈。其何可癈。』」《語類》卷11，《全書》第14
　　冊，頁331。

117 《語類》卷11，《全書》第14冊，頁333。

118 《語類》：「問：『而今看道理不出，只是心不虛靜否？』曰：『也是不曾去
　　看。會看底，就看處自虛靜，這個互相發。』」《語類》卷116，《全書》第18
　　冊，頁3660。

119 《語類》卷10，《全書》第14冊，頁328。

後聖賢言語句句聽來皆親切有味、如出己口；自我不僅與聖人相遇，泯除距離，而且完全合一，此為「真同」。朱子借用佛教「心印」說來稱呼最為精熟的讀書工夫，它是能夠與聖賢「印心」的。唯有能夠與聖賢心心相印，理解聖經與聖經背後的聖賢義理分毫不差，朱子讀書法中所說的「以聖賢之意觀聖賢之書」才可能實現。

五　讀書工夫中的身體

　　朱子的讀書其意義不僅是一種在思想中進行的，僅具有認知意義的意識活動，或意識哲學反思的範圍；作為一種儒家的道德實踐、修養工夫，它同時關連著學習者的「身體」——整個肉身的存在而展開。朱子說：

> 讀書窮理，當體之於身。凡平日所講貫窮究者，不知逐日常見得在心目間否？不然，則隨文逐義，趕趁期限，恐終無益。[120]

朱子談讀書往往在「心」後補上「身」一詞，讀書要「得之於心」，也要「體之於身」。要求心要在軀殼裡，在自家身上去理解道理；讀聖書不是外學、俗學，而是「如人負痛在身」的「切己病痛」事。[121]因此，朱子讀書法中往往「虛心」與「切己」並陳：

---

120 《語類》卷11，《全書》第14冊，頁331。
121 朱子：「若是經書有疑，這個是切己病痛。如人負痛在身，欲斯須忘去而不可得。」《語類》卷11，《全書》第14冊，頁347。朱子對秦漢以降學者的批評亦在其不在自家身上會：「秦、漢以後無人說到此，亦只是一向去書冊上求，不就自家身上理會。」「今人不去這上理會道理，皆以涉獵該博為能，所以有道學、俗學之別。」《語類》卷11，《全書》第14冊，頁337。

> 讀書須是虛心切己。虛心，方能得聖賢意；切己，則聖賢之
> 意不為虛說。

> 虛心切己。虛心則見道理明；切己，自然體認的出。[122]

讀書要「切己」——切合自家身己，聖賢之意才有落實的具體場
所，義理才親切易解。此切合身己的理解，朱子常以「體認」、「體
驗」、「體察」[123]等詞語來稱呼，意味著此「切己」的理解，不僅關
乎心意識，同時和身體密不可分，是一種個人化、具體化、肉身化
的「理解」。「切己」式讀書法的「具體體會」來自於在閱讀過程
中身體的參與，朱子首先強調「讀書，須是要身心都入在這一段裏
面。」[124]這種身體的「入」是全心、全身的完全投入，朱子比喻為
「須是踏翻了船，通身都在那水中。」[125]甚至有「葬身」之說。朱子
說：

> 讀書者當將此身葬在此書中，行住坐臥，念念在此，誓以必
> 曉徹為期。看外面有甚事，我也不管，只恁一心在書上，方
> 謂之善讀書。[126]

從朱子對讀書須全身投入的強調，可看出讀書與身體的密切關係。

　　讀書工夫中身體的參與，除了「切己」、甚至是「葬身」式的身
體參與、投入之外，讀書中身體的儀態與身姿，也讓朱子的讀書與主
敬工夫產生關連。再來看一段記錄：

---

122 《語類》卷11，《全書》第14冊，頁335。
123 朱子：「讀書，須要切己體驗。」「學者當以聖賢之言反求諸身，一一體察。」
　　「今人讀書，多不就切己上體察。」《語類》卷11，《全書》第14冊，頁337。
124 《語類》卷11，《全書》第14冊，頁333。
125 《語類》卷114，《全書》第18冊，頁3610-3611。
126 《語類》卷116，《全書》第18冊，頁3672。

廖晉卿請讀何書。曰：「公心放已久，精神收拾未定，無非走作之時。可且收斂精神，方好商量讀書。」既謂之曰：「〈玉藻〉九容處，且去子細體認。待有意思，卻好讀書。」[127]

關於「九容」，《禮記·玉藻》說：

足容重，手容恭，目容端，口容止，聲容靜，頭容直，氣容肅，立容德，色容莊，坐如尸。[128]

指透過外在容貌、身體禮儀訓練，「制於外以養其內」。「九容」整齊嚴肅的身姿，後來成為程朱學「主敬」工夫下的重要身體特色。朱子的「主敬」所蘊涵之義，從其〈敬齋箴〉：「正其衣冠，尊其瞻視。潛心以居，對越上帝。足容必重，手容必恭。」[129]所說的內容來看，朱子闡發「敬」的「主一」工夫，和心學系統相較，對於身體姿態的規範、修持更為重視。由此看來，陳立勝說：

「敬」不只是「主一無適」之「心態」，亦兼有「整齊嚴肅」之身姿。嚴威儼恪，雖非敬本身，但致敬卻由此入手，「未有貌箕踞而心敬者」。[130]

---

127 《語類》卷120，《全書》第18冊，頁3792。

128 《禮記·玉藻》第十三之二。〔清〕孫希旦：《禮記集解》（臺北：文史哲出版社，1984），卷8，頁763。

129 朱子：〈敬齋箴〉，《文集》卷83，《全書》第24冊，頁3996。

130 陳立勝：〈「心」與「腔子」：儒學修身的體知面向〉，收入氏著：《「身體」與「詮釋」——宋明儒學論集》，頁84。修九容是程朱理學家「制於外以養其中」的工夫，目的在於由外部的工夫而達到內心專一、純淨的地步，就朱子來說修治外表的儀容身姿雖不是本，卻是心性修持不可忽略之下手處，他對任何脫離「制於外」而奢談「養其中」的路數頗多微詞。

朱子讀書窮理工夫與「主敬」一向相連，這是因為整齊嚴肅的身姿有
助於精神的收斂與涵養，朱子說：

> 主敬、窮理雖二端，其實一本。

> 學者工夫，唯在居敬、窮理二事。此二事互相發。能窮理，
> 則居敬工夫日益進；能居敬，則窮理工夫日益密。譬如人之
> 兩足，左足行，則又足止；右足行，則左足止。[131]

他認為主敬與讀書窮理，這兩個工夫在實踐的過程中應該是「兩端一
本」、「互相發」。讀書時需「持敬」，此除了表現在對聖人經典的
虔敬之外，也表現在朱子對讀書過程中整齊嚴肅身姿的重視。朱子
說：「更須端莊正坐，如對聖賢，則心定而義理易究。」[132]端身正坐
是朱子讀書的基本身姿，用以收斂精神，此外閱讀中的身體還包括：

> 學者讀書，須要斂身正坐，緩視微吟，虛心涵泳，切己體
> 察。[133]

> 聖賢之言，須常將來眼頭過，口頭轉，心頭運。[134]

這些讀書時的身體樣貌，意味著聖書閱讀者同時被要求要有相應的身
體姿態與行為舉止，陳立勝說：「這種讀書舉止牽涉到身體之姿勢
（斂身正坐）、視覺之樣式（緩視）、聲音之情態（微吟），以及心
之狀況（虛心）等諸種要件，讀書本身成了一種特殊的身心投入之
『行為』，這種行為已遠遠超出了普通意義上的讀書之含意，而成了

---

131 《語類》卷9，《全書》第14冊，頁301。
132 《語類》卷10，《全書》第14冊，頁314。
133 《語類》卷11，《全書》第14冊，頁334。
134 《語類》卷10，《全書》第14冊，頁314。

一種讀者和作者（聖賢），直接溝通的行為。」[135]

這些讀書的身體行為中，特別值得注意朱子對「微吟」、「口頭轉」，讀書時要出聲誦讀的強調。朱子說：「大凡讀書，且要讀，不可只管思。口中讀，則心中閑，而義理自出。某之始學，亦如是爾，更無別法。」[136]為什麼需要出聲誦讀？朱子說：

> 書只貴讀，讀多自然曉。今只思量得，寫在紙上底，也不濟事，終非我有，只貴手讀。這個不知如何，自然心與氣合，舒暢發越，自是記得牢。縱饒熟看過，心裏思量過，也不如讀。讀來讀去，少間曉不得底，自然曉得；已曉得者，越有滋味。若是讀不熟，都沒這般滋味。[137]

朱子認為誦讀經典比思量或抄寫有更好的學習效果，不斷誦讀的過程中，經典義理會「讀多自然曉」，「義理自出」。雖然要反覆誦讀，但誦讀經典的重點並不在次數，這不是持咒念佛者「趕遍數」的行為。朱子曾經批評：

> 有一學者先佞佛，日逐念《金剛》〈大悲呪〉不停口。後來雖不念佛，來誦《大學》、《論》、《孟》，卻依舊趕遍數，荒荒忙忙誦過，此亦只是將念〈大悲呪〉時意思移來念儒書爾。[138]

為「趕遍數」而讀得慌忙，就會失去誦讀的效果。彭國翔認為基督教

---

135 陳立勝：〈朱子讀書法：詮釋與詮釋之外〉，收入氏著：《身體與詮釋——宋明儒學論集》，頁196。

136 《語類》卷11，《全書》第14冊，頁334。

137 《語類》卷10，《全書》第14冊，頁323。

138 《語類》卷120，《全書》第18冊，頁3806。

的「聖言誦讀法」，以誦讀的方式聆聽天主聖言，作為祈禱根源並成為生活的力量，最後引發內心轉變，實現終極性轉化，和朱子讀書法的「慢讀」有相似處。[139]彭國翔說：

> 相對於「聖言誦讀法」中的「慢讀」，朱子在討論讀書法時有相當多類似的說法。「慢讀」有兩個要點：一是發聲，所謂「誦讀」，而不是單純的默念式閱讀；一是聆聽所讀的聖言時要採取一種敞開心扉的開放態度。這兩點，朱子其實明確在經典詮釋活動中予以提倡。[140]

透過出聲誦讀可以聆聽到所讀的聖言，朱子讀書法是一種「傾聽式讀書法」，朱子說：「做好將聖人書讀，見得他意思如他面說話相似。」[141]作為傾聽者，他的心態是期待的、接受的、開放的，陳立勝指出：

> 傾聽式讀書法一方面揭示讀者在文本面前的「被動性」，用朱子的術語是「義理自出」，另一方面也突顯了讀者與文本（以及文本背後的聖賢）之間的親切與親合的關係。這與出於一己之趣的東看西看、走馬觀花的「看書」法有著本質的差別。[142]

---

139 朱子讀書法的誦讀與基督教「聖言誦讀法」的「慢讀」的相似處，詳細研究參見彭國翔：〈身心修煉：朱子經典詮釋的宗教學意涵〉，收入林維杰、邱黃海主編：《理解、詮釋與儒家傳統：中國觀點》，頁244。

140 彭國翔：〈身心修煉：朱子經典詮釋的宗教學意涵〉，收入林維杰、邱黃海主編：《理解、詮釋與儒家傳統：中國觀點》，頁244、245。

141 《語類》卷10，《全書》第14冊，頁314。

142 陳立勝：〈朱子讀書法：詮釋與詮釋之外〉，收入氏著：《身體與詮釋——宋明儒學論集》，頁200。

透過誦讀可以有聆聽聖言的效果，如同與聖人對坐面前，聽其當面說話似的，有助於增加與經典間的親切密契之感。

除了與傾聽聖言密切相關外，朱子特別注意到誦讀與「氣」的關係，在東方哲學身體觀中一向具有形——氣——心三相一體的結構[143]，氣是溝通身心的媒介，最終的身心一如也不可略過「氣」的環節，除了形神俱養，也要養氣。在一遍又一遍反覆出聲誦讀的過程中，會帶動身體之氣，朱子形容此氣「舒暢發越」，氣的流動會使讀者在不知不覺間接收到潛移默化的效益，「不知如何，自然心與氣合」、「讀來讀去，少間曉不得底，自然曉得」。由於讀書能帶動身體的氣，使經典閱讀活動不僅停留在意識層面的認知客觀事實與真理，而會引發比「認知」更能完整的貫穿整個個人存在的「體會」，並且得以浸潤學習者的身心與全幅生命。因此，朱子說：

> 所以古人設教，自灑掃應對進退之節、禮、樂、射、御、書、數之文，必皆使之抑心下首，以從事於其間而不敢忽，然後可以消磨其飛揚倔強之氣，而為入德之階。今既皆無此矣，則為有讀書一事，尚可以為懾伏身心之助。……如此積累，做得三五年工夫，庶幾心意漸馴，根本粗立，而有可據之地。不然，恐徒為此氣所使，而不得有所就也。[144]

不可忽視長期不間斷的持續讀書，所具有的收攝、涵養功效。讀書既可以培養「舒暢發越」之氣，也可以消磨「飛揚倔強」之氣，能使氣而不為氣所使，因此，朱子認為讀書是能「懾伏身心」，同時「變化

---

143 形—氣—心三相一體的結構，參楊儒賓：《儒家身體觀》（臺北：中央研究院中國文哲研究所籌備處，1996）。

144 〔清〕王懋竑：〈朱子論學切要語〉，《朱子年譜》（北京：中華書局，1998），卷2，頁466。

氣質」的最好方法。針對讀書能「變化氣質」，朱子與門人有以下的
問答：

> 賀孫問：「先生向令敬之看《孟子》，若讀此書透，須自變
> 得氣質否？」曰：「只是道理明，自然會變。今且說讀《孟
> 子》，讀了只依舊是這個人，便是不曾讀，便是不曾得他裏
> 面意思。《孟子》自是《孟子》，自家身己自是自家身己。
> 讀書看道理，也須著些氣力，打撲精神，看教分明透徹，方
> 於身上有功。」[145]

> 不論看書與日用功夫，皆要放開心胸，令其平易廣闊，方可
> 徐徐旋看道理，浸灌培養。切忌合下便立己意，把捉得太緊
> 了，即氣象急迫，田地狹隘，無處著功夫也。此非獨是讀書
> 法，亦是仁卿分上變化氣質底道理也。[146]

朱子讀書法同時也是「變化氣質底道理」，真正的讀書必會導致氣質
的變化；反之，如果沒有產生變化氣質的效果，那麼就不算是真正的
讀書。即使說得頭頭是道，也不過是學人言語、於己無益。

　　讀書作為一種工夫，朱子要求它必須是「切己」的「體會」、
「體驗」、「體察」；必須是如「葬身」般的全身全心投入——包括
身體的姿勢與各種樣態；也必須能穿透、浸潤、浹洽，乃至轉化全幅
身心性命，而能夠「變化氣質」。此一朱子讀書法的性格，彭國翔指
出：

> 如果不能完整和深入理解朱子在什麼意義上重視和強調讀

---

145 《語類》卷120，《全書》第18冊，頁3777。
146 朱子：〈答黃仁卿書〉，《文集》卷46，《全書》第22，頁2153。

書，包括所讀何書和為何讀書，也確實不免容易導向知性探
究一路。但是，至少就朱子本人而言，無論是當初陸象山指
責其對於經典詮釋的再三致意為「學不見道」和「支離事業
竟浮沉」，還是如今人牟宗三先生判「朱子是學人之學之正
宗，而非內聖之學之正宗」，對朱子均未免有欠公允。[147]

筆者沒有能力討論對朱子之學應如何評價的問題，但就朱子讀書法對
身體面向的強調，至少說明一個事實：朱子的讀書除了認識的向度
外，所得的理與學習者的生命、修養面相是相關的。

六　讀書與靜坐

朱子讀書法是儒學讀書法中最有系統的集大成之作，他也是理學
家中討論靜坐最詳盡的儒者。[148]事實上朱子工夫論中讀書與靜坐一向
關係密切，甚至在儒學史上曾引起他是否教人「半日靜坐，半日讀
書」的一番論辯。[149]朱子「半日靜坐，半日讀書」說或許僅是針對個

---

147 彭國翔：〈身心修煉：朱子經典詮釋的宗教學意涵〉，收入林維杰、邱黃海主
　　編：《理解、詮釋與儒家傳統：中國觀點》，頁208。牟先生判語參牟宗三：《從
　　陸象山到劉蕺山》，《牟宗三先生全集》第8（臺北：聯經出版公司，2003），
　　頁33。
148 楊儒賓：「在朱子的著作中，我們發現到理學傳統中最密集的靜坐理論。……他
　　還有一連串的靜坐言論可以提供後人纂輯專輯成書，朱子儼然成了靜坐大家。如
　　果沒有朱子這些靜坐論，『儒門的靜坐論』或『理學的工夫論』此種命題的內涵
　　勢必會大為失色。」楊儒賓：〈主靜與主敬〉，收入楊儒賓、馬淵昌也、艾皓德
　　編：《東亞的靜坐傳統》（臺北：臺大出版中心，2012），頁133。
149 此論辯環繞著朱子訓門人郭友仁：「人若於日間閑言語省的一兩句，閑人客省得
　　見一兩人，也濟事。若渾身都在鬧場中，如何讀得書？人若逐日無事，用半日靜
　　坐，半日讀書，如此一、二年，何患不進？」（《語類》卷116，《全書》第18
　　冊，頁3674）而展開。而最著名的批評來自顏元（1635-1704）：「朱子半日靜

別弟子身心狀態而發的個案，未必真是常態性教學法；但是朱子重視靜坐對讀書的影響或者說是效益，卻是事實。靜坐對讀書體會義理的幫助可以從兩個例子談起，一個例子是陳烈。朱子說：

> 昔陳烈先生苦無記性。一日，讀《孟子》「學問之道無他，求其放心而已矣」，忽悟曰：「我心不曾收得，如何記得書。」遂閉門靜坐，不讀書百餘日，以收放心；卻去讀書，遂一覽無遺。[150]

陳烈為讀書無記性所苦，後來忽悟讀書須先「收放心」之理，於是放下書去靜坐，百餘日後再重拾書本，竟然從此清楚明白，一覽無遺。另一個例子是羅豫章讀《春秋》。朱子對此事有兩段評論的文字：

> 嘗見李先生說：「舊見羅先生說《春秋》，頗覺不甚好。不知到羅浮靜極後，又理會得如何？」某心常疑之。以今觀之，是如此。蓋心下熱鬧，如何看得到理出！須是靜，方看得出。所謂靜坐，只是打疊得心下無事，則道理始出，道理既出，則心下愈明靜矣。[151]
>
> 某頗疑此說，以為《春秋》與「靜」字不相干，何故須是靜

坐，是半日達磨也。半日讀書，是半日漢儒也。試問十二個時辰，那一刻是堯舜周孔乎？宗朱者可以思矣。」《顏李叢書》（四存學會本）第6冊，〈朱子語類評〉，頁24上。陸隴其（1630-1692）為朱子開脫說：「愚按：德元曾學禪。此語係德元所記，恐失其真。」以見朱子教敬而不教靜坐，連朱子以靜坐為教法都一併否認了。陳榮捷：〈半日靜坐半日讀書〉，《朱子新探索》（臺北：臺灣學生書局，1988），頁312-313。陸隴其說見〈讀朱子告郭友仁語〉，《三魚堂文集》（嘉會堂原刊本），卷4，頁3下-4上。

150 《語類》卷11，《全書》第14冊，頁332。

151 《語類》卷103，《全書》第17冊，頁3415。

處方得工夫長進？後來方覺得這話好。蓋義理自有著力看不
出處。然此亦是後面事，初間亦須用力去理會，始得。若只
靠著靜後聽他自長進，便卻不得。[152]

李延平與其師羅豫章皆喜靜坐。[153]延平提到羅豫章原本《春秋》學
「不甚好」，退隱後至羅浮山靜坐，其《春秋》義理反而有一番體會
與進展。「默坐澄心，體認天理」是延平重要教法，朱子對延平靜坐
說時有質疑；此處亦提到他當時質疑師說，是因為覺得《春秋》義理
的內容與「靜」有何關係？他後來認同延平此說不虛，靜坐確實有助
體會義理，即使文本內容看來與「靜」毫無關係。朱子說「蓋義理自
有著力看不出處」，讀書要義理通透，除了專注於文本閱讀，還有一
些條件需要在文本閱讀外醞釀培養；靜坐就是個看似在讀書之外，卻
又往往能在讀書讀到苦心竭力，想理解文本而不可得時，扮演著可以
協助閱讀者突破閱讀障礙的關鍵性角色。靜坐對讀書有如此奇效並不
難懂，朱子在談調整心態對讀書的重要時，早就說過閱讀者「只是以
紛擾雜亂心去看，不曾以湛然凝定心去看」，看書自然會走作，無法
有相應的理解。對於涵養本源，使心「湛然凝定」，靜坐一向是最方
便、快速有效的法門。即使孔門教法一向在「人倫日用感應處」用
功，並無教人靜坐之說；在朱子看來，要把握學問根本，而不是只去
做一些「無湊泊處」的「零碎工夫」，靜坐有其必要。[154]它雖非儒門

---

152 《語類》卷103，《全書》第17冊，頁3415-3416。

153 李延平〈延平答問〉說：「某囊時從羅先生學問，終日相對靜坐，只說文字，
未嘗說一雜語。先生極好靜坐，某時未有知，退入室中，亦只靜坐而已。」參
〔清〕黃宗羲：〈豫章學案〉，《宋元學案》第2冊（北京：中華書局，2007），
卷39，頁1285-1286。

154 朱子：「今人皆不肯於根本上理會。如敬字，只是將來說，更不做將去。根本不
立，故其他零碎工夫無湊泊處。明道延平，皆教人靜坐。看來須是靜坐。」《語
類》卷12，《全書》第14冊，頁371。

本質工夫，但卻是重要的築基法門。因此，《朱子語類》紀錄大量朱子與門人反覆論及靜坐的問答，如：「須是靜坐，方能收斂。」「靜坐無閑雜思慮，則養得來便條暢。」「始學工夫，須是靜坐。靜坐則本原定，雖不免逐物，及收歸來，也有箇安頓處。」等等。[155]

　　朱子重視靜坐，卻也同時反覆強調「只是討要靜坐，則不可」、「不必要似禪和子樣去坐禪」，強烈區隔理學靜坐與坐禪的不同。朱子說：

> 靜坐非是要如坐禪入定，斷絕思慮。只收斂此心，莫令走坐閑思慮，則此心湛然無事，自然專一。及其有事，則隨事而應；事已，則復湛然矣。[156]

朱子認為理學靜坐法與坐禪的不同在於前者不需「坐禪入定，斷絕思慮」。「理一分殊」體系下，想豁然貫通唯有靠格物窮理的長期積累，他一向討厭人家說「頓悟」。[157]靜坐目的不在入定、開悟、直證心體等等，它不是「逆覺體證」的工夫，而是「收斂心氣」、使心「湛然凝定」以「思量道理」的方法。因此，在朱子的讀書中靜坐是很好的輔助工夫。朱子式靜坐不強調「斷絕思慮」，反而常與「思量道理」連用，要求「靜坐理會道理」。楊儒賓說：

> 靜坐分兩種型態，一種不思量型，一種思量型，兩種模態先後迭起。靜坐固然要斷「閒思量」，但如果思量不「閒」，朱子也支持靜坐可以有正思量的方式。他甚至說：「也不可

---

155 《語類》卷12，《全書》第14冊，頁379。

156 《語類》卷12，《全書》第14冊，頁379。

157 朱子：「頓悟之說，非學者所宜盡心也，聖人所不道。」《語類》卷9，《全書》第14冊，頁312。

全無思慮，無邪思耳。」無思量的方式與佛道兩教的靜坐相似，思量的靜坐則為程朱所側重。[158]

有別於佛道教將靜坐視為超越的逆覺體證法，強調靜坐時需要暫時離心離事、隔絕思慮的「不思量型靜坐」，朱子的靜坐為「思量型靜坐」。朱子一向討厭不思量、無分別的說法，因為對他來說那種型態的心靈虛靜是空無一物，沒有理的世界，好比前面所說的無銅錢可貫的繩索一樣，沒有內容也無法發揮真實作用。朱子說：

> 人也有靜坐無思念底時節，也有思量道理底時節，豈可畫為兩途，說靜坐時與讀書時工夫迴然不同。當靜坐涵養時，正要體察思繹道理，只此便是涵養。不是說喚醒提撕，將道理去卻那邪思妄念。只自家思量道理時，自然邪念不作。……今人之病，正在於靜坐讀書時二者工夫不一，所以差。[159]

以靜坐涵養本源，心湛然凝定如水如鏡，自然有助於清楚無蔽的理解經典義理；同時能讀書思量義理自然邪念不作，也不需刻意在靜坐時去斷絕閒思雜慮。因此，朱子認為靜坐與讀書工夫要一致，道業才會進步；學習者的工夫差關鍵就在把靜坐與讀書當成兩種不同相干的工夫，朱子認為它們都是「兩端一本」、「互相發」，都貫穿在一起的工夫。

七　讀書工夫與豁然貫通

經典是「聖顯」，讀書才能與聖（道）相遇，乃至「心與理

---

158 楊儒賓：〈主敬與主靜〉，頁134。
159 《語類》卷12，《全書》第14冊，頁380。

一」。在朱子哲學中讀書作為一種工夫，需要同時正視認識與修養兩個向度，是一個高難度的自我技術與奮鬥過程。既要專注於聖經文本，仔細的、反覆的、多層次的、一點一滴而長期不斷的累積式閱讀，以至於聖言能完全滲透於自家生命，自家生命能「真同」於聖人生命，與聖人心心相印。這個除了專注於聖經文本之外，亟需身心全體的投入、參與，包括與主敬、靜坐工夫的互相配合，它不是一個可以單獨被切割開來的工夫。朱子工夫中種種的「兩端一本」、「互相發」的主客交互作用，楊儒賓稱之為「離心、迴心交互強化的運動模式」（不同於陸王學派的「立基本原的直接運動模式」）。[160]朱子的讀書窮理也是這樣的「離心、迴心交互強化」的運動，這是一個「積累」的、「漸」的工夫。雖然朱子說窮理不是真要一一窮盡天下之理，但也真是一條「堅苦」的漫漫長路。在離心、迴心不斷的迴復用功中，生命不斷的強化，帶著學習者的全身全心（也包括「氣」）走向與聖合一，或者說是「心與理一」。這是讀書工夫，或者說是朱子所有的工夫所要達到的境界，此時同時也是人格的完成，此謂之「上達」。朱子說：

> 盡心云者，則格物窮理，廓然貫通，而有以極夫心之所具之理也。[161]

> 看文字，且自用工夫，先已切自，方可舉所疑，與朋友講論。假無朋友，久之，自能自見得。蓋蓄積多者忽然爆開，

---

160 楊儒賓：〈「積累」與「當下」——時間隱喻下的經典詮釋〉，收入氏著：《從《五經》到《新五經》》，頁95。

161 朱子〈觀心說〉。〔清〕黃宗羲：〈晦翁學案〉，《宋元學案》（北京：中華書局，2007），卷48，頁1509。

便自然通。[162]

朱子的讀書窮理工夫最後所要證成的是一種「一」——這是「一以
貫之」的「一」，「理一分殊」的「一」，「心與理一」的「一」，
但這不是起點，而是終點。朱子說「下學上達」，所有「下學」工夫
終將指向此一「上達」的超越境界，此是朱子認為儒學與俗學之不
同。這個超越境界的達到也可以被「解釋為『悟』或類似『悟』的
經驗。」[163]但是朱子本人不愛用「悟」，而喜用繼承自程頤「積習既
多，脫然自有貫通處」的「脫然貫通」、「廓然貫通」、「自然貫
通」或「豁然貫通」。「悟」與「豁然貫通」其實都指向一個超越
的、一體的冥契境界，為什麼朱子討厭說「悟」？因為「悟」會讓人
聯想到禪的「頓悟」之說。朱子不認同所謂「頓悟」之說，原因在他
不相信當下即是的「心即理」，荒木見悟說：

> 朱子學基於理一分殊的原則，執著於個個事物之理的漸進追
> 求，其終極在達到豁然貫通的境界。不過，以渾然一心為迷
> 悟與否的根據的禪，則以為細緻的分析意識，自始即斲傷一
> 心而加以否定。如禪所說的「八識田中下一刀」，就是說
> 明這個意思。如果以朱子學的生命是理；那麼禪的生命就是
> 心。朱子學是理學；禪是心學。朱子學是漸進主義；禪是頓
> 悟主義。[164]

荒木見悟指出頓漸之別，不在時間長短，禪宗頓悟前也需很長的修

---

162 《語類》卷11，《全書》第14冊，頁343。

163 楊儒賓：〈格物與豁然貫通——朱子〈格物補傳〉的詮釋問題〉，收入鍾彩鈞主
編：《朱子學的開展——學術篇》，頁225。

164 荒木見悟：〈朱子學與大慧宗杲〉，收入鍾彩鈞主編：《國際朱子學會議論文
集》下（臺北：中研院文哲所，1993），頁801。

行，所謂頓悟不代表成佛比較快，或成聖比較簡單。不能用時間長短斷二者優劣。「所謂頓，是不分散人的意識，而是在渾然的狀態中，斬斷煩惱的意思」，「所謂漸，是意味著將人的體驗階段化，然後逐步地嚴密地做理的追求。」[165]在朱子立場看來「禪不承認理的權威，一味的修清淨的一心，則不得不說是荒謬且無知的方法。」[166]用朱子的話說，禪的清淨心所達到的「頓悟」經驗，叫「黑的虛靜」，沒有內容物。朱子說：

> 且只要識得那一是一，二是二。便是虛靜，也要識得這物事；不虛靜，也要識得這物事。如未識得這物事時，則所謂虛靜，亦是個黑底虛靜，不是白底虛靜。而今須是要打破那黑底虛靜，換做個白淨底虛靜，則八窗玲瓏，無不融通。不然，則守定那裏底虛靜，終身黑淬淬地，莫之通曉也。[167]

道德實踐必須經過格物窮理，「積累既久」才能達到一旦「豁然貫通」境界，「豁然貫通」下的「道心」，是建立在一連串被貫通之物及其背後之理上，它是「一」，也是「多」；是「一貫」，又非空空如也，一與多相融共在。朱子稱此為有內容物的「白的虛靜」，它「八窗玲瓏，無不融通」。這就是朱子不愛用「悟」字，而喜歡用「豁然貫通」形容這個儒家式悟道經驗的原因。

至於這個「積累既久」下的「豁然貫通」何時會發生？朱子只說：「曾子初亦無討頭處，只管從下面捱來捱去，捱到十分處，方悟得一貫。」[168]何時悟道？不可預期，這中間有一個「跳躍」。學者能

---

165 荒木見悟：〈朱子學與大慧宗杲〉，頁801。
166 荒木見悟：〈朱子學與大慧宗杲〉，頁801。
167 《語類》卷120，《全書》第18冊，頁3800。
168 《語類》卷117，《全書》第18冊，頁3698。

做的只是在格物窮理、下學處「捱來捱去」，積累的夠多夠久到一定
程度後，在學者的意識內會產生撞擊，「自然」、「自當」融貫成一
片，這個向上的「跳躍」必然會發生，這是朱子一生的信念與堅持。
嚴格說來任何法門的「修」到「悟」，中間都必有一個不可預期的
「跳躍」，禪宗在此亦說「開悟要觀時節因緣」。朱子的「道問學」
性格引發的知識主義、他律道德的批評，使得他「格物窮理」到「豁
然貫通」之路的這個「跳躍」之可能一向更加備受質疑。[169] 針對此問
題，楊儒賓指出：

> 朱子雖然嚴分形上形下，他的分析心靈的性格特別顯著，但
> 很弔詭的，他說的理從來沒有「經驗」與「超越」的分別，
> 也沒有「應然」與「實然」的斷層。任何格物窮理的活動固
> 然可以視為認識心靈的活動，但它也是通向形上境界的必經
> 路途。朱子的思想預設了每件認知的活動都是神聖的活動，
> 每一事物都是神聖的事物，因為它們都是太極的分化。[170]

朱子本人從來不認為他的「格物窮理」是「義外」之說；或者他的重
視「道問學」與「尊德性」之間有何扞格之處。筆者僅回到讀書作為
一種工夫來談，何時「豁然貫通」誠然不可預期，但朱子的讀書焦點

---

169 此說如徐復觀：「朱元晦讀書窮理的工夫，如上所述，主要是知性追求知識的活
　動；……此種知識可能引發一個人的道德，但它並不是道德主體本身，所以並不
　能因此而保證一個人的道德。」徐復觀：《中國思想史論集》（臺北：臺灣學生
　書局，1981），頁77-78。劉述先：「這種貫通並不是科學層面上找到一個統一的
　理論來說明事象的關連，而是隱指一異質的跳躍。」將朱子的「豁然貫通」稱之
　為「異質的跳躍」。劉述先：《朱子哲學思想的發展與完成》（臺北：臺灣學生
　書局，1995），頁540。
170 楊儒賓：〈格物與豁然貫通──朱子〈格物補傳〉的詮釋問題〉，收入鍾彩鈞主
　編：《朱子學的開展──學術篇》，頁239。

無不指向身心性命，在離心、迴心不斷的迴復用功中，帶著學習者的身、心、氣，生命不斷的強化，朱子本人表現出來的強大的生命力，很難讓人相信「他由即物窮理的方法，實際所能得的，只能是知識的統類。」[171]

讀書作為一種工夫，究竟能不能達到悟的境界？由於讀書、主敬、靜坐交互滲透，很難說人格的完成可以只由哪一種工夫單獨達到。但至少在後來的理學陣營中，有一段關於讀書悟道很美的記載，那是明末高攀龍知名的「汀州之悟」：

> 過汀州，陸行，至一旅舍。舍有小樓，前對山，後臨澗；登樓甚樂。手持二程書，偶見明道先生曰：「百官萬務，兵革百萬之眾，飲水曲躬，樂在其中。萬變具在人，其實無一事。」猛醒曰：「原來如此，實無一事也。」一念纏綿斬然遂絕，忽如百斤擔子，頓爾落地；又如電光一閃，透體通明，遂與大化融合無際，更無天人內外之隔。[172]

讀書工夫能不能達到開悟的冥契境界？作為理學名家的高攀龍是在讀《二程集》中明道所云「實無一事」而悟道的。姑且以之作為朱子讀書工夫是否能達到豁然貫通的悟道境界，此一疑問的註腳。

八　結語

讀書是朱子格物窮理的首要工夫，從朱子讀書法的內容來看，它的思路既不同於心學，也和一般知識意義下的認知活動有很大的差

---

171 徐復觀：《中國思想史論集》，頁35。
172 〔明〕高攀龍：〈困學記〉，《高子遺書》（臺北：臺灣商務印書館，1985）（影印文淵閣四庫全書第1292冊·集部231別集類），卷3，頁356-357。

異；朱子讀書目的與所體認到的理，扣緊自家身心性命說話。讀書是
為了安頓生命；而安頓生命又絕對不能不讀書，朱子並沒有把認識與
修養切成兩段，而是以一系列精心構思的方法，在他「涵養需用敬，
進學在致知」的工夫總綱中，讀書、主敬、靜坐，所有的工夫都貫穿
起來。既須「反求」，又得「博觀」，才能夠對治微細難纏的存在之
惡——氣稟之雜與人欲之私。經典是「聖顯」，讀書是本質工夫，讀
書才能與聖相遇，與理合一。朱子這個高難度的讀書過程既須專注於
經典的文本，展開多層次的閱讀，亦需心靈與身體的參與，包括與靜
坐配合，不是一個可單獨切割的工夫。朱子要求它必須是「切己」的
「體會」、「體驗」、「體察」；必須是如「葬身」般的全身全心投
入——包括身體的姿勢與各種樣態；也必須能穿透、浸潤、浹洽，乃
至轉化全幅身心性命，而能夠「變化氣質」。不同於陸王學派的「立
基本原的直接運動模式」，朱子的工夫以「離心、迴心交互強化的運
動模式」展開，讀書工夫亦是如此。在離心、迴心不斷的迴復用功
中，生命不斷的強化，帶著學習者的全身全心（也包括「氣」）走向
與聖合一，或者說是「心與理一」。這是讀書工夫，或者說是朱子所
有的工夫所要達到的境界，此時同時也是人格的完成。朱子的讀書法
顯示其性格並不真屬於單純的「知性探究」一路，讀書的「體悟」或
「體會」貫穿人的整個存在，方式迂迴卻又處處與生命相關。

肆
程朱工夫如何合陸王本體
——作為「生命實踐」的李二曲思想研究*

一　前言

　　李二曲（西元1627-1705），名顒，字中孚，陝西盩厔縣人。取「山曲曰盩，水曲曰厔」，故自署為「二曲土室病夫」，學者稱為「二曲先生」，為清初著名儒者、思想家。有《二曲集》傳世。[1]少年失怙，其母彭氏守節。家境甚貧，常面有菜色，鄉人呼之為「李菜」。因家貧不能具束脩，塾師不受，學無師承，靠發憤借書苦讀而博通群籍，人稱「奇童」、「李夫子」。成學後，致力於講學明道，所到之處，「一時巨紳名儒，遠彌駢集」，盛況空前，感化人心甚深。地方曾以「隱逸」、「海內真儒」、「大儒」、「博學鴻辭」等上薦，但二曲「深恥標榜」，以為「有妨闇修」。終身不仕，朝廷屢

---

* 本文初稿曾發表於《鵝湖月刊》，原篇名：〈作為「生命實踐」的李二曲思想之研究〉（上）（《鵝湖月刊》438期，2011年12月）、〈作為「生命實踐」的李二曲思想之研究〉（下）（《鵝湖月刊》439期，2012年1月）（THCI 期刊），經再度修改而成。

1　〔清〕李顒撰、陳俊民點校：《二曲集》（北京：中華書局，1996），頁532。為46卷本，此是目前最完整的保留二曲的著作與論學資料，並將相關年譜載入的版本。故本文引文所用《二曲集》資料皆以此版本為據。以下凡引此書，只注書名、卷數、卷名或篇名，及頁數。

徵不出，謝世閉關，以全志節。朝廷賜以「關中大儒」。[2]根據全祖望之說，李二曲和北方孫奇逢（夏峯）、南方黃宗羲（梨洲）一并「高名當時」，時論以為「三大儒」。[3]

所謂清初「三大儒」，至清末以降卻出現易位情形，由李二曲、孫奇逢、黃宗羲，改變成為近人所熟知的顧炎武、黃宗羲、王夫之。[4]此一易位可看出二曲學的沉寂與影響力的式微。這其中固有種種因素，但一般認為就學術發展內部來說，應該和梁啟超《清代學術概論》將黃宗羲、顧炎武、王夫之，以及顏元、李塨等，視為「反晚明理學下開清學的先驅」，所論特多；而將二曲、夏峰歸類為「其猶為舊學（理學）堅守殘壘效死勿去者」有關。[5]撇開梁啟超「因為『不深

---

2 有關李二曲的生平事蹟，可參〔清〕李顒撰，陳俊民點校：《二曲集》之卷25〈家乘〉、卷26〈祠記〉、卷45〈歷年紀略〉及〈附錄二‧誌傳〉諸文。另外，可參照〔清〕吳懷清編著，陳俊民點校：〈二曲先生年譜〉，《關中三李年譜》（西安：陝西師範大學出版社，1992），卷1-4。

3 全祖望說見全祖望：〈二曲先生窆石文〉，收入〔清〕李顒撰，陳俊民點校：《二曲集》，附錄二，頁614。

4 關於「清初三大儒」的易位，張岱年說：「清初最有名望的三個大儒是孫奇逢、黃宗羲、李顒。到了清末，人們講清初三大儒，就改成了黃宗羲、顧炎武、王夫之。章太炎講清初五大儒：孫奇逢、黃宗羲、顧炎武、王夫之、顏元。梁啟超則推崇四人：黃宗羲、顧炎武、王夫之、顏元。」參張岱年：《中國哲學史史料學》（北京：生活、讀書、新知三聯書店，1982），頁180。在這些「三大儒」、「四大儒」、「五大儒」的說法中，最為今人所熟知的是梁啟超以黃宗羲、顧炎武、王夫之、顏元並稱的「四大儒」之說。

5 參梁啟超：《清代學術概論》（臺北：臺灣商務印書館，1994），頁8。關於這個問題，鄭宗義以為後世過分忽略二曲的思想，客觀的因素是清光緒年間朝臣奏請將顧、黃、王三儒從祀孔廟，但學術內部的因素還是肇端於梁啟超的《清代學術概論》之說。參鄭宗義：《明清儒學轉型探析：從劉蕺山到戴東原》（香港：中文大學出版社，2000），頁96。許鶴齡說：「在許多中國哲學史書中，對李二曲皆是略而不談，即使有所提及，亦是一筆帶過。例如梁啟超先生（1873-1929）於《中國近三百年學術史》中認為李二曲的思想傾向是『為舊學（理學）堅守殘壘』。……所以，李二曲之思想對大多數人而言是陌生的，更遑論深究，進而一

於宋明理學』而存在著一些偏見、情緒」[6]不說，這也反映了一個現象，學者在評判一個思想家時，由於時代因素、價值取向等標準的變化，對思想家也會出現截然不同的評價。就思想史的視野來考察，在學術思想由「理學」轉為「實學」；由經世致用之學，再到考據學，要求客觀化、外在化、形下化的時代，二曲學所代表的宋明理學精神其沒落是可理解，也有跡可循。因此，整體而言，李二曲思想在近代可說是一個不太被學術界重視的研究領域。雖然這情況到二十世紀中期以後有所改變，但整體研究成果還是相當有限。[7]

　　李二曲被視為是張載「關學」一系的終結者，除繼承關學重視「躬行」傳統外；作為經過明亡之痛的清初遺民理學家，除了批判明末王學末流的狂禪流弊之外，他對於宋明理學程朱學、陸王學二大系統間的勝場與缺失，有一深切的批判與反省，並且由此建構出一套試圖融攝程朱理學與陸王心學的哲學。〈國史儒林本傳〉對李二曲的學問性格作了以下的重要論斷：

> 其學以尊德性為本體，以道問學為工夫，以悔過自新為始基，以靜坐觀心為入手。（《二曲集・附錄二・國史儒林本

窺李二曲思想之堂奧。」參許鶴齡：《李二曲「體用全學」之研究》（臺北：文史哲出版社，2004），頁25。

6　參鄭宗義：《明清儒學轉型探析：從劉蕺山到戴東原》（香港：中文大學出版社，2000），頁96。

7　俞秀玲曾對二曲學研究作一概略整理回顧。參俞秀玲：〈李二曲思想研究狀況述評〉，《寶雞文理學院學報（社會科學版）》，第30卷第2期（2010年4月）。中國大陸曾在1996年9月16-19日，在李二曲故里西安市周至縣召開首次〈李二曲及明末清初學術思潮〉研討會。一般而言大陸近年來雖然開始進行二曲思想之研究，但這些研究興趣有一半以上是集中在二曲的「悔過自新」、「明體適用」及教育思想，以及「關學」這個議題上。臺灣的二曲思想研究比大陸更少，最有代表性的是林繼平的《李二曲研究》（臺北：臺灣商務印書館，1999）。

傳》，頁602）

所謂的「尊德性」是指陸王「先立其大」、「致良知」之學，「道問學」則指程朱「主敬」、「格物窮理」之學。李二曲認為象山、陽明言本體簡易直截，能得心要，但是其末流高談本體，忽略工夫，以致於空疏無用，恍惚近禪。所以二曲學試圖融攝程朱、陸王之學，標榜以程朱「主敬窮理」工夫，合陸王「良知」本體，他認為儒家「體用之學」應該要一方面繼承陸王系統的「先立其大」，以「致良知」為本體，而提出他的「靈原本體論」；一方面要繼承程朱系統以「主敬窮理」作工夫，如此才能發揮儒學的「全體大用」。以程朱工夫合陸王本體如何可能？在現代哲學研究者眼中對此頗有異議，認為此作法乃是一個不同哲學系統間的任意拼湊。但是誠如牟宗三所言，中國哲學是「生命的學問」，也是「實踐的學問」。[8]「生命」基本上乃是在時間中展開，因而亦必然呈現出種種動態的活動與歷程。一般之活動與歷程並不等同於「實踐」，必須有一主體之自覺與努力，方可謂之「實踐」，如是而有「生命之實踐」。而生命實踐者又因其實踐工夫之深淺，而呈現出不同之境界與層次。[9]二曲學在清初能教化人無數，乃是以其真修實證、篤實踐履來正人心、安身立命，以此來活化儒學的真生命、真精神。因此，梁啟超雖然將二曲歸入「其猶為舊學（理學）堅守殘壘效死勿去者」，卻也同時肯定二曲為學「大略可見了他絕不作性命理氣等等哲理談，一力從切身處逼拶，所以他的感化力入人甚深。」[10]在李二曲而言，陸王與程朱的本體並非二體，這個問題

8　牟宗三：《中國哲學十九講》（臺北：臺北學生書局，1983），頁49。

9　高柏園：〈生命實踐的理論性與實踐性〉，收入華梵大學中國文學系主編：《第一屆生命實踐學術研討會論文集》（臺北：萬卷樓圖書公司，2002），頁3、4。

10　梁啟超：《中國近三百年學術史》（臺北：華正書局，1984），頁48。

不是兩個哲學系統間的拼湊，而是沒有真修實證工夫所產生的斷裂。本文將指出此融攝程朱學與陸王學之二曲學的可能，關鍵還是在於工夫。它不是一個靜態的哲學理論系統間之拼湊，而是一個在動態的實踐歷程下展開的融合。

二　李二曲思想之定位：盡性至命之實學

　　就思想史的視野來看，每一個時代的學術思想都有它所面臨的時代課題，儒學在此表現其特殊性、時代性。宋明儒由於受到佛老的挑戰和刺激，他們（尤其是宋儒）主要的關懷，在外便表現為闢佛、闢老，在內則要求「把儒學從兩漢的繁瑣著疏、南北朝的僵化禮法，以及唐《五經正義》以降缺之原創性的章句之學中解放出來。」[11]他們一方面回應佛老對傳統儒學缺乏形上本體之建構的批評[12]；一方面回歸先秦儒學的精神，並且進一步為儒學作一「補課」的工作，建構出儒家天道性命相貫道的道德形上學。繼程朱理學成為學術主流後，「主敬窮理」、「深得孔門博約家法」，然「末流之弊，高者做工夫而昧本體，事現在而忘源頭；卑者沒溺於文義，葛藤於論說。」（《二曲集》卷42，頁532）到了陽明以「良知」說挺立本體，喚醒沉迷，然而王學末流卻產生狂禪之流弊。即使陽明心學席捲天下，卻仍改變不了政治貪腐，阻擋不了明朝覆亡。從明末東林學派開始，到清初顧炎武、王船山、顏元，莫不將矛頭指向王學，王學因此背負了

11　鄭宗義：《明清儒學轉型探析：從劉蕺山到戴東原》，頁1。

12　佛老對傳統儒學缺乏形上本體之建構的批評，如佛教華嚴五祖宗密在其《華嚴原人論‧序》中提到：「策萬行，懲惡勸善，同歸於治，則三教皆可遵行；推萬法，窮理盡性，至於本源，則佛教方為決了。」見《大正新脩大藏經》第45冊（臺北：新文豐出版社，NO.1886），頁1。

「空談心性」、「清談誤國」的罪名。鄭宗義指出：

> 隨著明末政局的日益衰敗以至覆亡，形上與形下的外在緊張
> 及崩離危機亦由內聖成德的領域逐漸擴散至外王經世的領
> 域。對王學的懷疑批判遂一演而為對整個宋明儒道德形上學
> 的懷疑批判，認為彼根本只懂談心說性，完全缺乏經世致用
> 的思考。易言之，即無益於世道民生。由此，乃有推翻否定
> 宋明理學傳統的思想湧現。[13]

明朝覆亡的刺激，以及對明儒「無事袖手談心性，臨危一死報君王」
（顏元語）的不滿，明清之際學者對王學，乃至對整個宋明理學展開
深切的反省，甚至是情緒反彈，他們嚴厲批判理學的學風為「虛玄而
蕩」，而有「崇實斥虛」的強烈要求。在內聖方面，「表現為一形上
心靈的萎縮；對一切形上本體論說的厭惡」[14]；在外王方面，則展現
為「經世致用」之思考。朱康有、葛榮晉指出：

> 這一時期的基本取向是，強調經世，強調實用，強調聞見之
> 知，強調氣質之性，注重對社會實際問題的觀察與研究。為
> 改變理學專務心性的主要學術路線，或揚經學，或重史學，
> 或開子學，或創「質測之學」。由於對知識的探求，尤其是
> 外向自然的實證研究恰是整個傳統文化的薄弱環節，故從積

---

13 參鄭宗義：《明清儒學轉型探析：從劉蕺山到戴東原》，頁171、172。當然這個
「推翻否定宋明理學傳統的思想湧現」有著一個「典範轉移」的新舊典範角力的
複雜過程，並非是突然間迅速發生的，針對此張麗珠說：「所謂理學的衰微，實
際上是指理論的停滯、僵化、不再向前繼續發展而言；並不是一般人以為的，入
清以後因學者對明清更迭的歷史反思，以及來自各方對理學的抨擊接踵，使得理
學迅速從清初學界退位，考據學代之而起。」參張麗珠：〈理學在清初的沒落過
程〉，彰化師範大學《國文學誌》第4期（2000年12月），頁114。

14 參鄭宗義：《明清儒學轉型探析：從劉蕺山到戴東原》，頁172。

極的意義上講，這一潮流客觀上增加了儒學「用」的範圍和份量。[15]

這些學術思想上趨向於「崇實斥虛」的實用化發展，後來就被概括稱為與「理學」相對的「實學」。

對於「經世致用」的強烈要求，明清之際思想家提出他們的回應與思考，「經世致用」也曾是李二曲所關注的重要課題。吳懷清《二曲先生年譜》提到：

> 是年（筆者按：順治十二年，二曲時年二十九歲），究心經濟，謂「天地民物，本吾一體，痛癢不容不關。以學須開物成務，康濟時艱。史遷謂『儒者博而寡要』，元人〈進宋史表〉稱『議論多而成功少』，斯言切中書生通弊」。於是參酌經世之宜，時務急著，中竅中會，動協機宜。（《二曲集·附錄三·年譜》，頁633）

二曲弟子常州太守駱鍾麟也說道：

> 〈匡時要務〉，關中二曲先生語也。先生甫弱冠，即以康濟為心，嘗著《帝學宏綱》、《經筵僭擬》、《經世蠡測》、《時務急著》諸書，其中天德王道，悲天憫人，凡政體所關、靡不規畫。（《二曲集·卷12·匡時要務序》，頁103）

然而二曲回應「經世致用」時代課題而來的究心經濟之書，幾年後卻被二曲悉數焚毀。焚毀原因何在？駱鍾麟〈匡時要務序〉說：

---

15 參朱康有、葛榮晉：〈清初諸大儒思想再評價〉，《西南民族大學學報（人文社科版）》，總第182期（2006年10月），頁80。

　　既而雅意林泉，無復世念，原稿盡付「祖龍」，絕口不道，
　　惟闡明學術，救正人心是務。（《二曲集·卷12·匡時要務
　　序》，頁103）

以儒者強烈的實踐性格，「雅意林泉，無復世念」之說是突兀的。考
諸二曲生平，因為名聲日盛而來的多次薦舉，他幾乎以死自誓，以全
氣節，由是閉關不與人交接凡二十餘年。[16]如此的「無復世念」，固
是二曲焚毀經濟之書的外在因素，但主要原因當還是肇端於二曲內在
思想的發展。

　　順治十四年，時年三十一歲，二曲因「患病靜攝」的一段奇特冥
契經驗，使他的學思方向有一重大轉折：

　　夏秋之交，患病靜攝，深有感於「默坐澄心」之說，於是一
　　味切己自反，以心觀心。久之，覺靈機天趣，流盎滿前，徹
　　首徹尾，本自光明。太息曰：「學，所以明性而已，性明則
　　見道，道見則心化，心化則物理俱融。躍魚飛鳶，莫非天
　　機；易簡廣大，本無欠缺；守約施博，無俟外索。若專靠聞
　　見為活計，憑耳目作把柄，猶種樹而弗培厥根，枝枝葉葉外
　　頭尋，惑也久矣。自是屏去一切，時時返觀默識，涵養本
　　源，閒閱濂、洛、關、閩及河、會、姚、涇論學要語，聊以
　　印心。（《二曲集·卷45·歷年紀略》，頁562）

---

16 駱鍾麟作〈匡時要務序〉時，為康熙九年，時二曲四十四歲。當時即有「葉郡伯
　　闢關中書院，延以式多士，終不就。撫軍白大中丞，欲疏薦於朝，以隆大任，毅
　　然力辭。」（《二曲集·卷12·匡時要務序》，頁103）康熙十二年以後，陝督鄂
　　善多次薦舉，二曲「因辭以疾」而不得，乃至「絕粒六日，至拔刀自刺」（《二
　　曲集·附錄二·誌傳·國史儒林本傳》，頁603）自此閉關二十餘年，除少數友人
　　（如顧炎武）來訪外，一概謝世，不與人接。

因此，二曲自云：

> 三十以後，始悟其非，深悔從前之誤。自此鞭辟著裡，與同
> 人以返觀默識相切砥，雖居恆不廢群籍，而內外本末之辯，
> 則析之甚明。（《二曲集・卷45・歷年紀略》，頁562）

這一段「患病靜攝」而來的「明性」、「見道」體驗，使二曲由工夫
實證宋明理學之本體，而得以返本探源，這是二曲後來絕口不提「經
濟」，並將自己所作經濟之書全部焚毀的內在原因。成熟以後的二曲
思想，關注的不再只是講求實用的「經世致用」，此後開始，到中年
以前，二曲說的是「明體適用」；中年以後，更是「惟教以返觀默
識，潛心性命」。[17]

李二曲重視「內外本末之分」，要求學問必須以「身心切務」為
先，此想法也表現在他對顧炎武為學方向的批評，二曲說：

> 友人有以「日知」為學者，每日凡有見聞，必隨手箚記，考
> 據頗稱精詳。余嘗謂之「日知」者，無不知也，當務之為
> 急。堯舜之知而不徧物，急先務也。若舍卻自己身心切務，
> 不先求知，而惟致察於名物訓詁之末，豈所謂急務手？假令
> 考盡古今名物，辨盡古今疑誤，究於自己身心有何干涉？欲
> 「日知」，須日知于內外本末之分，先內而後外，由本而及
> 末，則得矣。（《二曲集・卷40・子張篇》，頁508）

二曲三十一歲「見道」後，學問性格由程朱路線返回陸王，確立道德
價值優先於知識問題的立場。他對於宋明理學中程朱與陸王學派的批
判與反省，並未如顧炎武以其「博學」，將清代學風帶往「考據」之

17　參《二曲集・卷7・體用全學》前之張珥〈識言〉，頁48。

路。而是以其工夫上真修實證之「實」，重新融攝程朱陸王之學，全
祖望說：

> 其論朱陸二家之學：「學者當先觀象山、慈湖、陽明、白沙
> 之書，闡明心性，直指本初。熟讀之，則可以洞斯道之大
> 原；然後取二程、朱子以及康齋、敬軒、涇野、整庵之書，
> 玩索以盡踐履之功，收攝保任，由工夫以合本體，下學上
> 達，內外本末，一以貫之。」（《二曲集・附錄二・二曲先
> 生窆石文》，頁611）

二曲由「反身實踐」所意識到的儒學，除了因應時代性、特殊性的補
偏救弊外，還有超越時代性，作為儒學之所以為儒學的本質反省。儒
學畢竟是熊十力所說的「思修交盡之學」[18]，不管每個時代的儒學如
何展現其不同的時代特質，終歸要回歸到儒學自立立人、成己成物的
實踐性格上。

如何定位二曲學？二曲說：

> 吾人一生，凡事皆小，性命為大，學問喫緊，全在念切性
> 命……誠知人生惟此大事，一意凝此，萬慮俱寂，炯炯而常
> 覺，空空而無適，知見泯而民彝物則，秩然炬度之中，毫不
> 參一有我之私。成善斯成性，成性斯凝命矣，此之謂「安身
> 立命」。（《二曲集・卷30・中庸》，頁414、415）

對於明清之際以降「崇實斥虛」的時代要求，二曲學有別於講求經世
致用的「經世實學」，或者後來的「考據實學」；而是以其真修實踐
之「實」來活化儒學的根本精神。因此，二曲學可被定位為「安身立

---

18 熊十力：〈答劉公純〉，《十力語要》（臺北：明文書局，1990），頁129。

命」、「盡性至命之實學」[19]，而且「人生惟此大事」。

三　李二曲本體論：以陸王「先立其大」、「致良知」為本體

對二曲來說「為學要先識本，誠識其本而本之。本既得，則末自盛。」（〈靖江語要〉，《二曲集》卷4，頁34）這個「本」，乃一形上之「本體」。林繼平指出：

> 二曲言本體二字特別多，幾乎語錄、書札中到處可見。不特如此，其對工夫與本體的關係之強調、重視，亦為宋明哲學家所僅見。如云：「做得工夫，纔算本體。」「識得本體，好作工夫；做得工夫，方算本體。」（見〈富平答問〉附〈授受紀要〉）「有真本體，乃有真工夫；有真工夫，乃為真本體。」（見初刊《二曲集》王心敬序文引）二曲重視工夫、本體之程度，不難想見。[20]

由此可見二曲對本體和工夫的重視。筆者擬先說明二曲的本體論：

（一）李二曲本體論建構在「良知之知」的直接親證

要理解李二曲思想中本體論的性質，首先可以區分中國哲學和西方哲學兩大哲學系統下，探討本體論問題的不同路數。西方哲學家討論本體問題，無論唯心、唯物，其觀點都在心、物、意識範圍內，所使用的哲學方法，則仰賴邏輯的思辯和推理；而中國人文思想，無論

19　〈富平答問・附授受紀要〉，《二曲集》，卷15，頁135。
20　林繼平：《李二曲研究》（臺北：臺灣商務印書館，1999），頁192。

言道，或言本體，則必須有一特定工夫或方法在背後做支柱；如果
摒棄了這樣特定工夫或方法，其思想即無凝鑄完成之可能。[21]熊十力
說：

> 哲學，大別有兩個路向。一個是知識的、一個是超知識
> 的。……西洋哲學大概屬前者。中國與印度哲學，大概屬於
> 後者。[22]

熊十力因此提出應將中國哲學視為「思修交盡之學」。中國哲學本體
論的探討，通常並不獨立於工夫論之外。宋明理學自張載開始便意識
到「聞見之知」和「德性之知」不同，張載云：「誠明所知乃天德良
知，非聞見小知而已。」[23]「聞見之善者，謂之學則可，謂之道則不
可。」[24]「實到其間方可言知，未知者方且言識之而已。」[25]這是「為
學」和「為道」的不同。「聞見之知」是指感官知能接觸外物而得的
經驗知識，「德性之知」則指良知良能對天理的體會。二曲也清楚區
分「聞見擇識之知」和「自性本有良知」不同，他說：

> 平日非無所謂知，然不過聞見擇識、外來填塞之知，原非自
> 性本有之良。夫子誨之以「是知」也，是就一念獨覺之良，
> 指出本面，令其自識家珍。（《二曲集‧卷31‧為政篇》，
> 頁436）

> 豈知回之所以為回，非徒知解也。潛心性命，學敦大原，一

21　林繼平：《李二曲研究》，頁198及193。

22　熊十力：《十力語要》（臺北：明文書局，1990），頁504。

23　〔宋〕張載：《張載集‧正蒙‧誠明》（臺北：漢京文化，1983），頁20。

24　〔宋〕張載：《張載集‧經學理窟‧義理》，頁273。

25　〔宋〕張載：《張載集‧張子語錄‧語錄下》，頁333。

> 徹盡徹，故明無不照。賜則惟事見聞，學昧大原，其「聞一
> 知二」，乃聰明用事，推測之知，與悟後之知，自不可同日
> 而語。（《二曲集·卷33·公冶篇》，頁447）

對二曲來說，「惟事見聞」的「推測之知」和「潛心性命」的「悟後
之知」，二者層次不同。這兩種「知」的不同，杜維明說：

> 德性之知與聞見之知最大的不同是聞見之知不必體之於身，
> 而德性之知必須有所受用，⋯⋯這種體知預設了一個很奇特
> 的東西，我稱之為knowing as a transformative act，了解同時
> 又是轉化行為。這就是受用。[26]

理學家對本體的認識不同於純粹客觀知識上的「理解」。熊十力《原
儒》曾援用佛學說法，將人的認識方法分為：「比量」和「證量」，
「比量」是屬於理智上的思維，比度推理；「證量」也是一種「現
量」（直覺），但是並非屬於五識感官上的「現量」（感性直覺），
而是屬於存有具體的親證直覺。「證量」是沒有主客對立的「體
驗」，也是在一個「意義的統一體」中有一「直接的親證性」（自明
自了）。[27]「聞見之知」、「推測之知」可視之為「比量」；「德性
之知」、「悟後之知」，能改變行為，並且有自明自了的受用，可視
之為「證量」。

　　二曲的本體論乃是建立在實證工夫上的具有「直接親證性」的
「良知之知」。因此，林繼平說：

26　杜維明：〈儒家「體知」傳統的現代詮釋〉，《東亞價值與多元現代性》（北
　　京：中國社會科學出版社，2001），頁65。

27　參廖俊裕：《道德實踐與歷史性──關於蕺山學的討論》（臺北：花木蘭出
　　版社，2008），頁91。熊先生之說參熊十力：《原儒》（臺北：明文書局，
　　1988），頁2。

一則二曲的實證工夫，極為精湛。凡是他所說的，都是他見
到的。與從文義上的摹擬，或認識上的忖測，絕然不同，此
即象山所謂「行到」與「識到」的顯著差別。再則二曲工於
描述，凡是他所見到的，無論宣之於口，或筆之於書，無不
淋漓盡致。只要我們具有幾分工夫，便可明白看出。[28]

二曲說「有真本體，乃有真工夫；有真工夫，乃有真本體」，這是二
曲學治學路徑與性格，也是其學不易為今人所理解之處。[29]

（二）李二曲本體的名稱

李二曲在順治十四年三十一歲時因患病靜攝，默坐澄心，以心觀
心，「久之，覺靈機天趣，流盎滿前，徹首徹尾，本自光明。太息
曰：『學，所以明性而已，性明則見道。……若專靠聞見作活計，憑
耳目作把柄，猶種樹而弗培厥根，枝枝葉葉外頭尋，惑也久矣。』」
（《二曲集・卷45・歷年紀略》，頁562）而明性見道。對於他見道
所悟得的「本體」，二曲所使用的名稱不一。

二曲有時稱此本體為「靈原」。如：

形骸有少有壯，有老有死，而此一點靈原，無少無壯，無老
無死。（《二曲集・卷2・學髓》，頁18）

---

28 林繼平：《李二曲研究》，頁196。

29 此「二曲學不易為今人了解」之說提出者為林繼平。林繼平說：「但由於今人多
半缺乏這方面的經驗，對他的重要著作，讀來亦未必真正理解。即如梁任公、章
太炎、徐世昌、錢賓四諸先生，早年多留心二曲的著作，而太炎亦有批評；但以
作者的經驗來看章氏，其批評的意見，姑且不論，僅以他的治學路徑與方法，對
二曲的經驗談究竟理會得幾分，我不得不加以懷疑。舉此一例，可概其餘。作者
無意評騭近賢，只不過藉此說明二曲哲學之不易為人理解之故而已。」參林繼
平：《李二曲研究》，頁161。

人人具有此靈原，良知良能，隨感而應。（《二曲集‧卷2‧學髓》，頁18）

或謂之「聖胎」。如：

惟此一知，天賦本面，一朝頓豁，此聖胎也。（《二曲集‧卷5‧錫山語要》，頁40）

或謂之「本面」、「人生本面」。如：

既覷本面，一證永證，一了百了，生順死安，無復餘憾也。（《二曲集‧卷4‧靖江語要》，頁34）

未發時，此心無倚無著，虛明寂定，此即人生本面，不落有無，不墮方所，無聲無臭，渾然太極。（《二曲集‧卷30‧中庸》，頁416）

或謂之曰「良」、「固有之良」、「天良」。如：

此固有之「良」，本自炯炯，本是廣大，妄念一起，即成昏隘。（《二曲集‧卷9‧東林述》，頁64）

夫天良之為天良，非他，即各人心中一念獨知之微。（《二曲集‧卷16‧答張澹庵》，頁144）

或稱之為「一念萬年真面目」、「一念萬年之實際」。如：

潔潔淨淨，灑灑脫脫，此即一念萬年之真面目也。（《二曲集‧卷6‧傳心錄》，頁46）

二氏作用，與吾道懸殊，而一念萬年之實際，亦有不可得而

全誣者。（《二曲集‧卷15‧富平答問》，頁127）

或稱之為「一念之靈明」、「一念惺惺者」、「一念炯炯者」。如：

「敢問本？」先生曰：「即各人心中知是知非，一念之靈明是也。此之謂天下之大本。」（《二曲集‧卷4‧靖江語要》，頁34）

因問「主帥」。曰：「即各人心中之一念惺惺者是也。」（《二曲集‧卷10‧南行述》，頁83）

尋一安身立命，歸原結果之處，此即「此中一念之炯炯者」是也。（《二曲集‧卷6‧傳心錄》，頁47）

在二曲思想雖有用語名稱之不同，但都是指這個本體。不僅如此，二曲云：

延平之「默坐體認」，體認乎此也；象山之「先立其大」，先立乎此；白沙謂「靜中養出端倪」，此即端倪也。（《二曲集‧卷30‧中庸》，頁416）

二曲認為他的「靈原」本體，就是陽明的「良知」，象山的「本心」，晦庵的「義理之性」、「虛靈不昧之體」，二程的「天理」，張載的「太虛」、「太和」，濂溪的「太極」、「誠體」。雖然在宋明諸儒，對於本體的用語名稱有所不同，但都是指同一本體，並非二物。[30]

此外，二曲本體名稱的用語中，有一些語詞和佛學非常近似，如

---

30 參劉滌凡：〈李二曲體用思想發微〉，《孔孟月刊》第32卷第6期（1984年2月），頁42。

「聖胎」、「一念萬年真面目」等。這是因為二曲和宋明儒（尤其是宋儒）相較，對佛學所採取的態度相對寬容；他認為三教的重大分判還是在作用層次上，因此，並不在本體層次去嚴格區分三教之異同。他說：

> 岳山華先生問：「天命之性，三教同否？」先生曰：「同而異。在天為於穆不已之命，人稟之為純粹至善之性，直覷原本，不落思想，不墮方所，以臻無聲無臭之妙，是則同；持之以戒慎，濟之以窮理，聰明睿智，寬裕溫柔，發強剛毅，文理密察，力大本，綸大經，參贊位育，溥博淵泉而時出之，則異而異矣。以彼真參實悟，其有見處，非不皎潔，而達之於用，猶無星之戥，無寸之尺，七倒八顛，迴視儒者真實作用，何啻霄壤！」（《二曲集・卷3・兩庠彙語》，頁30）

二曲以為二氏（尤其是佛教）和儒家的不同是在「用」上，他們缺乏儒者參贊位育的真實作用；而「直覷原本」上的真參實悟，三教並沒有不同。二曲以為「天地間道理，有前聖之所未言，而後賢始言之者；吾儒之所未言，而異學偶言之者。但取其益身心，便修證斯已耳。」（《二曲集・卷16・答顧寧人先生》，頁149）[31]對二曲而言，如果是天地間的真實道理，那麼儒家說是對，佛家說也是對；如果不是，那麼佛家說是錯，儒家說也是錯。這是二曲在本體的名稱用語沒

---

[31] 從二曲〈答顧寧人先生〉的三封書信中，即可發現二曲對佛學的態度較顧炎武寬容。顧炎武質疑「體用」二字出自佛書；二曲則以為只要體為真體，用為真用，那麼出自儒書可，出自佛書亦可。顧炎武「不讀佛書」，二曲以為若只為一己進修固可，但若欲研學術同異，不讀如何定是非。參《二曲集・卷16・答顧寧人先生》，頁148-152。

有刻意避開佛學用語的原因。

（三）李二曲本體的內涵與特性

宋明理學家教人，多談工夫，對本體或語焉不詳，或秘而不宣。
二曲則認為工夫上的篤行實踐固然迫切，但若對什麼是「本體」無法
明白揭示，那麼對於儒學的實踐並不是好事，二曲稱此「識本體」的
工作為「識頭腦」。他說：

> 先生曰：「也須先識頭腦，否則，『涵養』，是涵養箇甚
> 麼？『省察』，是省察箇甚麼？若識頭腦，『涵養』，涵養
> 乎此也；『省察』，省察乎此也。」（《二曲集・卷3・兩
> 庠彙語》，頁26）

> 學問貴知頭腦，自身要識主人。誠知頭腦，則其餘皆所統
> 馭；識主人，則僕隸供其役使。今既悟良知為學問頭腦，
> 自身主人，則學問思辨，多聞多見，莫非良知之用。所謂識
> 得本體，好做工夫，做得工夫，方算本體。（《二曲集・卷
> 15・富平答問・附授受紀要》，頁134-135）

二曲認為學首要「識頭腦」，認識「本體」，工夫上如何使力才有目
標與方向。此「本體」，不僅是一個超越、外在的形上學意義下的天
道，而是心、性、天是一的良知良能、本心本性。因此，他不僅提到
本體處甚多，對於本體內涵與特性也刻意做了分析。二曲說：

> 先哲口口相授，止傳工夫，未嘗輕及本體，務使人一味刻
> 苦，實詣力到功深，自左右逢源。今既言「體認」，若不
> 明白昭揭，倘體認一錯，毫釐之差，便關千里之謬。以故和
> 盤託出，斯固不容已之苦衷也。（《二曲集・卷16・答張澹

庵》，頁145）

二曲認為自己不同於宋明儒多傳工夫，不輕言本體的做法，而選擇「和盤託出」，實有「不容已的苦衷」，此並非為賣弄「光景」，而是認為「識得本體，好作工夫」，知道方向和目的地，在工夫上才能循階級而進。

　　要理解二曲「本體」之內涵與特性，最清楚的資料在〈學髓〉「人生本原」圖（《二曲集・卷2・學髓》，頁17）：

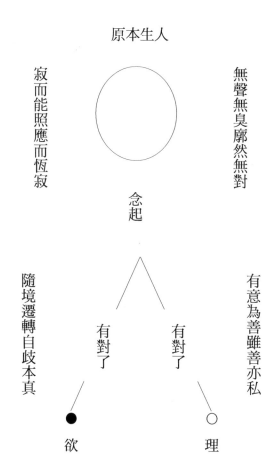

二曲此圖分成兩部分：

1 上半部的大圓圖示表示形而上的本體世界（人生本原）

二曲以一大圓表示此本體之無限與圓滿。他曾援引佛教「大圓鏡」[32]一詞說此本體：

> 靜默返照，要在性靈澄澈；性靈果徹，寐猶不寐，晝夜昭瑩，如大圓鏡。（《二曲集・卷16・答張伯欽》，頁161）

這個無限、圓滿的形上本體特性甚多，二曲以「無聲無臭，廓然無對」和「寂而能照，應而恆寂」兩個特性來概括：

（1）本體「無聲無臭，廓然無對」

這個靈原本體，宛如無窮大的圓鏡般，故有「至一無二，不與物對」（《二曲集・卷2・學髓》，頁19）之說。「無對」，是一個沒有善惡、理欲相對的絕對世界，二曲說「學須屏耳目，一心志，向『無聲無臭』處立基，胸次悠然，一味養虛，以心觀心，務使一念不生。」（《二曲集・卷16・答張澹庵》，頁145）這就是《中庸》所言喜怒哀樂未發之「中」，慎獨之「獨」；也是陽明所言的「無善無惡心之體」。

自東林學派顧憲成以降，對王學流弊的不滿，而極力抨擊陽明「無善無惡心之體」說，以為成一個「空」、「混」，「空則一切解脫，無復掛礙，高明者入而悅之」、「混則一切含糊，無復揀擇，圓融者便而趨之。」[33]主張將形上的心性、本體，往形下世界拉落，但

---

32 「大圓鏡」之用語出自佛學，唯識論轉第八識阿賴耶識成大圓鏡智。參方倫：《唯識三頌講記》（高雄：佛光出版社，1992），頁21、22。

33 〔清〕黃宗羲著，沈芝盈點校：《明儒學案・東林學案一》（北京：中華書局，

顧憲成的理解與陽明本義不合，陽明說心體無善無惡，是從心體的不落、不著、不顯「相對意義的善惡相處」說一個超越義，至善義。[34]因此，回歸到此一纖念未起之前，廓然無對的絕對本體世界，二曲說：

> 無念之念，乃為正念 ； 至一無二，不與物對。此之謂「止」，此之謂「至善」。（《二曲集‧卷2‧學髓》，頁19）

「無念之念」，即是「正念」，二曲對本體的看法認同陽明的「無善無惡心之體」說，所謂的「無善無惡」乃是本體之絕對至善義。

（2）本體「寂而能照，應而恆寂」

二曲說：「虛明寂定為本面。」（《二曲集‧卷2‧學髓》，頁20）他以「寂」字說「本體」，並且將本體之「寂」開展為「虛明寂定」四種境界。他說：

> 問：「虛明寂定之景若何？」曰：「即此是景，更有何景？虛若太空，明若秋月，寂若夜半，定若山嶽，則幾矣。」（《二曲集‧卷2‧學髓》，頁21）

「虛」指本體具「虛空性」，二曲做了一個若「太空」，如虛空的比喻；「明」指本體具有「光明性」，二曲做了一個如「秋月」的比喻；「寂」指本體具有「寂靜性」，二曲喻為若「夜半」；「定」指本體具有「穩定性」，二曲喻為穩定、不動如「山嶽」。對於此「虛

2008），下冊，卷58，頁1391。

34　參鄭宗義：《明清儒學轉型探析：從劉蕺山到戴東原》，頁21。

明寂定」的本體境界與果地風光，二曲同時做了兩點說明，其一是不可「著於光景」，他說：

> 然亦就景言景耳，若著於景，則必認識神為本面，障緣益甚，本覺益昧。（《二曲集・卷2・學髓》，頁21）

執著於此「本體」境界是何景象的追求和討論，便有「著於光景」之流弊，此流弊明代理學家羅近溪說得最明白，羅近溪說：

> 只一心字，亦是強立。後人不省，緣此起個念頭，就會生個識見，露個光景，便謂吾心實有如是本體，本體實有如是朗照，實有如是澄湛，實有如是自在寬舒。不知此段光景，原從妄起，必隨妄滅。及來應事接物，還是用著天生靈妙渾淪的心。心儘在為他作主幹事，他却嫌其不見光景形色，回頭只去想念前段心體，甚至欲把捉終身，以為純亦不已，望顯發靈通，以為宇泰天光。用力愈勞，違心愈遠。[35]

為了讓人「識得本體，好作工夫」，李二曲不得已將此本體境界「和盤託出」；但是同時也提醒學者不可執著此境界，否則將會錯認「識神」為「本面」，以情識為良知，雖自以為有得，其實去道更遠。

二曲以「寂」字說明本體之特性，但是此本體之「寂」，不是靜態的、無作用的死寂，也不僅是個「不為外物所動的，冷冷靜靜的常寂常定之心」。[36]二曲說：

---

35 〔清〕黃宗羲著，沈芝盈點校：《明儒學案・泰州學案》，下冊，卷34，頁768。

36 此說見王昌偉：〈李二曲調和朱子與陸王的方法〉，《孔子研究》（2000年第6期），頁93。王昌偉以為二曲「這樣所培養出來的心，只能寂然不動，而不能感而遂通，實已非孟子所謂『人皆有不忍人之心』（《孟子・公孫丑上》）的道德之心，也喪失了陽明論良知的道德情感和精神。」（頁94）。大陸學者孫萌撰文批駁其觀點：「從《四庫提要》的作者到王昌偉卻僅僅是從本體之發用的角度論

> 靜而虛明寂定，是為「未發之中」，動而虛明寂定，是為
> 「中節之和」（《二曲集・卷2・學髓》，頁21）

二曲的本體之「寂」，乃是同時有「照」、「應」的作用，具有寂照同時，體用一源的特性。

　　二曲所說本體「寂而能照，應而恆寂」，繼承自陽明「寂而恆照，照而恆寂」思想，林繼平說：「一面看起來是寂靜的，卻又能湧現出秋月般的明慧之光，朗照乾坤，故云『寂而能照』，一面如遇外在事物的感發，此感則彼應，應來『無不宜咸』；但當感應事物之後，立可回復寂照的本體，故云『應而恆寂』。」[37]因此，二曲「照同時」的本體也是《易傳》所言的「寂然不動，感而遂通」的心。一如之前的宋明理學家，二曲也喜用「活潑潑的」、「鳶飛魚躍」來形容這個本體，他說：

> 活潑潑地，本自周圍。（《二曲集・卷2・學髓》，頁18）

> 躍魚飛鳶，莫非天機；易簡廣大，本無欠缺。（《二曲集・附錄三・年譜》，頁634）

二曲的本體論繼承自陽明「寂而恆照，照而恆寂」之說而來，本體其體雖「寂」，卻能發揮「照」、「應」之作用。二曲在〈學髓〉中說「經綸參贊，賴此以為本」，形而上的本體必須要進一步被落實到形而下的現實世界，才能開展出儒家的真實作用，以經綸參贊、人文化

心，不能從工夫之逆覺體證的角度論心，因而不能正視常寂常定之心，將此心比之於告子，這正是未見到本體之心（心之本體）的表現……以此為『冷冷靜靜的常寂常定之心』，非但錯會了二曲、錯會了陸王，甚至連周敦頤之『主靜』、大程之『定性』也都無法理解了。」參孫萌：〈李二曲是如何兼取朱子陸王的──與王昌偉先生商榷〉，《孔子研究》（2002年第6期），頁69。

37　參林繼平：《李二曲研究》，頁148、149。

成此世界。二曲說：

> 大本立而達道行，以之經世宰物，猶水之有源。……然須化
> 而又化。令胸中空空洞洞，無聲無臭，夫是之謂盡性至命之
> 實學。（《二曲集‧卷15‧富平答問‧附授受紀要》，頁
> 135）

經綸參贊、人文化成天下之「用」，或者說是所有的「經世致用」事
業，有其迫切性與價值，但最後還是要「化」，回歸到「無聲無臭」
的本體之「寂」中，以成其大化，這是李二曲不同於明清之際學者
「經世實學」的「盡性至命實學」。

2 下半圖以一白一黑兩小圓代表「念起」後理／欲相對的形下世界

關於這個理／欲相對的形下世界，二曲說：

> 念起，而後有理欲之分，善與惡對，是與非對，正與邪對，
> 人禽之關，於是乎判。（《二曲集‧卷2‧學髓》，頁19）

由形上本體境界進入形下之世界，是以「念起」為關鍵。「無念之
念」即是人生本原、靈原本體；「無故起念」則落入形下相對世界，
主觀、客觀界線判然。「一切對待關係，皆橫梗於胸次，於是相對的
善惡、是非、正邪等等理念由之而起。『理欲交戰』，亦由此激成。
一般人懵懵懂懂，不知其由來。只見重重對待的人我、物我的關係之
複雜。終其一生，無時無刻不在理欲交戰的狀況生活中。」[38]
在「欲」的世界（繼續往下行即是「惡」）之中，因為「隨境遷

轉，自歧本真」，一味向外馳求，受制於外在條件、環境，和生命心靈的核心——「靈原本體」越拉越遠，此是一生命的歧出。面對此生命的歧出、沉淪，二曲要人回頭反省。哪裡是下手處？最好的地方就在念頭一起時，就要「慎幾微之發」。二曲接著說：

> 所貴乎學者，在慎幾微之發，嚴理欲之辨。存理克欲，克而又克，以至於無欲之可克；存而又存，以至於無理之可存。欲理兩忘，纖念不起，猶鏡之照，不迎不隨。（《二曲集・卷2・學髓》，頁19）

進入「念起」後形下的世界，次一步是要「存理克欲」，此即宋明儒者所說的「存天理，去人欲」，此即性的「為善去惡」義。隨著工夫由淺而深，由粗到細，這個「克欲」，克而又克，會一直克到無欲可克。

　　就「理」、「善」的世界來說，二曲以為「有意為善，雖善亦私」。他自然不是反對為善，而是認為執著為善，善亦有弊，為善的心如果太粗，那麼禮教亦可殺人。因此，修善法也要不執著於善法，這好比眼睛進沙子不對，進金子也不對一樣。隨著工夫越來越細，這個「存理」，存而又存，也會存到自自然然，無理可存的境界。

　　在這個「有對了」的善惡價值相對世界中，「克而又克」、「存而又存」，最後回到「欲理兩忘，纖念不起」的本體境界。二曲以莊子「至人用心若鏡，不將不迎」（《莊子・外物篇》）為喻來說明這個道理：鏡子在物來時能照物，但物去時卻不會殘留物的影像。至此，由「念起」後的「存理克欲」、「為善去惡」，又再度回歸到「喜怒哀樂未發之中」、「無善無惡心之體」的大圓鏡世界，形上的靈原本體之中。

四 李二曲工夫論：以程朱「主敬窮理」做工夫

　　李二曲在本體上繼承了陸王「先立其大」、「致良知」的思想，而在工夫論上則自覺地要繼承程朱「主敬窮理」的工夫。二曲說：

> 孟氏而後，學知求心，若象山之「先立乎其大」、陽明之「致良知」，簡易直截，令人當下直得心要，可為千古一快。而末流承傳不能無弊，往往略工夫而談本體，舍下學而務上達，不失之空疎杜撰鮮實用，則失之恍惚虛寂雜於禪。（《二曲集·卷42·盡心》，頁532）

二曲以為象山、陽明之學言本體簡易直截，能得心要，但是其末流高談本體，忽略工夫，以致於空疎無用，恍惚近禪。這也就成了「虛玄而蕩，情識而肆」，或是余英時所說的「良知的傲慢」[39]，錯認「假良知」，以情識為良知而不自覺。因此，二曲對陸王言本體雖無間然，但對陸王的工夫論顯然是不放心的。而認為應以程朱的「主敬窮理」做工夫，才能下學上達，一以貫之。所以二曲說：

> 吾人生乎其後，當鑿偏救弊，舍短取長。以孔子為宗，以孟是為導，以程朱陸王為輔，「先立其大」、「至良知」以明本體，「居敬窮理」、「涵養省察」以做工夫，既不失之支離，又不墮於空寂，內外兼詣，下學上達，一以貫之矣。（《二曲集·卷42·盡心》，頁532）

---

39 參余英時：《猶記風吹水上鱗》（臺北：三民書局，1991），頁94-95。「良知的傲慢」一詞乃余英時相對於「知性的傲慢」而造。嚴格說起來，「良知的傲慢」其實是一句矛盾語，「知性的傲慢」是成立的，因為知性是中性的，「良知」的定義則與傲慢不容。會產生傲慢的良知不是真實的良知，而是「假良知」，即「情識」。

在二曲看來，程朱學者「高者做工夫而昧本體，事現在而忘源頭；卑者沒溺於文義，葛藤於論說。」（《二曲集・卷42・盡心》，頁532）這不是真的尊朱子、懂程朱。因此，在理學傳統中他要繼承的不是「訓詁文義之末」，而是程朱學的「主敬窮理」工夫。二曲以為程朱「主敬窮理」工夫是「內外本末兼詣」的實修工夫，有「下學循序之功」，和陸王相較，其次第、階梯較清楚而可依循。

　　二曲自覺要繼承程朱學「主敬窮理」之工夫，並提出其具體構想。茲分成「主敬」和「窮理」兩部分來探討：

（一）主敬：靜坐攝心與日常省察二者動靜交修

　　二曲說：「用功莫先於主敬。『敬』之一字，徹上徹下的工夫，千聖心得，總不外此。」（《二曲集・卷6・傳心錄》，頁46）「主敬」工夫來自程子，濂溪談「主靜」，程頤恐人偏滯於靜，故將「主靜」改為「主敬」。在後來程朱學派的工夫中，「主靜」工夫多被視為築基法門，而被收攝在「主敬」工夫之下。二曲工夫論中此一徹上徹下的「主敬」工夫，同時涵蓋了「主靜」和「主敬」兩種工夫。「主靜」乃「靜中修」法，二曲在此主張「靜坐攝心」；「主敬」乃「動中修」法，二曲在此重視日用常行的涵養省察。

1 主靜：靜坐攝心

　　在二曲個人的學思歷程中，其三十一歲時的明性見道之經驗乃是由靜坐而證入，因患病靜攝有感於延平「默坐澄心」之說，而識得本體。因此，在二曲工夫論的教法中，靜坐法一直居於重要地位。二曲讚歎靜坐法之處甚多，如：

　　　靜坐一著，乃古人下工之始基，是故程子見人靜坐，便以為

善學。（《二曲集·卷1·悔過自新說》，頁6）

先生曰：「李延平有云：『為學不在多言，默坐澄心，體認
天理。』此二語乃用功之要也，學須從此下手始得力。」
（《二曲集·卷4·靖江語要》，頁37）

二曲認為靜坐法最適合作為學者的入門工夫，因為靜坐能廣為接引一
般根器之人，而且常人日常生活中動多於靜，為了矯偏救弊，須靜坐
方有入機。

　　二曲曾區分上根之人的學習為「頓修頓悟」，和中根之人的「漸
修漸悟」，他說：

上根之人，悟一切諸過皆起於一心，直下便剗却根源，故其
為力也易；中材之人，用功積久，靜極明生，亦成了手，但
其為力也難。蓋上根之人，頓悟頓修，名為「解悟」；中材
之人，漸修漸悟，名為「證悟」。吾人但期於悟，無期於頓
可矣。（《二曲集·卷1·悔過自新說》，頁6）

牟宗三區分「逆覺體證」為兩型態，即於現實日常生活的「內在的
逆覺體證」，與隔離於日常現實生活的「超越的逆覺體證」兩種。[40]
「超越的逆覺體證」中的「超越」，主要就是「『超越』者閉關
（「先王以至日閉關」之閉關）靜坐之謂也」[41]，簡單的說，即是指
「靜坐體證」。鄭宗義曾批評二曲之靜坐體證，他說：

我們已清楚指出靜坐體證與內在體證是宋明儒講逆覺存養的
兩條進路，殊途而同歸。但二曲卻因由靜坐證入，遂竟不許

40　牟宗三：《心體與性體》第2冊（臺北：正中書局，1985），頁385、476、477。
41　牟宗三：《心體與性體》第2冊，頁477。

內在體證為是。……此即二曲根本不明白內在體證的入路當下便是動靜合一之旨。因為通過內在體證所把握的是淵然有定向有主宰的本心，又怎會「猶未馴之鷹，輒欲其去來如意，鮮不颺矣」呢？[42]

筆者以為二曲雖由靜坐證入本體，但其工夫路數是否不許「內在體證」為是，或不明白「內在體證的入路當下便是動靜合一」之旨？此或許仍有商榷的空間。[43]二曲認同法無定法，他說：「此非一路入，或考諸古訓，或證諸先覺，或靜坐澄源，或主敬集義，或隨處體認，內外交詣，不靠一路，故曰『博』。」（《二曲集・卷30・中庸》，頁422）「直下便剗却根源」的當下即是雖然高妙，但並不容易，在二曲看來此惟上根之人為能，並不適合做為入手工夫。因為連王陽明這樣根器的人，其龍場之悟仍得力於三載的靜坐。所以二曲要人「無期於頓」，不要自以為是上根之人，要以中根之人自居，腳踏實地的實修實證。

　　此外，二曲以為一般人心思習慣向外馳逐，紛紛擾擾，為了矯偏救弊，日常生活中的靜坐練習是必要的。靜才會有「入機」，才能夠下手、上路。二曲說：

吾人至少至長，全副精神俱用在外，每日動多於靜。今欲追復元始，須且矯偏救弊，靜多於動，庶有入機。（《二曲集・卷2・學髓》，頁20）

---

42 鄭宗義：《明清儒學轉型探析：從劉蕺山到戴東原》，頁105。
43 鄭宗義之說雖言「靜坐體證」與「內在體證」是宋明儒講逆覺存養的兩條進路，但其實只肯認「內在體證」一路為是，而質疑靜坐體證之進路，故對二曲工夫多所非議。

> 問「得力之要」。曰：「其靜乎。」曰：「學須該動靜，偏
> 靜，恐流於禪。」曰：「學固該動靜，而動則必本於靜。動
> 之無妄，由於靜之能純。……今吾輩思慮紛挐，亦恐無靜之
> 可流。」（《二曲集‧卷2‧學髓》，頁19）

二曲並不是要人一直停留在「靜」的狀態，而是說為學要有次第。
「動靜合一」只是針對「已成者」說；一開始就期待能達到「動靜合
一」的境界，對初學者而言是困難的。二曲的「靜」包含「定」，他
進一步區分「靜中靜」和「動中靜」兩種「靜」，他說：

> 靜中靜易，動中靜難。動時能靜，則靜時能靜可知矣。
> （《二曲集‧卷29‧大學》，頁403）

「動中靜」比「靜中靜」的困難度高，雖然學者最後要能做到動中亦
能靜定，但以工夫次第來說，所謂的「動靜合一」必須「靜以培動之
基，動以驗靜之存。」（《二曲集‧卷6‧傳心錄》，頁46）「刻刻
照管，步步提撕」，並非一蹴可幾，所以二曲以為要先從容易下手的
「靜」處使力，他說：

> 而體認下手之實，惟在默坐澄心。蓋心一澄，而虛明洞徹，
> 無復塵情客氣，意見識神，為之障礙，固有之良，自時時呈
> 露而不昧矣。來書「當機覲體，分定自優，學問止此學問，
> 工夫止此工夫」之言，最為得之。（《二曲集‧卷16‧答張
> 澹庵》，頁144）

仍以靜坐法做為「體認下手之實」的下手工夫。

　　至於如何靜坐攝心，二曲曾繪「虛明寂定」每日三坐圖，要求
「必以靜坐為基，三炷為程，齋戒為工夫，虛名寂定為本面。」

（《二曲集‧卷2‧學髓》，頁20）每日在早、午、晚靜坐三次，各坐一炷香。為什麼一定要有這三炷香？二曲以為：

> 鄙懷俗度，對香便別，限之一柱，以維坐性，亦由猢猻之樹，狂牛之桎耳。（《二曲集‧卷2‧學髓》，頁20）

一般人整日紛擾，所以要坐上三炷香這麼多，才有「入機」。當然這三炷香坐法，是針對沒有坐性，坐不住的初學者而設計，如果晚上能久坐，就不一定要如此。[44] 靜坐時，練習以心觀心，一直觀到無心可觀。二曲說：

> 始也，以心觀心，久則無心可觀。夫觀心而至於無心可觀，斯至矣。（《二曲集‧卷16‧答王天如》，頁164）

至於靜坐時，反覺思緒紛擾，此一現象，二曲說：

> 暝目靜坐，反覺思慮紛拏，此亦出入手之常，惟有隨思隨覺，隨覺隨斂而已。（《二曲集‧卷15‧富平答問》，頁127）

在剛開始靜坐時，反而會覺得思緒紛亂，二曲以為這是正常現象，「譬猶濁水求澄，初時猶濁」，一般人的心好像混濁的水一樣，在動亂混濁的狀態，反而無法察覺水究竟有多髒。在開始靜下來的階段，水自然還是混濁的，可是並不是因為求「靜」而使水更髒，而是開始能感覺到水的髒，這是正常現象，也是好現象。此時只要覺、斂，持續練習，二曲說「亦無他法」。繼續靜坐，以維持定性，「既而

---

44 二曲說：「蓋為有事不得坐，及無坐性者立，若夜能持久，則不在此限。」（《二曲集‧卷2‧學髓》，頁20）

清濁各半，久而澄澈如鏡，自無纖塵。」（《二曲集・卷3・兩庠彙語》，頁29、30）這個靜心、定心工夫還是需要一定的歷程，才能達到。

2 主敬：動中省察

二曲雖然強調靜坐攝心之重要，以作為工夫的下手處，但也認為靜坐法有其限制，他說：

> 靜能空洞無物，情悰渾忘。而徵之於動，猶有滲漏，終非實際。（《二曲集・卷13・關中書院會約》，頁115）

因為「靜」中作工夫容易，所以二曲主張「靜以培動之基」，但是只停留在靜境，並不究竟，因此還要進一步「動以驗靜之存」。靜中磨刀，動中練刀；靜坐時好比磨刀以求利，但刀利不利還是要回到日常中磨練，才知是否真有受用。所以二曲說：

> 最上道理，只在最下修能，不必騖高遠。說「精微」，談「道論」，論「性命」，但就日用常行，綱常倫理，極淺極近處做起。須整頓精神，中常惺惺，一言一動，並須體察。必使言無妄發，行無妄動。……如是，則潔淨透脫，始可言功。（《二曲集・卷6・傳心錄》，頁45、46）

工夫修證沒有一勞永逸的便宜事，靜坐所得不必然保證能落實於日常生活中；還得在動中省察，從最下層的日用常行中磨練。二曲動靜交修的主張，說明道德修養正有待工夫的循環往復，「刻刻照管，時時提撕」的磨練，才能有境界之提升。

因此，在二曲工夫論的修證方法中，除了「超越的逆覺體證」一路的「靜坐體證」法外；同時也強調應於日用常行處、現實生活中作

涵養省察，平時就要就「日用常行之宜」隨時自警自勵。他說：

> 終日欽凜，對越上帝，篤恭淵默以思道；思之而得，則靜以
> 存其所得。動須察其所得，精神纔覺放逸，即提起正念，令
> 中恆惺惺；思慮微覺紛雜，即一切放下，令萬緣屏息。修九
> 容，以肅其外；擴善端，以純其內。內外交養，湛然無適，
> 久則虛明寂定，渾然太極，天下之大本立矣。（《二曲集·
> 卷15·富平答問·附授受紀要》，頁135）

二曲以為平常要以「恭默」態度提起正念。在外部的禮儀姿態上，要
「修九容」，整肅儀容與視聽言動。關於「九容」，其說出自《禮
記·玉藻》：

> 足容重，手容恭，目容端，口容止，聲容靜，頭容直，氣容
> 肅，立容德，色容莊，坐如尸。[45]

指透過外在容貌、身體禮儀訓練，此是一「制於外以養其內」的工
夫。「修九容」工夫所養成的整齊嚴肅之身姿，後來成為程朱學「主
敬」工夫下的重要身體特色。朱子曾作〈敬齋箴〉，他說：「正其衣
冠，尊其瞻視。潛心以居，對越上帝。足容必重，手容必恭。」[46]就
是源自《禮記·玉藻》「九容」工夫下修煉而成的禮教之身的樣貌。
在內部的道德修養上，具體的實踐工夫則是要練習「擴善端」，擴充
自己的四端之心以行萬善。如此內外交修，雙管齊下。在自己的心性
隱微處用功，一察覺自己思慮紛雜，就要一切放下。久而久之將可漸
次達到「虛明寂定」的境界，直識本體，儒者身心性命的體用之學，

45　《禮記·玉藻》第十三之二。〔清〕孫希旦：《禮記集解》（臺北：文史哲出版
　　社，1984），卷8，頁763。
46　朱子：〈敬齋箴〉，《文集》卷83，《全書》第24冊，頁3996。

其大本就立了。

然而工夫並不僅止於「求識本體」而已，大本立了還要發用，二曲言：

> 大本立而達道行，以之經世宰物，猶水之有源，千流萬派，自時出而無窮。然須化而又化，令胸中空空洞洞，無聲無臭，夫是之謂盡性至命之實學。（《二曲集·卷15·富平答問·附授受紀要》，頁135）

活水已有源頭，安身立命之後，這時候所有的「經世致用」、「經綸參贊」工作都可收事半功倍之效，此時「道德即為事功」。這就是二曲所說的「識得本體，好作工夫；做得工夫，方算本體。」不過，這些「用」、事功、表現，最後都還要「化」掉，化而又化，修善法而不要執著善法，最後再回到無聲無臭的本體中，以成其大化。

此一動中省察的工夫，正是儒家工夫之擅場。由此可以理解何以「象山掌庫三年，學問大進。王文成謂『除了人情事變，別無工夫可做。』」（《二曲集·卷17·答四川周總督》，頁170）因為庶務殷繁，「莫非練心之藉」，日用立身行己處，好做工夫。

（二）窮理：重視讀書

自明末東林學派開始，檢討「姚江之弊，始也掃聞見以明心耳，究而任心而廢學。」（高攀龍語）[47]因而特別提倡讀書的重要性；高攀龍、劉蕺山都重提朱子學中的「半日靜坐，半日讀書」之教。其後，重視讀書幾成當時的共法，明末清初學者，大多強調讀書窮理的

---

47 〔清〕黃宗羲著，沈芝盈點校：《明儒學案·東林學案一》，下冊，卷58，頁1424。

重要。二曲說他在工夫論上要繼承朱子的「主敬」和「格物窮理」工夫。在「格物窮理」工夫上，二曲說：「格物，猶言窮理也，物，即身心意知家國天下之物。……格物，首要格為物不貳之物。此物格則大本立，從而漸及於家國天下之物。」（《二曲集・卷5・錫安語要》，頁40）二曲所言此首要格的「不貳之物」，即陽明「致良知」之「良知」。因此，二曲的「格物窮理」其實仍是以陽明學為本而攝朱子之說，其意涵未必同於朱子遇一物格一物之主客對立路數。與其說二曲繼承朱子「格物窮理」思想，不如說他是繼承朱子學對讀書工夫作為一種理學重要工夫的看法。他在回答靜坐時反覺思緒紛拏的問題時，除了認為「惟有隨思隨覺，隨覺隨斂而已」之外，他同時也說此時：「不妨涵泳聖賢格言，使義理津津悅心，天機自爾流暢。以此寄心，勝於空持硬守，久則內外澄徹，打成一片。」（《二曲集・卷15・富平答問》，頁127）在靜坐時若無法突破，這時讀書，以聖賢格言義理來悅心，比空持硬守有用。

二曲雖然認為讀書有益，但他對於如何讀，讀什麼書，卻有所規範，並不是漫無目的之閱讀。二曲說：

> 讀聖賢遺書，嘉言善行，非不飫聞，然不過講習討論伴口度日而已，初何嘗實體諸心、潛修密詣以見之行耶？（《二曲集・卷39・陽貨篇》，頁503）

> 學非辭章記誦之謂也，所以存心復性，以盡乎人道之當然也。（《二曲集・卷31・學而篇》，頁427）

首先讀書如果要對身心性命有益，不能只是講習討論，而必須實體諸心、潛修密詣，把讀書當成可以反觀，並進而「以經證悟，以悟證經」（《二曲集・卷19・諡言》，頁236）的方法，所讀之書才能使

人有所受用。

其次是應該讀什麼書？二曲認為不應漫無範圍的閱讀，否則「縱博盡羲皇以來所有之書，格盡宇宙內所有之物，總之是騖外逐末。昔人謂『自笑從前顛倒見，枝枝葉葉外頭尋。』，此類是也。」（《二曲集‧卷29‧大學》，頁405）對二曲而言，讀書要讀「明體適用」之書。二曲在〈體用全學〉一文中，將應當閱讀的書分成「明體」和「適用」兩類，其中「明體」類又分成「明體中的明體」和「明體中的工夫」。因此學者的讀書其次第是：明體中的明體 → 明體中的工夫 → 適用類。這些必讀之書它們的內容分別如下[48]：

1 明體中的明體

有《象山》、《陽明》、《龍谿》、《近溪》、《慈湖》、《白沙集》。這些書「闡明心性，和盤傾出，熟讀之則可以洞斯道之大原。」

2 明體中的工夫

有《二程》、《朱子語錄》，以及《吳康齋》、《胡敬齋》、《羅整庵》、《呂涇野》、《馮少墟集》。這些書可以「收攝保任，由工夫以合本體，由現在以全源頭，下學上達，內外本末，一以貫之。」

3 適用類

二曲認為「道不虛談，學貴實效。」透過讀書，由工夫以識本體，立大本後還要開務成物，以求實效，二曲以《大學衍義》、《衍

---

48 二曲「明體適用」之書參《二曲集‧卷7‧體用全學》，頁48-54。

義補》、《文獻通考》、《呂氏實政錄》等書為適用類之書。

　　這就是二曲以明體為本，適用為末，由本及末，由內而外，次第開展出來的讀書以「格物窮理」的工夫論。

　　二曲通過「靜坐攝心」的「靜坐體證」與動中省察的「內在體證」，動靜雙修，以開展程朱學「主敬」的工夫論；再以「明體適用」，由本及末的次第來讀書，以落實程朱學「窮理」的工夫論。如此下學而上達，由工夫以合本體，這些工夫既是「求識本體的工夫」，也是識本體之後，可以收攝保任，「不失本體的工夫」。

五　結語

　　在二曲「盡性至命之實學」中，他嘗試建構出一融攝陸王的本體與程朱的工夫的哲學，用來解決儒學危機與時代問題。他說：

> 吾儒學術之有此兩派，猶異端禪家之有南能北秀各有所見，
> 各有所得，合併歸一，學斯無偏。若分門別戶，牢不可破，
> 其識力學問，蓋可知矣。中無實得，門面上爭閒氣，噫，弊
> 也久矣！（《二曲集·卷15·富平答問·附授受紀要》，頁
> 137）

在二曲看來，儒門中陸王與程朱兩派，就如禪門中的南能北秀一樣；一主頓悟，一主漸修，各有所見。二曲則欲以程朱之漸修，到達陸王之頓悟。

　　二曲學以陸王「致良知」為本體，程朱「主敬窮理」為工夫，二者的結合是否可行？此不乏被質疑的聲音。如陶清《明遺民九大家哲學思想研究》說：

擇優組合、折衷兩是，難免左支右絀、齟齬難通。王學本
體、朱學工夫，本不具有共同的理論內涵和邏輯關聯，兩相
湊泊終至斷作兩截。[49]

又如王昌偉〈李二曲調和朱子陸王的方法〉一文中所說：

筆者將嘗試證明，朱子與陸王的不同，是本質上的，並不是
調和就能夠解決的。[50]

理學家談本體並不曾脫離修證，而被純粹當成一種理論或一種哲學上
的預設。程朱學與陸王學的本體是否是一種「本質」、不具共同內涵
的兩個本體？二曲要以此之工夫結合彼之本體，是否成為一不可能的
拼湊？程朱陸王的本體到底是一個「本體」，還是兩個「本體」，
此問題若就「表現原則」和「限制原則」（牟宗三語）[51]來說，因為
本體的體證者、詮釋者，切入本體的角度不同，即表現即限制，因
而「有耶穌之形態」、「孔子之形態」、「釋迦之形態」[52]，有這些
「形態」之不同。他們所詮釋與描述之體，似是兩個本體。但是，說
到底宇宙間的「本體」、「道體」恐怕都不能說是兩個「體」，而是
一個「體」，即使各家各派表現出來有型態的不同。此是二曲在本體
問題上不去嚴格區分三教之故，儒釋道三教的體都不能截然說是不同
的本體，那麼儒家中的程朱陸王學之本體是否存在著「本質」的、不
能「調和」的不同？應該還有討論的空間。

李二曲以其「生命實踐」肯認由程朱「主敬窮理」循環往復的漸

49　陶清：《明遺民九大家哲學思想研究》（臺北：洪葉文化，1997），頁327。

50　王昌偉：〈李二曲調和朱子與陸王的方法〉，《孔子研究》（2000年第6期），頁
　　87。

51　牟宗三：《心體與性體》第1冊（臺北：正中書局，1985），頁510。

52　牟宗三：《心體與性體》第1冊，頁510、511。

修工夫，可以到達陸王所頓悟的良知本體。正如朱康有所說：「這一形上之『道』並非預設，而是可實證的形上本體世界。」[53]雖然這個「由工夫『實詣』至本體，是一個量的積累過程，更是一個『悟』的質的飛躍。」[54]漸修到頓悟這個過程，存在一個需要「飛躍」的距離，但這是否構成一種無法調和的斷裂？筆者覺得或許可以不必談得如此的斷然。不能保證那個「梅子熟矣」的悟什麼時候會發生，但是透過不斷的「量的積累」，真積力久則入，那麼，那個質的「飛躍」是值得等待的。

　　整體而言，二曲思想之精華乃在其以個人的真修實證來融攝程朱陸王之學，以生命實踐來活化儒學的真精神。在明清之際，作為遺民理學家的李二曲中年後由於種種因素，「絕口不提經濟」，乃至閉關不出，以全志節，他的「盡性至命之實學」，其理論向度和思路如果要說有什麼侷限性和不足，也許可以說是「向內深沉，向外侷促」。[55]就外在因素說，由於明清之際的時代悲劇、二曲的遺民情懷，使他外王事業上的「致用」，僅限於講學；就內在理論說，區分本末、以本攝末，道德優先於知識的架構，以「經世致用」為末的思考，容易導致對下學的重視不足，而不易開展出客觀的知識世界。因此，在清代要求客觀化、外在化、形下化的時代精神中，二曲學影響力的式微，乃至從「清初三大儒」中退位是可以理解的。只是過度客觀化、外在化、形下化的結果，與形上本源的追求與關懷脫節，最後形成近現代「斷裂的文化」。面對意義危機、終極問題時的徬徨，反

53　朱康有：〈李二曲論心性修養的初步工夫〉，《寧波黨校學報》（2006年第6期），頁109。

54　朱康有：〈李二曲論心性修養的初步工夫〉，頁109。

55　趙吉惠：〈李二曲《四書反身錄》對傳統儒學的反省與闡釋〉，《中國哲學史》（1998年第1期），頁80。

而是現代人所必須思考解決的問題。因此，在「大本大原，類多茫然」的現代社會中，二曲向內實踐的儒學精神，值得再回過頭來重新肯認其意義。

伍
李二曲工夫論中的靜坐[*]

一　前言：靜坐是理學重要工夫

　　靜坐是理學工夫中的重要法門。理學開山祖周敦頤的「主靜以立人極」說為儒家靜坐法提供主要的理論依據[1]；二程崛起洛中，進一步將靜坐視為重要的教法[2]；至於邵雍和張載，雖然並沒有以靜坐作為重要教法，但他們本身都有靜坐經驗，並取得一定的成就[3]。從北宋五子的靜坐實踐看來，儒家靜坐法的使用與宋明理學的興起幾乎同時。南

---

* 本論文初稿曾發表於吳鳳科技大學通識教育中心舉辦之「二〇一二通識教育暨經典學術研討會」（2012年5月23日）。經修改而成。

1 宋明理學中「主靜工夫」一詞主要來自周濂溪「主靜以立人極」之說。濂溪「主靜」雖不能說即等同於靜坐，但後來理學家在操作「主靜工夫」時多使用靜坐法，亦常「主靜」與「靜坐」連用，如朱子：「如何去討靜得！有事時須著應。且如早間起來，有許多事，不成說事多撓亂人，我且去靜坐。……若事在面前，自家卻自主靜，頑然不應，便是心死矣！」〔宋〕黎靖德編：《朱子語類》（北京：中華書局，1988），卷118，頁2858、2859。早在南宋朱子已將「靜坐」與濂溪「主靜」二者連用。楊儒賓說：「明儒多言『靜坐』與『主靜』有密切的關係，並且有意無意將兩者同化，而『主靜』的概念首先即由周敦頤提出者。」楊儒賓：〈明儒與靜坐〉，收入鍾振宇編：《跨文化視野下的東亞宗教傳統：個案探討篇》（臺北：中研院中國文哲研究所，2012），頁57。

2 明道教人靜坐，「每見學者靜坐，便嘆其善學」。朱子曰：「如伊川亦有時教人靜坐。」參〔宋〕朱熹：《朱子文集》（臺北：德富文教基金會，2000），冊6，卷55，頁2608。

3 參楊儒賓：〈宋儒的靜坐說〉，收入臺灣哲學學會主編：《儒家哲學》（臺北：桂冠圖書，2004），頁41-55。

宋朱子教人「半日靜坐，半日讀書」[4]，象山亦有教人「瞑目安坐」的記錄。[5]到了明代，陳白沙、王陽明、陽明後學，乃至明末高攀龍、劉蕺山，或以之為常法，或以之為權法，但幾乎無不重視靜坐。雖如此，弔詭的是，理學家們一方面靜坐，但在論及靜坐法時他們的態度卻又往往顯得格外小心謹慎。原因何在？這是因為靜坐經驗多半涉及「如人飲水，冷暖自知」的主觀、不可言說的冥契成分；更關鍵的原因是，靜坐法並非孔門傳統的教法[6]，反而和禪門淵源甚深[7]，職是

4　「半日靜坐，半日讀書」最早由朱子對其弟子郭友仁（德元）提出，朱子云：「人若於日間閒言語省得一兩句，閒人客省見得一兩人，也濟事。若渾身都在鬧場中，如何讀得書！人若逐日無事，有見成飯喫，用半日靜坐，半日讀書，如此一二年，何患不進！」參〔宋〕黎靖德編：《朱子語類》，卷116，頁2806。

5　〔清〕黃宗羲：〈象山學案〉，《宋元學案》（北京：中華書局，2007），卷58，頁1916。

6　朱子〈答潘謙之書〉曰：「所示問目，如伊川亦有時教人靜坐。然孔孟以上卻無此說。」參〔宋〕朱熹：《朱子文集》冊6，卷55，頁2608。

7　朱子說：「佛學其初只說空，後來說動靜，支蔓既甚，達磨遂脫然不立文字，只是默然端坐，便心靜見理。此說一行，前面許多皆不足道，老氏亦難為抗衡了。今日釋氏，其盛極矣。」參〔宋〕黎靖德編：《朱子語類》，卷126，頁3010。又云：「後來達磨入中國，見這般說話，中國人都會說了，遂換了話頭，專去面壁靜坐默照。」（同上，頁3035）根據朱子的說法，將靜坐法介紹到中國的是禪宗的達磨祖師。日本中嶋隆藏對此說持不同看法，認為戰國末期文獻即有「靜坐」一辭，漢魏六朝開始就有用於身心修養的「靜坐」法。中嶋隆藏論點著眼於是否明確使用「靜坐」一辭，他認為根據《景德傳燈錄》或《傳法正宗記》所見者，皆是達摩「面壁默坐」、「面壁而坐」，但皆不是以「靜坐」之語來表現，甚至遍覽傳至中國的禪宗典籍，也未見「靜坐」之語，因此，認為朱子以中國「靜坐」始出達摩，或源自達摩以來的禪宗，皆有必要重新檢討。參中嶋隆藏：〈隋唐以前之「靜坐」〉，《靜坐——實踐與歷史》（新竹：國立清華大學出版社，2011），頁44。筆者以為此研究只能證明達摩之教沒有使用「靜坐」一辭，但「默坐」、「坐」的實質內涵是不同於「靜坐」，或可再商榷。雖然早於達摩，中國本身就有「靜坐」紀錄，但蔚為大法，恐怕還是和禪宗有關，雖然對「靜坐」的重視程度，如來禪與祖師禪有別。朱子的說法反映的是理學家內部對靜坐法來源的認定，說明至少理學家自己也承認靜坐法和禪宗淵源深厚。

之故，和儒家靜坐法的使用相始終的便是「近禪」之譏。理學家在使用靜坐法時，一方面要在儒家工夫論系統中，為靜坐法取得合法性位置；一方面也很難不去處理儒、佛（禪）靜坐法的異同問題。到了當代的儒學研究，在客觀化、哲學化的要求下，靜坐法的研究是帶點尷尬的。雖然如此，儒學畢竟是以修身實踐為主，而不純粹是從事思想論辯，尤其是當儒者一旦有證悟心體的要求，靜坐不失為一條快速有效的捷徑，因此，儒者們容易有靜坐的實踐。[8]在新儒家梁漱溟和唐君毅身上，我們還多少可以看到這個軌跡。[9]即使「靜坐」在當代並不是「令當代同情儒家的學者感到愉快的一個名詞」[10]，但靜坐是理學家們常用的修養法，乃至親證本體的方法，恐怕是一個很難完全略過不談的事實。楊儒賓說：

> 靜坐在東亞思想圈中的重要地位，無庸再論，學界少掉對此項議題的研究，我們對三教工夫論的理論即有缺口。既然它

8　理學家們多有「體證本體」、契入本源的形上要求，佛老行之久遠的靜坐法門，對於直入本源來說是非常方便，而且績效顯著的方法。林永勝：「理學家之所以會採用『靜坐』的方法，最根本的原因與性命之學的要求有關，也就是要『體證本體』。周敦頤『主靜立人極』可以視為理學家工夫論的大法，所謂「人極」指的即是超越的本體。然而，現實的人存在於感性、智性活動中，如何契近超越的本體？此時需要一種逆反經驗性身心狀態、直入本源的方法，而最方便的方法就是佛老行之久遠、而且績效顯著的靜坐法門。」林永勝：〈中文學界有關理學工夫論之研究現況〉，收入楊儒賓、祝平次編：《儒學的氣論與工夫論》，頁353。

9　梁漱溟在做農村建設實驗、或模仿儒門師生相處模式時，曾試圖建立一種準宗教的公社組織。公社的成員或學生每天清早時先集合一起默坐，然後再聽訓。參楊儒賓：〈新儒家與冥契主義〉，收入王邦雄等著，陳德和主編：《當代新儒學的關懷與超越》（臺北：文津出版社，1997），頁346。唐君毅也提到自己年輕時的經歷，他說：「吾在三十歲前之生命情調，亦實時覺其自己之心靈，位於此世界之邊緣。吾亦嘗求仙、學道。於靜坐中，略有與西方神秘主義類似之證悟。」唐君毅：《生命存在與心靈境界》下冊（臺北：臺灣學生書局，1986），頁476。

10　楊儒賓：〈宋儒的靜坐說〉，收入臺灣哲學學會主編：《儒家哲學》，頁41。

那麼重要卻缺乏相應的學術論述，這種失衡的現象總是不正
常。[11]

這說明了在儒學，尤其是理學工夫論研究中，如果要對理學工夫論面
貌有更完整、全面的理解，靜坐法研究恐怕還是有被正視的必要。

李二曲和孫奇逢（夏峯）、黃宗羲（黎洲）在清初並稱「三大
儒」[12]，根據全祖望的說法，他不像夏峯有「楊、左諸公稱石交」、
「高陽相國折節致敬」，也不像黎洲出身名門，是「忠端之子，證人
書院之高弟」；而是「起自孤根，上接關學六百年之統」[13]，在無所
憑藉、寒餓清苦中，致力於講學明道，所到之處皆是「一時巨紳名
儒，遠彌駢集」，盛況空前。二曲之學能化人無數，來自他對儒學的
真修實證。林繼平說：

> 一則二曲的實證工夫，極為精湛。凡是他所說的，都是他見
> 到的。與從文義上的摹擬，或認識上的忖測，絕然不同，此

11　楊儒賓、馬淵昌也、艾皓德編：《東亞的靜坐傳統》（臺北：臺大出版中心，
　　2012），頁xvii-xviii。楊儒賓的看法指向這個靜坐題的學術研究缺口，來自於
　　「實踐的脫落是當代學界，尤其是儒學研究圈中一個明顯的現象。」（同上，頁
　　xvii）清華大學人文社會研究中心成立後，在第一期計畫中，設立了「東亞工夫
　　論研究」，促使學界注意靜坐工夫的意義，二〇一二年五月而有《東亞的靜坐傳
　　統》一書問世。

12　此是根據全祖望之說。李二曲和北方的孫奇逢（夏峯）、南方的黃宗羲（梨洲）
　　一并「高名當時」，時論以為「三大儒」。全祖望說見〔清〕李顒撰，陳俊民點
　　校：〈二曲先生窆石文〉，《二曲集》（北京：中華書局，1996），附錄二，頁
　　614。清初「三大儒」，到了清末以降出現易位情形，由清初所指的李二曲、孫奇
　　逢、黃宗羲，轉成今人習知的顧炎武、黃宗羲、王夫之。關於「清初三大儒」的
　　易位，參張岱年：《中國哲學史史料學》（北京：生活、讀書、新知三聯書店，
　　1982），頁180。本文用全祖望說。

13　〔清〕李顒撰，陳俊民點校：〈二曲先生窆石文〉，《二曲集》，附錄2，頁
　　614。

即象山所謂「行到」與「識到」的顯著差別。再則二曲工於
描述，凡是他所見到的，無論宣之於口，或筆之於書，無不
淋漓盡致。只要我們具有幾分工夫，便可明白看出。[14]

就如同二曲自己所說的「有真本體，乃有真工夫；有真工夫，乃有真
本體」，這是二曲學的治學路徑與性格。其學自三十一歲時因「患病
靜攝，深有感於默坐澄心之說」，透過靜坐的實踐而明性見道、澈悟
大本大源後，「自是屏去一切，時時返觀默識，涵養本源」[15]，靜坐
法便成了二曲工夫論中最重要的教法。二曲在回覆張伯欽的書牘中提
到「覽所註〈靜坐說〉，用心雖勤，似非所急。以成己言之，則自
己既曉，只宜依其說真實靜坐，何待自解自看。若欲示人成物，未有
己尚未成而遽先成物者也。」[16]這樣的想法，二曲不像高攀龍、劉蕺
山，都有〈靜坐說〉等討論靜坐工夫的專文傳世，但散見《二曲集》
中的靜坐相關言論仍相當豐富，可以從中看到二曲對在他之前靜坐有
成的宋明理學家靜坐法的評論，儒學靜坐法如何在與佛門「坐禪」辨
同異中，發展出自己的特色，並臻於成熟。二曲靜坐法特別值得聚焦
的是〈學髓〉的「虛明寂定」圖，以及講學關中書院制定的〈關中書
院會約〉。前者可看到二曲如何透過「每日三坐」，進行日常生活中
的靜坐實踐；後者可看到二曲如何嘗試將靜坐法落實到大型公共教學
上。從朱子到高攀龍，理學家著名的「半日靜坐，半日讀書」說，其
中靜坐和讀書兩種理學中最重要的工夫，如何結合以達到最大的修養
效益。整體來說，李二曲的靜坐延續了明儒對靜坐工夫的使用，一方
面將靜坐日常生活化；一方面也將靜坐公共教學化。但是，作為經過

14　林繼平：《李二曲研究》（臺北：臺灣商務印書館，1999），頁196。

15　〔清〕李顒撰，陳俊民點校：〈歷年紀略〉，《二曲集》，卷45，頁562。

16　〔清〕李顒撰，陳俊民點校：〈答張伯欽〉，《二曲集》，卷16，頁160。

明亡之痛的清初遺民理學家，二曲以為象山、陽明言本體簡易直截，能得心要，但是其末流高談本體，忽略工夫，以致於空疏無用，恍惚近禪。所以二曲認為：

> 孟氏而後，學知求心，若象山之「先立乎其大」、陽明之「致良知」，簡易直截，令人當下直得心要，可為千古一快。而末流承傳不能無弊，往往略工夫而談本體，舍下學而務上達，不失之空疏杜撰鮮實用，則失之恍惚虛寂雜於禪。……吾人生乎其後，當鑿偏救弊，舍短取長。以孔子為宗，以孟氏為導，以程朱陸王為輔，「先立其大」、「至良知」以明本體，「居敬窮理」、「涵養省察」以做工夫，既不失之支離，又不墮於空寂，內外兼詣，下學上達，一以貫之矣。（《二曲集·卷42·盡心》，頁532）

再參之〈國史儒林本傳〉中所說的：

> 其學以尊德性（筆者按：指陸王「先立其大」、「致良知」之學）為本體，以道問學（筆者按：指程朱「主敬」、「格物窮理」之學）為工夫，以悔過自新為始基，以靜坐觀心為入手。（《二曲集·附錄二·國史儒林本傳》，頁602）

二曲之學標榜以程朱「主敬窮理」工夫，合陸王「良知」本體，但在實際運作過程中，二者如何結合有其複雜性。就工夫論來說，靜坐、主敬、窮理都是程朱理學重要的工夫項目，朱子一向不喜頓悟之說，在其工夫論體系中靜坐目的並不指向直證心體，而是收攝在主敬窮理位階之下的涵養心氣之工夫。在二曲的工夫論中如何將靜坐與程朱主敬窮理工夫結合，也是他思考的重點。但是，在經過明儒心學靜坐法長期發展、使用後，明儒靜坐的使用通常是連結著直證心體的目的而

來，靜坐雖不即是心學的本質工夫，但和直證心體間的關係是更為密切的。李二曲工夫論中的靜坐法，一方面形成不盡同於朱子靜坐法的明儒心學靜坐法特色；一方面為了對治心學工夫空疏流弊，二曲工夫論仍試圖將靜坐與程朱學派主敬窮理工夫結合。二曲靜坐法可代表理學靜坐法由宋而明之後，經過長期使用和論辯，所形成的成熟期的理學靜坐思想。

二　李二曲對理學前賢靜坐說的評論

宋代理學自二程以靜坐為重要教法後，其道南一系從楊時而羅豫章，再傳至李延平。李延平其學以「默坐澄心，以驗夫喜怒哀樂未發之前氣象」為教[17]，朱子為延平門人，亦有著名的「半日靜坐，半日讀書」之說。靜坐雖然不是朱子學問中最核心的概念，但朱子卻是理學家中討論靜坐最詳盡的儒者，在儒學靜坐史上，朱子是不可略過的重量級核心人物。楊儒賓說：

> 在朱子的著作中，我們發現到理學傳統中最密集的靜坐理論，我們看到他有著名的調息法：「鼻端有白，我其觀之；隨時隨處，容與猗移。靜極而噓，如春沼魚；動極而翕，如百蟲蟄。氤氳闔闢，其妙無窮」，我們看到他有「跏趺靜坐，目視鼻端，注心臍腹之下，久自溫暖」的治病法；我們看到他為萬古丹經王的《周易參同契》撰了一本很重要的注解之書；他還有一連串的靜坐言論可以提供後人纂輯專輯成書，朱子儼然成了靜坐大家。如果沒有朱子這些靜坐論，「儒門的靜坐論」或「理學的工夫論」此種命題的內涵勢必

17　〔清〕黃宗羲：〈豫章學案〉，《宋元學案》，卷39，頁1278、1279。

　　會大為失色。[18]

朱子將靜坐法收攝於「主敬窮理」下。除了對世界誠明價值的肯定，特別重視日用倫常──「事」的動態修煉，將靜坐置入「主敬」工夫架構下之外；另一個特徵是和任何「明心見性」、直證心體的冥契主義語彙脫鉤；靜坐從證體的橋樑，變成收斂心氣的手段。進入明代後，對明代理學最有影響力的陳白沙和王陽明，其學和靜坐的關係皆非常密切。陳白沙教人「靜中養出端倪」，以靜坐為其學問根底，即使被批評為「近禪」也不在意；王陽明後來雖以「致良知」取代靜坐，並不主張以靜坐為學問的核心，但不可否認的是新建之功，仍得力於龍場三載的靜坐。王門弟子針對靜坐的利弊、功過、實踐等，進行熱烈的討論；他們對靜坐雖有不同側重，但基本上都不能完全略過靜坐法。至明末，東林學派健將高攀龍對靜坐的實踐十分著名，並有〈靜坐說〉傳世；劉蕺山雖批評高攀龍的靜坐帶有濃厚的佛教傾向，卻也透過每日的實踐，撰著了〈靜坐說〉、〈靜坐法〉（後改為〈頌過法〉）傳世。[19]我們可以從中看到明代理學家們對靜坐法的使用之頻繁與熱情。

　　在進入二曲的靜坐法正面主張之前，先來看他對其他宋明理學家前輩靜坐法的評論。二曲評論過的理學家，宋代有程子、象山、李延平，明代則是陳白沙、王陽明諸子。

18　楊儒賓：〈主靜與主敬〉，收入楊儒賓、馬淵昌也、艾皓德編：《東亞的靜坐傳統》，頁133。關於後人纂輯專輯成書的朱子靜坐法，楊儒賓認為「日本江戶時期朱子學者柳川綱義編的《朱子靜坐集說》（江戶：須原屋版，1717年）一書可為代表。」

19　明代理學家靜坐的相關討論可參中嶋隆藏：〈明代儒者之「靜坐」論〉，《靜坐──實踐與歷史》，頁107-132。

（一）評論程子、陸象山之靜坐

二曲提到程子、象山靜坐之文在〈靖江語要〉：

> 學問得力之要，莫要於靜。程子每見人靜坐，便嘆其善學；
> 詹阜民請教象山，令其閉目靜坐，阜民靜處者一月，往見
> 象山，象山目逆而笑曰：「此理已顯也。」問：「何以知
> 之？」曰：「瞻之眸子而已。」問：「道果在邇乎？」象山
> 曰：「萬善皆是物也。」……由諸子觀之，學須以悟為得，
> 否則道理從聞見而入，皆古董填塞以障靈原者也。（《二曲
> 集・卷4・靖江語要》，頁38）[20]

二程重視靜坐教法在理學家中是著名的。陸學雖重視證悟，象山本人
提到靜坐處卻不多，但仍可找到其中的蛛絲馬跡[21]，二曲所引用的這
則故事記載於象山《語錄》[22]。陸象山以指導者身分，教授學生靜坐
方法，而且有能力從學生眼神中判斷「此理已顯」，這顯示即使陸象
山本人不大願意談個人冥契於本體的特殊經驗，但這如果沒有類似修
道者頓悟的證量是辦不到的；也顯示象山對靜坐並不外行。[23]二曲提
到程子、陸象山靜坐只此一處，重點僅在說明為學之道，以「悟」為

---

20 本文所引用的《二曲集》版本為〔清〕李顒撰、陳俊民點校本（北京：中華書
　　局，1998）。以下所引二曲文獻皆同此。

21 楊儒賓說：「我們一般不自覺的會預期：心學應當特別注重靜坐證悟，但很令人
　　意外的：陸學注重證悟，此事誠然有之。關於靜坐之事，象山本人卻很少提。」
　　楊儒賓：〈宋儒的靜坐說〉，《儒家哲學》，頁71。何以如此？儒家之朱陸，猶
　　禪宗之南能北秀，有頓漸之別，漸教往往對工夫次第是更重視的，所以相對而言
　　更重視靜坐法的實踐。禪宗神秀一派重視靜坐教法，南宗則往往認為冀望透過靜
　　坐以求開悟，猶如期待磨磚以成鏡。

22 〔宋〕陸九淵：《陸九淵集・語錄下》（臺北：里仁書局，1981），頁471。

23 參楊儒賓：〈宋儒的靜坐說〉，《儒家哲學》，頁71、72。

得，目的是見「本來面目」（靈原本體），此光是靠聞見知識是沒有用的，必須透過靜坐的工夫才能得力。

（二）評論李延平之靜坐

李二曲之所以開始進行靜坐，據《二曲集》的相關記載，和李延平的靜坐教法關係最大。他提到李延平靜坐法的文字如下：

> 問：「為己之學，固得聞所未聞矣。安身立命法可得聞乎？」先生曰：「李延平有云：『為學不在多言，默坐澄心，體認天理』二語實為用工之要。」（《二曲集‧卷6‧傳心錄》，頁46）[24]

> 此本來真面目，聖學真血脈。象山謂「學苟知本，《六經》皆我註腳」者，此也；延平之「體認天理」，體認乎此也。而體認下手之實，惟在默坐澄心。蓋心一澄，而虛明洞徹，無復塵情客氣，意見識神，為之障蔽，固有之良，自時時呈露而不昧矣。來書「當機覰體，分定自優，學問止此學問，工夫止此工夫」之言，最為得之。（《二曲集‧卷16‧答張澹庵》，頁144）

對於李延平的靜坐法，二曲認為其心要在「默坐澄心，體認天理」二語，並以之為「用功之要」。二曲的看法有二：他認為「學須從此下手始得力」，也就是說這是初下手的入門工夫；但是又不僅於此，「當機覰體」以見「此本來真面目」，還是要靠此法，所以二曲認同

---

24 〈靖江語要〉亦有近似說法：「先生曰：李延平有云：『為學不在多言，默坐澄心，體認天理』。此二語乃用功之要也，學須從此下手始得力。」（《二曲集‧卷4‧靖江語要》，頁37）

「學問止此學問，工夫止此工夫」。延平「默坐澄心，體認天理」的靜坐法，在二曲看來可說是徹頭徹尾的工夫。

（三）評論陳白沙之靜坐

二曲評論陳白沙靜坐法的文字如下：

> 陳白沙先生亦謂靜坐久之，見此心之體隱然呈露，常若有物，日用間種種應酬，隨吾所欲，如馬之御銜勒，水之有原委，於是渙然自信曰：「作聖之功，其在茲乎！」今吾人為學，自書冊以外，多玩愒因循，實未嘗鞭辟著裏，竭才以進，而欲其有所見，難矣！即或自謂有見，亦無異漢武帝之見李夫人，非惑及妄。（《二曲集·卷35·四書反身錄·子罕篇》，頁470）

> 問：「靜坐之益，以何為驗？白沙謂『養出箇端倪，纔好商量』，不知端倪是何景象？」先生曰：「學須先難而後獲，期驗便不是。『靜中養出端倪』，此白沙接引後學之權法，未可便以為準的也。近溪子論此甚詳，覽之當自知。」（《二曲集·卷15·富平答問》，頁130）

二曲的第一則評論出自陳白沙〈復趙提學〉一文，白沙自序其為學云：

> 僕年二十七，始發憤從吳聘君學，其於古聖賢垂訓之書，蓋無所不講，然未知入處。比歸白沙，杜門不出，專求所以用力之方，既無師友指引，惟日靠書冊尋之，忘寐忘食，如是者亦累年，而卒未得焉。所謂未得，謂吾此心與此理未有湊泊脗合處也。於是捨彼之繁，求吾之約，惟在靜坐。久之，

> 然後見吾此心之體，隱然呈露，常若有物，日用間種種應
> 酬，隨吾所欲，如馬之御銜勒也。[25]

白沙在尋找「入處」的過程中，經過自博而約，由粗而細的工夫，累
年讀書窮究無所得，而透過靜坐，最後得見心之體，確認其學問的大
本大原。二曲首先肯定白沙所見之真實，並批判一般人若無此工夫，
卻自認有見有得，非妄即惑。第二則評論中二曲則對白沙靜坐教法持
保留的態度。白沙要人「靜中養出箇端倪」，「端倪」──悟境是何
景象，本可作為證量之驗證；但後來執著於此「端倪」是何景象的追
求和討論，便有「著於光景」之流弊，針對此問題，二曲肯認羅近溪
對白沙「端倪」說的批評。羅近溪在回答問者以「靜中養出箇端倪」
為工夫時說：

> 只一心字，亦是強立。後人不省，緣此起個念頭，就會生個
> 識見，露個光景，便謂吾心實有如是本體，本體實有如是朗
> 照，實有如是澄湛，實有如是自在寬舒。不知此段光景，原
> 從妄起，必隨妄滅。及來應事接物，還是用著天生靈妙渾淪
> 的心。心儘在為他作主幹事，他却嫌其不見光景形色，回頭
> 只去想念前段心體，甚至欲把捉終身，以為純亦不已，望顯
> 發靈通，以為宇泰天光。用力愈勞，違心愈遠。[26]

羅近溪認為孔門之教在一「時」字，心要以「時」而用，一切平平常
常，無分別造作，因此，要驗證心體需從心的「靈妙渾淪」、「作主
幹事」作用處看，看它是否「入居靜室而不亦廣庭」；如果只是著眼
於心體的光景，那麼愈把捉，只是「用力愈勞，違心愈遠」。二曲肯

---

25 〔清〕黃宗羲：〈白沙學案〉，《明儒學案》，卷5，頁82。
26 〔清〕黃宗羲：〈泰州學案〉，《明儒學案》，卷34，頁768。

認羅近溪的批評，對白沙「靜中養出箇端倪」的教法持保留的態度，認為只是個方便的「權法」，不能以之為「準的」。

（四）評論王陽明之靜坐

二曲評論王陽明的靜坐觀文字如下：

> 新建論「動靜合一」，此蓋就已成言。方學之始，便欲動靜合一，猶未馴之鷹，輒欲其去來如意，鮮不颺矣。即新建之盛德大業，亦得力於龍場之三載靜坐，靜何可忽也。（《二曲集・卷2・學髓》，頁20）

王陽明的教法隨著不同的階段而有變化，後期以「致良知」取代靜坐法為教。陽明在《傳習錄》中曾說明箇中原由：

> 吾昔居滁時，見諸生多務知解，無益於得，姑教之靜坐，一時窺見光景，頗收近效。久之，漸有喜靜厭動流入枯槁之病，故邇來只說致良知。良知明白，隨你去靜處體悟也好，隨你去事上磨鍊也好，良知本體原是無動無靜的，此便是學問頭腦。[27]

陽明教法強調因病與藥，應機而教，當學生多務知解時，陽明便以靜坐為教；發現有「喜靜厭動流入枯槁」之病，陽明便放棄靜坐教法，而教事上磨鍊，以求「動靜合一」。對陽明來說，靜坐法並不是其學問之核心，只是「欲以此補小學收放心一段功夫耳」[28]的權法，因此，為了補救靜坐教法「偏靜」之弊，陽明選擇以超越動靜的「致良

27　〔清〕黃宗羲：〈姚江學案〉，《明儒學案》，卷10，頁211。
28　〔清〕黃宗羲：〈姚江學案〉，《明儒學案》，卷10，頁184。

知」為教。但二曲認為其中還是有階梯、次第，陽明的「動靜合一」並不是工夫的入手處，而是「此蓋就已成言」的聖人境界。二曲說：

> 未識此須靜以察此，既識此須靜以養此，靜極而動，動以體此；應事接物，臨境驗此。此苟不失，學方得力，猶水有源、木有根。……今吾人此心一向為事物紛拏，靜時少，動時多，而欲常不失此，得手？須屏緣息慮，一意靜養，靜而能純，方保動而不失，方得動靜如一。（《二曲集・卷30・四書反身錄・中庸》，頁416）

在二曲看來，「靜不失此易，動不失此難」，學問要真正得力，要經過靜→動→動靜合一的次第，才能完成。因此，陽明晚期雖不再以靜坐為教，但二曲提醒大家不要忘記陽明本人的成就，其實正是得力於龍場三年的靜坐之功。

綜合以上二曲的評論，可以得出這樣的結論：二曲之學雖然「起自孤根」、學無師承，但在宋明理學家中，特別肯認延平「默坐澄心，體認天理」的靜坐法，這和他個人的證悟經驗有關。且看順治十四年丁酉，二曲時年三十一歲，所發生的一影響其學思歷程甚鉅的重大事件：

> 夏秋之交，患病靜攝，深有感於「默坐澄心」之說，於是一味切己自反，以心觀心。久之，覺靈機天趣，流盎滿前，徹首徹尾，本自光明。太息曰：「學，所以明性而已，性明則見道，道見則心化，心化則物理俱融。躍魚飛鳶，默飛天機；易簡廣大，本無欠缺；守曰施博，無俟外索。若專靠聞見為活計，憑耳目作把柄，猶種樹而弗培厥根，枝枝葉葉外頭尋，惑也久矣。」自是屏去一切，時時返觀默識，涵養本

源，閒閱濂、洛、關、閩及核、會、姚、涇論學要語，聊以
印心。（《二曲集・卷45・歷年紀略》，頁562）

二曲在順治十四年生了一場大病，顯然他是相信靜坐對療癒身體有幫
助的，於是在病中開始進行靜坐，在靜坐調攝的過程中，很快由調身
進入調心的階段。有感於延平「默坐澄心」之說，以心觀心，最後竟
然意外的因禍得福，因而明性見道，有了證悟本體的冥契經驗。[29]此
後，二曲的工夫便是以靜坐法為主軸，而旁及讀書，聊以印心。二曲
除了以靜坐做為自我的每日涵養工夫外，也常以靜坐法隨機指點請學
之人，並將之落實為關中書院的具體教學法。

三　二曲靜坐法的工夫論定位與實踐方法

在二曲成學歷程中，三十一歲時的明性見道經驗乃是由靜坐而契
入，因此，他本人力行「每日三坐」的靜坐實踐。[30]此外，在其工夫
論的架構中，靜坐法一直居於很重要的地位。他對靜坐的討論，散見
《二曲集》諸多篇章中，其中以〈學髓〉所論最具系統。因此，本節
對二曲靜坐法的探討將以〈學髓〉為主，其他篇章為輔，進行研究：

---

29 二曲以延平的「默坐澄心」之說，以心觀心，因而明性見道，相關討論參林繼
　平：《李二曲研究》（臺北：臺灣商務印書館，1999），頁123-126。

30 二曲的「每日三坐」分別於「每日雞鳴平旦」、「自朝至午」、「迨晚」進行，
　見《二曲集・卷30・中庸》，頁417。但二曲本人的靜坐實踐並非僅此三坐，其
　在應物接人前的靜坐紀錄亦常見於《二曲集》。如〈東行述〉記載：「先生在白
　君書屋，焚香默坐，晤對簡編，閉戶謝客，客弗止也。白君乃延客別館，晨起入
　揖，相與一會，會時不遽與之談，必坐久氣定心澄，方從容商量所疑。」見《二
　曲集・卷9・東行述》，頁65。

（一）靜坐法在二曲工夫論中之定位：徹首徹尾的工夫

首先為二曲靜坐法作一個定位，在二曲工夫論中它既是初下手的入門工夫，也是親證本體的究竟工夫，具有成始成終的地位。二曲說：

> 我這裡論學，本無定法，本無一定下手之要，惟要各人自求入門，自圖下手耳。……只要個人廻光返照，自覓個人受病之所在，知有某病，即思自醫某病，即此便是入門，便是下手。若立定一箇入門下手之程，便不對症矣（《二曲集·卷3·兩庠彙語》，頁27）

> 此非一路入，或考諸古訓，或證諸先覺，或靜坐澄源，或主敬集義，或隨處體認，內外交詣，不靠一路，故曰「博」。（《二曲集·卷30·中庸》，頁422）

雖然同意「法無定法」，沒有一定的入門工夫可說，但相較而言，在所有的理學工夫中二曲肯認最適合做為初下手工夫的還是當屬靜坐法，也最常以之接引學人。其理由曰可歸納為兩點：其一是靜坐能廣為接引一般根器之人；其二是常人動多於靜，為矯偏救弊，須靜坐方有入機。二曲曾區分上根之人的學習為「頓修頓悟」，和中根之人的「漸修漸悟」。他說：

> 上根之人，悟一切諸過皆起於一心，直下便剗却根源，故其為力也易；中材之人，用功積久，靜極明生，亦成了手，但其為力也難。蓋上根之人，頓悟頓修，名為「解悟」；中材之人，漸修漸悟，名為「證悟」。吾人但期於悟，無期於頓可矣。（《二曲集·卷1·悔過自新說》，頁6）

二曲對「內在體證的入路當下便是動靜合一」一路的工夫顯然並不放心[31]，所以要求學者當以「中材之人」自居、腳跟點地的實修實證，「無期於頓」。因為王陽明這樣大根器的人，其證悟良知本心仍得力於龍場三載的靜坐，一般人不肯老實做工夫，卻自以為能當下即是，恐怕是以情識為良知，或混情識於良知而不自覺，明清之際儒者對此多持有高度的警覺。[32]二曲並不是要人一味耽溺於靜坐[33]，而是既然以「中材之人」自居，所謂工夫就必須重視循序之功，這個次第即是：靜→動→動靜合一。一般人心思習慣向外馳逐，紛紛擾擾，一開始就要在動中練習定力是困難的；為了矯偏救弊，「主靜」是必要的，靜才會有「入機」。二曲說：

> 吾人至少至長，全副精神俱用在外，每日動多於靜。今欲追復元始，須且矯偏救弊，靜多於動，庶有入機。（《二曲集・卷2・學髓》，頁20）

---

31 鄭宗義曾批評二曲之靜坐體證，他說：「我們已清楚指出靜坐體證與內在體證是宋明儒講逆覺存養的兩條進路，殊途而同歸。但二曲卻因由靜坐證入，遂竟不許內在體證為是。……此即二曲根本不明白內在體證的入路當下便是動靜合一之旨。因為通過內在體證所把握的是淵然有定向有主宰的本心，又怎會『猶未馴之鷹，輒欲其去來如意，鮮不颺矣』呢？」參鄭宗義：《明清儒學轉型探析：從劉蕺山到戴東原》（香港：中文大學出版社，2000），頁105。二曲非不許「內在體證」為是，只是對這個「直下便剗却根源」的頓修頓悟、當下即是，有談何容易的疑慮。因此，他對以「內在體證的入路當下便是動靜合一」一路做為下手工夫持保留態度。

32 明清之際的儒者對於「情識」、「良知」之別，多具有高度的警覺，不管是劉蕺山還是高攀龍，他們的對治之道都是在強調讀書的重要外，也致力於靜坐實踐。

33 二曲曾批評「一味耽溺於靜坐」的修行方式：「今之學者茫不知心為何物，見先達言『主靜』亦主靜，至有輕視一切倫理為繁文瑣節，而冥目跏坐於暗室屋漏之中，以為道即在是者，不知此與告子何異？」（《二曲集・卷43・反身續錄・孟子上》，頁65）二曲的靜坐法並非孤立的工夫，此亦是理學家心中自覺儒門靜坐法異於坐禪處，此在後文論及二曲靜坐與禪法之別處再論。

問「得力之要」。曰：「其靜乎。」曰：「學須該動靜，偏靜，恐流於禪。」曰：「學固該動靜，而動則必本於靜。動之無妄，由於靜之能純。……今吾輩思慮紛拏，亦恐無靜之可流。」（《二曲集‧卷2‧學髓》，頁19）

二曲認為學要有次第、階梯，所謂「動靜合一」是針對「已成者」說。一開始就期待達到「動靜合一」的境界，對初學者說並不易，應先從容易下手的「靜」處使力，此時靜坐是很好的入門工夫。

進一步說，在二曲工夫論中靜坐雖是初學者入門工夫，卻又不僅於此，它也可以再往上講，同時也是親證本體的「本心自我體證」工夫，這是二曲一再讚賞李延平「默坐澄心」靜坐法之故。[34]他說：

而體認下手之實，惟在默坐澄心。蓋心一澄，而虛明洞徹，無復塵情客氣，意見識神，為之障礙，固有之良，自時時呈露而不昧矣。來書「當機覿體，分定自優，學問止此學問，工夫止此工夫」之言，最為得之。（《二曲集‧卷16‧答張澹庵》，頁144）

透過靜坐的工夫練習，掃除「塵情客氣」的障礙，達到「默坐澄心」的效果，最後目的指向「當機覿體」──自識本面、呈露「固有之良」。因此，他甚至讚同「學問止此學問，工夫止此工夫」。二曲以「脫去支離，直探本原」、可以「安身立命」的「向上一機」為「學之髓」，因此作有〈學髓〉一文。[35]在〈學髓〉中他繪製兩個重要圖

---

34 楊儒賓認為，周、張、明道、延平的靜坐可視為「本心自我體證的模式」，而朱子的靜坐卻只是「內斂體氣」的工夫。參楊儒賓：〈宋儒的靜坐說〉，《儒家哲學》，頁63。二曲的靜坐法不只是初入門工夫，也不只是內斂體氣的靜心工夫，而是近於道南一系「觀喜怒哀樂未發之中」的本心自我體證工夫。

35 二曲以「衷經史之謬，酌事機之宜」為得「學之膚」，「懲忿窒慾，窮理集義，

表，一是「人生本原」圖；一是「虛明寂定」圖。並以「虛明寂定」圖說明靜坐工夫如何進行，提出「必以靜坐為基，三炷為程，齋戒為工夫，虛明寂定為本面」的靜坐構想。靜坐的目的是要證悟形上本體。如同高攀龍以靜坐法為「主一之學，成始成終者也」[36]，靜坐法在二曲工夫論之位階，也是如此，既是初學入門工夫，也是親證本體究竟工夫。

（二）二曲靜坐儀式與具體運作方法

二曲靜坐法之具體規劃資料，見〈學髓〉之「虛明寂定」圖[37]：

1 靜坐儀式：每日三坐，程必以香

由「虛明寂定」圖示看來，靜坐乃是學者每日須持之以恆的工夫，早午晚皆應各進行一次，是為「每日三坐」。第一坐在清晨，二曲稱為「昧爽香」；「自朝至午」因為日常生活中「紛於感應」，為了收攝身心「以續夜氣」，在中午行第二坐，稱之為「中午香」；晚上為了檢驗日間之語默動靜清濁，再進行第三坐，名之為「戌亥香」。名之為「香」，是因為二曲靜坐儀式中強調「程必以香」，透過焚香儀式營造收攝身心的氛圍；「香」同時也是一時間單位，要求在靜坐實踐中至少要坐到「一炷香」時間，才能培養出定力，所以說：「鄙懷俗度，對香便別，限之一炷，以維坐性，亦猶獼猴之樹，狂牛之栓耳。」（《二曲集・卷2・學髓》，頁20）

畫有存，宵有養」的「志道德者」為得「學之骨」，而唯有「脫去支離，直探本原」才是真正可以「安身立命」的「學之髓」。參《二曲集・卷2・學髓》王四服序，頁16。

36 參〔清〕・黃宗羲：〈東林學案一〉，《明儒學案》，卷58，頁1409。

37 見《二曲集・卷二・學髓》，頁20。另見《四書反身錄》亦有「每日三坐」的說明。參《二曲集・卷30・中庸》，頁417。

虛　明　寂　定

此神明，靜坐其德之，齋戒要務也。

昧爽香	中午香	戌亥香
雞鳴平旦；與此相近。起而應事，易於散亂。先坐一炷以凝之。	自朝至午，未免紛於應感。急坐一炷，以續夜氣。	日閒語默動靜，或清濁相乘。須坐一炷以驗之，果內外瑩徹脫灑不擾否？

至於靜坐時身體是否採用跏趺坐法，二曲沒有正面回答，他只提

到「恭默寂坐」、「默坐」。[38]但旁參明儒慣用的靜坐法，大約可以
說儒門靜坐一般而言並不刻意強調跏趺坐，此劉蕺山說得最為清楚：

> 此時伎倆，不合眼，不掩耳，不趺跏，不數息，不參話頭，
> 只在尋常日用中。有時倦則起，有時感則應，行住坐臥，都
> 在靜觀，食息起居，都作靜會。（〈靜坐說〉）[39]

高攀龍本人雖有「趺坐」紀錄[40]，但其〈靜坐說〉也是強調「靜坐之
法，不用一毫安排，只平平常常，默然靜去。」[41]關於此，日本學者
如岡田武彥區分儒家「靜坐」與「坐禪」坐法之別為：

> 靜坐的秘訣就在於安安靜靜的坐。靜坐與坐禪不同。坐禪是
> 結跏趺坐，眼看鼻端而心收臍下，消滅念慮的修法。坐禪是
> 刻意而為，並不是因為有空閒才做。……靜坐不限定期間或
> 時間，無論在早上或中午或晚上，在接觸事物之後，處理完
> 事情而有空閒之時，或者讀書、筆記等有空閒之時，無論何
> 時只要是什麼都不用做的這種空閒的時候就可以進行。端正
> 地坐也可以，盤腿坐也可以，採用當時舒適方便的坐法，但

38　「恭默寂坐」用法見《二曲集・卷16・答張伯欽》，頁162。「默坐」用法見《二
　　曲集・卷13・關中書院會約》，頁113、114；《二曲集・卷30・中庸》，頁417。

39　參〔清〕黃宗羲：〈蕺山學案〉，《明儒學案》，卷62，頁1577。

40　高攀龍〈山居課程〉：「趺坐。盡線香一炷。」〔明〕高攀龍：〈山居課程〉，
　　《高子遺書》（臺北：臺灣商務印書館，1985），收入文淵閣四庫全書第1292
　　冊・集部231別集類，卷3，頁18。又見，高攀龍〈復七規〉：「然後入室，炷香
　　趺坐。」同上，頁19。

41　參〔清〕黃宗羲：〈東林學案一〉，《明儒學案》，卷58，頁1409。高攀龍為何
　　自己使用趺坐，卻不以趺坐教人，恐怕趺坐的身心收攝還是較有效的，只是不刻
　　意強調趺坐，或許是為了便於接引，或自別於坐禪。

使身體伸直，將兩手放在一處，讓身體放鬆。[42]

除了岡田武彥的說法，吾妻重二以為靜坐乃「姿勢挺直，背不靠物之坐法」，並考證儒家靜坐法無論是坐於椅子，或是盤坐於床榻皆可。吾妻重二的考證有助於釐清一般以為「靜坐」之坐法，乃同於結跏趺坐之姿勢的概念。[43]從日本學者對儒家靜坐身體姿勢上如何坐的考證，以及旁參時代稍早於二曲的劉蕺山、高攀龍的說法，大約可以得出理學家靜坐一般強調「只平平常常」、別無伎倆，不特別趺坐，由此推論二曲大約也不外於此。

2 如何對治靜坐過程中所產生的身心障礙

靜坐法在具體運作過程中經常會遇到的身心障礙，及其對治之道，可分為初學者和已入門者兩種情況來探討。就初學者而言，常見障礙是靜坐時的思緒紛擾現象，二曲說：

> 瞑目靜坐，反覺思慮紛拏，此亦出入手之常，惟有隨思隨覺，隨覺隨斂而已。（《二曲集‧卷15‧富平答問》，頁127）

剛開始嘗試靜坐時的思緒紛亂，二曲以為這是正常現象。「譬猶濁水求澄，初時猶濁」，常人之心好比混濁之水，在原本動盪不安的狀態下，反而不易察覺水究竟有多髒。剛靜下來時，水自然還是混濁，並不是求「靜」使然，而是開始能感覺到水的髒，這是好現象。二曲提

42　岡田武彥：〈靜坐論〉，《坐禪與靜坐》（東京：櫻楓社，1970）。本文引自中嶋隆藏：《靜坐——實踐與歷史》，頁20-21。

43　參藤井倫明：〈日本研究理學工夫論之概況〉，收入楊儒賓、祝平次主編：《理學的氣論與工夫論》，頁313。

出的對治方法有二，一是繼續坐，持之以恆的反覆練習；一是多讀書，經由涵泳聖人格言的方法以求突破。這個「默坐澄心」的過程需要時間反覆練習，面對思緒混亂的問題，此時只要「覺」、「斂」，繼續保持覺性，把心收回來就是了，二曲回答此問題時強調「此切問也。然亦無他捷法」（《二曲集·卷3·兩庠彙語》，頁29）。這個靜心需要歷程，繼續靜坐，以維持定性，「既而清濁各半，久而澄澈如鏡，自無纖塵。」（《二曲集·卷3·兩庠彙語》，頁29、30）進行一段時間後，如果還是沒有改善，二曲認為此時讀書（書是有所檢擇的，是指儒家聖人經典），以聖賢格言、義理來悅心，比空持硬守有用。他說：

> 不妨涵泳聖賢格言，使義理津津悅心，天機自爾流暢。以此寄心，勝於空持硬守，久則內外澄徹，打成一片。（《二曲集·卷15·富平答問》，頁127）

一面繼續靜坐，一面以聖人經典義理涵泳身心，此工夫交叉運用的過程中，逐步可對治初入門者靜坐時思緒紛擾的障礙。不斷練習中逐漸提升到內外澄徹之境界，久之，自可「打成一片」。

　　至於對靜坐有成的已入門者而言，容易遇到的障礙則是耽溺靜境，著於光景、作鬼窟活計。這也是二曲批評「至有輕視一切倫理為繁文瑣節」，只知「冥目趺坐於暗室屋漏之中，以為道即在是者，不知此與告子何異？」（《二曲集·卷43·反身續錄·孟子上》，頁65）的原因。他說：

> 靜能空洞無物，情悰渾忘。而微之於動，猶有滲漏，終非實際。故必當機觸境，此中瑩然湛然，常寂常定，視聽言動復禮，喜怒哀樂中節，綱常倫理不虧，辭受取與不苟，富貴貧

賤一視，得失毀譽不動，造次顛沛一致，生死利害如常。如是，則動靜協一，體用兼盡。（《二曲集‧卷13‧關中書院會約》，頁115）

此時，除了持續維持原來的靜坐以涵養與保任外，二曲認為應該「靜極而動」，要帶入「動」中工夫，「動以驗此，應事接物，臨境驗此，此苟不失，學方得力。」（《二曲集‧卷30‧中庸》，頁416）在日常倫理中對境練心，如果仍可「瑩然湛然」，如如不動，那麼這個靜坐所得的定力才是真實的，二曲稱之為「動中靜」。[44]

四　靜坐的冥契經驗與果地風光

二曲靜坐法透過「以靜坐為基，三炷為程，齋戒為功夫」的不斷練習，這不是個從無到有，而是從有到無的過程，要一切放下。在此工夫歷程中：

屏耳目，一心志，向「無聲無臭」處立基。胸次悠然，一味養虛，以心觀心，務使一念不生。久之，自虛室生白，天機流盎，徹首徹尾，渙然瑩然，性如朗月，心若澄水，身體輕鬆，渾是虛靈。秦鏡朗月，不足以喻其明；江漢秋陽，不足以擬其皜。行且微塵六合，瞬息千古。（《二曲集‧卷16‧答張澹庵》，頁145）

---

44 二曲說：「靜中靜易，動中靜難。動時能靜，則靜時能靜可知矣。」（《二曲集‧卷29‧大學》，頁403）二曲區分「靜」為「靜中靜」和「動中靜」兩種，他認為真正的「靜」乃是包含著「定」的，必須「靜以培動之基，動以驗靜之存。」（《二曲集‧卷6‧傳心錄》，頁46）靜室中的瞑目靜坐非真正的「靜」，必須通過「動」考驗。

靜坐工夫不斷的練習，最後會到達哪裡？二曲顯然相信它最後會有機
會產生某種頓悟的冥契經驗。史泰司（W.T.Stance）《冥契主義與哲
學》將冥契者的體驗區分為「內向型冥契經驗」與「外向型冥契經
驗」兩大類型，他說：

> 突如其來、不假人力的冥契狀態，與強力探索、下盡工夫、
> 通常還要經年累月努力才能達到的冥契狀態，前者可稱作
> 「自發的」，後者因為找不到恰當的語彙加以形容，所以我
> 們不妨稱之為「探得的」（acquired）。自發的經驗一般是
> 外向型的，雖然也不能一概而論，探得的經驗通常是內向型
> 的，因為它往往藉著特殊的內省工夫而得。各地的文化不
> 同，但各地的內省工夫的差別卻只是表面薄薄的一層，可以
> 說是微不足道。[45]

二曲經由靜坐工夫經年累月努力而「探得的」冥契經驗，依照史泰司
的分類，應該被列入「內向型冥契經驗」。史泰司並且從基督教、回
教、猶太教、大乘佛教以及印度教等不同文化、宗教、時期中，羅列
出「內向型冥契經驗」的共同特徵如下：

> 一、一體之感：在此感當中，所有的感性、智性以及經驗內
> 　　容之雜多，全部消散無蹤，唯存空白的統一體。這是最
> 　　基本、扼要、核心的一個特色，其餘所述，大多可由此
> 　　導出。
> 二、無時間性，也無空間性。……
> 三、客觀性或實在之感。

45　W. T. Stance著，楊儒賓譯：《冥契主義與哲學》（臺北：正中書局，1998），頁
　　65-66。

四、覺得法樂、愉悅、寧謐、幸福等。

五、覺得當時所見境界，極為神聖莊嚴（holy, sacred, divine）。……

六、悖論性（矛盾性）。

七、冥契者宣稱不可言說。[46]

二曲的「性如朗月，心若澄水，身體輕鬆」等語描述了冥契經驗中的愉悅、寧謐、圓滿幸福之感；「微塵六合，瞬息千古」則描述了此冥契經驗具有可超越時間、空間限制的無時無空性格。筆者認為在此亦可留意二曲表述靜坐久之，冥契經驗發生時的語言。他說「秦鏡朗月，不足以喻其明；江漢秋陽，不足以擬其皜。」這些「不足以喻」、「不足以擬」，也印證了史泰司所說「冥契者宣稱不可言說」的特徵。威廉・詹姆斯（William James）將「不可言說（Ineffability）」列為冥契主義四大特性之一，他說：

> 將某種狀態歸類為密契經驗，最方便的就是否定的方式。經歷此種經驗的人馬上會說它不可言傳，它的內容無法以適當的語言來表達。因此，只能直接經驗它，而無法將這樣的經驗傳授或傳達給別人。[47]

學者在靜坐中發生什麼事？自證本體後的境界又是如何？這是一種建立在隱密私人體驗上的冥契經驗，外人很難窺其堂奧，這也是所謂的「如人飲水，冷暖自知」，悟道者每每以為此是一不可言說的超語言境界。楊儒賓指出：

---

46 W. T. Stance著，楊儒賓譯：《冥契主義與哲學》，頁131-132。

47 參威廉・詹姆斯（William James）著，蔡怡佳、劉宏信譯：〈密契主義〉，《宗教經驗之種種》（臺北：立緒文化，2001），頁458。

> 高僧、道士與儒者往往說：這是個不可說的經驗。但不可說
> 並不表示不想說，不可說的經驗才迷人，所以他們往往要和
> 語言規則、邏輯定律過不去，搜盡語彙，勉強形容。[48]

這個冥契經驗發生時，對二曲來說同樣也是「區區語言文字，何曾足
云」，具有「冥契者宣稱不可言說」性格，但是他也說：

> 即有時不得不言，或見之語言文字，則流於既溢，發於自
> 然，不煩苦思，不費安排，言言天機，字字性靈，融透爽
> 快，人己咸愜矣！（《二曲集・卷16・答張瀣庵》，頁
> 145）

就冥契經驗與語言的關係而言，雖然冥契經驗在發生的當下，具有
「如人飲水，冷暖自知」的不可說性，但如果事後不得不進行語言的
描述時，證體者的語言文字卻是充滿天機、性靈的證量，具有感動人
心的感染力。[49]

　　為了方便被理解，冥契者在描述其冥契經驗時，他們通常會使用
一些類比的字眼，二曲在描述果地風光時也作了這些類比的描述語：

48　參楊儒賓：〈宋儒的靜坐說〉，《儒家哲學》，頁84。

49　對於冥契經驗與語言間的矛盾弔詭關係，如冥契者往往認為其冥契經驗超乎
　　語言、無法用語言表達其意義；卻又必須求助於語言。因此，威廉・詹姆斯
　　（William James）將「不可言說（Ineffability）」列為冥契主義四大特性之一。但
　　對於冥契經驗與語言間的矛盾弔詭，史泰司（W.T.Stance）則提出這是因為：「冥
　　契者混淆了冥契經驗的悖論性與不可言說的問題。」「他搞錯了，他發出的言辭
　　誠然是種悖論，但悖論其實正確無誤地描述了他的體驗。語言所以是種悖論，乃
　　是因為經驗本身即是悖論，因此，語言恰如其分地反映了經驗。……冥契者說沒
　　有任何語言可以傳達他的經驗，這是錯誤的。他事實上是用了語言表達了他的經
　　驗，而且通常表達得很好，令人難忘。」W. T. Stance著，楊儒賓譯：〈冥契主義
　　與語言〉，《冥契主義與哲學》，頁419-420。

問：「虛明寂定之景若何？」曰：「即此是景，更有何景？
虛若太空，明若秋月，寂若夜半，定若山嶽，則幾矣。」
（《二曲集‧卷2‧學髓》，頁21）

若「太空」，具有「虛空性」；如「秋月」，具有「光明性」；若
「夜半」，具有「寂靜性」；如「山嶽」，具有「穩定性」。二曲為
了讓人「識得本體，好作工夫」，不得已將此「和盤託出」，但也提
醒人不要執著此境界，他說：

然亦就景言景耳，若著於景，則必認識神為本面，障緣益
甚，本覺益昧。（《二曲集‧卷2‧學髓》，頁21）

因此，如同二曲以白沙「靜中養出端倪」為權法，要人不要執著於
「端倪是何景象」；對於證體後「虛明寂定」的果地風光，二曲也要
求不可「著於光景」，否則錯認「識神」為「本面」，雖沾沾自喜，
自以為得，其實去道更遠了。其次，此自證本體後的「虛明寂定」
是超越動靜的「定」，而非動靜相對的「靜」，不是靜態的、無作用
的死寂，二曲說：「靜而虛明寂定，是為『未發之中』，動而虛明寂
定，是為『中節之和』。」（《二曲集‧卷2‧學髓》，頁21）二曲
的本體之「寂」，同時能「照」能「應」，具有寂照同時，體用一
源的特性。因此，二曲在形容證體後的果地風光時，也用「活潑潑
的」、「鳶飛魚躍」來形容：

活潑潑地，本自周圓。（《二曲集‧卷2‧學髓》，頁18）

躍魚飛鳶，莫非天機；易簡廣大，本無欠缺。（《二曲集‧
附錄三‧年譜》，頁634）

靜坐而自證本體後的果地風光，既是「虛明寂定」，同時也充滿「活

潑潑地」、「躍魚飛鳶」，生機盎然的氣象。

　　從靜坐的經年累月之工夫實踐到內向型冥契經驗的發生，乃至最後自證本體，中間有著一段需要等待時節因緣的「向上一機」，這是一種「質的跳躍」。[50]此「質的跳躍」一旦來臨，自證本體，二曲稱此明體為恢復「一念萬年」的「本來真面目」。

五　關中書院大型公共講學活動的靜坐實踐

　　二曲曾在康熙十二到十四年（時年47-49歲）應鄂善總督之邀，講學於關中書院，在當時引起很大的迴響。《年譜》記載：

> 公（筆者案：鄂善）與撫軍藩臬以下，抱關擊柝以上，及德紳、名賢、進士、舉貢、文學、子衿之眾，環階席而侍聽者幾千人。先生立有〈學規〉、〈會約〉，約束禮儀，整束身心。三月之內，一再舉行，鼓蕩摩厲，士習丕變。（《二曲集·附錄三·年譜》，頁667）

一個儒者在修養有成後，其身體的踐形、生色，具有巨大影響力與感染力。李二曲在關中書院講學期間，製定〈會約〉和〈學規〉（今《二曲集》作〈學程〉），作為關中書院的院規，以示為學之序。尤

50　年宗三：「就本心體之朗現而言大定，並無修之可言。一言修，便落習心，便是漸教。從習心上漸磨，縱肯定有形而上的本心，亦永遠湊泊不上，……（修能使習心凝聚，不容易落下來。但本質地言之，由修到逆覺是異質的跳躍，是突變。由逆覺到頓悟亦是異質的跳躍，是突變）。」年宗三：《心體與性體》第2冊（臺北：正中書局，1985），頁239-240。所有的「修」——包括靜坐，到「悟」中間都有一段距離，需要作「異質的跳躍」。靜坐能不能開悟，此在禪宗公案中已多有討論。但一般而言靜坐有助掃除習心的障礙仍是被認可的，至於開悟則要觀時節因緣。

其是〈學程〉，更是二曲「每日三坐」靜坐法，有系統的落實於教學活動的具體實踐，其構想如下：

學程

一、每日須黎明即起，整襟危坐少頃，以定夜氣。屏緣息慮，以心觀心，令昭昭靈靈之體，湛寂清明，了無一物，養未發之中，作應事之本。

一、坐而起也，有事則治事，無事則讀經數章。註取其明白正大，簡易直截；其支離纏繞，穿空鑿巧者，斷勿寓目。

一、飯後，看《四書》數章，須看白文，勿先觀《註》；白文不契，然後閱《註》及《大全》。凡閱一章，即思此一章與自己身心有無交涉，務要體之於心，驗之於行。苟一言一行不規諸此，是謂侮聖言，空自棄。

一、中午，焚香默坐，屏緣息慮，以續夜氣。飯後，讀《大學衍義》及《衍義補》，此窮理致知之要也，深研細玩，務令精熟，則道德、經濟胥此焉出。夫是之謂「大人之學」。

一、申酉之交，遇精神懶散，擇詩文之痛快醒發者，如漢魏古風、〈出師表〉、〈歸去來辭〉、〈正氣歌〉、〈卻聘書〉，從容朗讀，以鼓昏惰。

一、每晚初更，燈下閱《資治通鑑綱目》，或濂、洛、關、閩及河、會、姚、涇語錄。閱訖，仍靜坐，默檢此日意念之邪正，言行之得失。苟一念稍差，一言一行之稍失，即焚香長跽，痛自責誚。如是，日消月汰，久自成德。即意念無差，言行無失，亦必每晚思我今日曾行幾

善。有則便是日新，日新之謂「盛德」；無則便是虛
度，虛度之謂「自畫」。昔有一士自課，每日必力行數
善；或是日無善可行，晚即自慚曰：「今日又空過了一
日！」吾人苟亦如此，不患不及古人也！（《二曲集·
卷13·關中書院會約》，頁116-117）

二曲靜坐法在早午晚各進行一次，名之為「昧爽香」、「中午香」、
「戌亥香」，是為「每日三坐」；而這個「坐」又不能只是空持硬
守，而是要「涵泳聖賢格言，使義理津津悅心」，才能「天機自爾流
暢」。這兩個概念的原型即是理學傳統中有名的朱子「半日靜坐，半
日讀書」說，高攀龍亦曾以「半日靜坐，半日讀書」作為日常實踐方
法。[51]二曲對於「半日靜坐，半日讀書」的「半日」如何操作，「靜
坐」與「讀書」二者如何進行結合，在〈學程〉中作了清楚的說明：

1.早：黎明起後，即坐第一炷香，目的是「定夜氣」；接著讀書，
此時讀書以儒家經典《五經》、《四書》為主，閱讀的方法
是要驗之於身心。

2.午：中午飯前再坐第二炷香，目的是「續夜氣」；飯後開始讀
書，可讀《大學衍義》等。到了「申酉之交」（下午五點左
右），精神容易渙散，可讀漢魏古風、〈出師表〉等古文佳
作。

3.晚：到晚上可閱讀《資治通鑑綱目》，和宋明理學的語錄等書
籍；結束閱讀後開始坐第三炷香。這炷香坐時要做一個檢驗

---

51 高攀龍的操作情形如下：「明日於舟中厚設茀席，嚴立規程，以『半日靜坐，半
日讀書』。靜坐中不帖處，只將程、朱所示法門參求。於凡誠敬、主靜、觀喜怒
哀樂未發、默坐澄心體認天裡等，一一行之。」參〔明〕高攀龍：〈困學記〉，
《高子遺書》，卷3，頁14、15。

自己今日意念邪正，與言行得失的工夫。

特別值得注意的是二曲第三炷香之特殊坐法，雖然二曲靜坐法也常以「欲理兩忘，纖念不起」（《二曲集·卷二·學髓》，頁19）為教。這第三炷香要求書院學子的並不是一般靜坐時的「一念不生」，而是運用靜坐時心靈澄澈的狀態和高度覺察力，來檢驗自己當日的意念邪正與言行得失。如果覺察到自己的意念言行有偏差，便要馬上「焚香長跽，痛自責嘖」。這個做法很容易讓人聯想到劉蕺山《人譜》中的靜坐法（又稱「訟過法」），要求學者在靜坐時，面對自己內心世界中的微過、隱過，必須嚴厲喝斥自己的作法。[52]只是劉蕺山的「訟過法」乃是「出聲訶過法」，必須發出聲音，大聲斥責自己；二曲的「痛自責嘖」，究竟是否須出聲訶過，並沒有明確說明。但不管是劉蕺山的「訟過法」，還是二曲第三炷香的「焚香長跽，痛自責嘖」，這種靜坐方式說明理學家靜坐除了「證悟本體」此三教共同的訴求外，顯然還必須把他們的靜坐實踐置入儒家的成德意識和道德結構來理解。

二曲重視靜坐證體，視之為徹首徹尾的工夫，但是，靜坐法在二曲工夫論中並不是一個孤立法門。將靜坐法運用於關中書院的大型公共講學活動，在此一具體實踐中，我們看到他將靜坐法和讀書法做結合，做為學者成德的階梯；並且在每日第三炷香的靜坐時進行省過的自我責罰。這都顯示作為理學家的二曲，即使他所使用的語言和禪宗有不少相似性，但是，他們的關懷到底是不一樣的，二曲靜坐法其目的指向「以一念之不昧者擴充而實踐之，以為希聖希賢之基」（《二曲集·附錄二·盩厔李徵君二曲先生墓表》，頁606）。「每日三

---

52 參〔明〕劉蕺山著，戴璉璋、吳光主編：《劉宗周全集》冊2（臺北：中研院文哲所，1996），頁18-19。

坐」靜坐法，落實於關中書院講學的構想與運作方式，都是連結著「希聖希賢」的成德目的而有的特別設計，有著迥異於佛、道二氏，作為儒學靜坐法的特色。

六　李二曲靜坐法的意義與儒禪之辨

　　為了回應佛老對儒家缺乏「窮理盡性，至於本源」的批評和挑戰，「本體」可說是整個理學思想體系的核心概念。理學家的實踐指向「本體的體證」，整個理學工夫論重要的構成因素也指向「如何呈現本體」。在此，源自二氏的靜坐法是呈現本體極為有效的方法，也因此廣為理學家所運用。但靜坐法一向是佛老的擅場，理學家在使用靜坐法時，除了必須回答其在儒學工夫論傳統中的合法性之外，同時也必須回答儒學靜坐法和二氏的異同問題。楊儒賓指出：

> 「靜坐」和理學理論有相當的親和性，但不管怎麼親和，東方世界的人很難認為儒者對他的發言權可以超越僧侶或道士之上。理學家不願太張皇，這是有道理的。但也正因為靜坐是儒、釋、道三教共同採用的法門，而每人的身體之生理結構又大體相近，因此，如何在這麼相似的共同基礎上，劃清儒家靜坐和其他兩家靜坐意義之差別，這事就變得非常的重要。[53]

這樣的歷史淵源使得和理學靜坐史相始終的是「近禪」之譏，以及由之而來的儒佛靜坐法異同之辨，這是理學家們要不斷小心翼翼處理、解釋的課題。從朱子自己說靜坐法源自禪宗的達摩後，我們恐怕很難

53　參楊儒賓：〈宋儒的靜坐說〉，《儒家哲學》，頁83。

否認理學家的靜坐實踐和二氏淵源甚深，尤其和禪宗間的糾葛。雖然佛道皆有靜坐法，並且對理學產生影響，但理學家靜坐一向重在心性層面的「自證本體」，因此，和煉氣養形的道教內丹學相較，強調明心見性的禪宗，在血緣上和理學顯得更為親近。[54]但是，有淵源不代表二者的本質相同，關鍵即在他們對世界的看法上。佛教視一切法為無常苦空，重視「解脫意識」；儒家則重視「成德意識」，在儒家眼中天地具有道德價值與意義。因此，理學自北宋張載開始，對佛老的批評炮火便集中在佛教「夢幻人世」、「誣天地日月為幻妄」[55]的世界觀上，以為「彼惟不識造化，以為幻妄也。不見《易》則何以知天道？」[56]對佛教而言，「死生事大，無常迅速」，然而儒家素缺「無常故苦」的世界觀，和以生死為人生之大苦的人生觀；佛家看到「無常」，就儒家來說這正是《易》的「變易」──「生生」之義。[57]對儒者來說，人文世界是有價值的，乃至一切的自然、萬物都是真實無

---

54 雖如此，道家內丹學對理學工夫論，乃至靜坐，其影響仍不容忽視，尤其是對注重「氣」的理學家而言，二者的關係便顯得十分密切。目前已有部分學者注意到這個問題，並且展開研究。參林永勝〈中文學界有關理學工夫論之研究現況〉一文對理學工夫之煉丹術與一陽來復的討論，收入楊儒賓、祝平次編：《儒學的氣論與工夫論》，頁365-369。但就二曲等較著重心性層面的「自證本體」了理學家而言，和內丹學的關係就沒有那麼密切了。二曲在與黃冠道人對談時曾評論道教內丹學的修法：「若夫五金八石，服養以鍊形；抽坎填離，結胎圖沖舉，違天地常經，乖人生倫紀，雖自謂『玄之又玄』，卻非『可道』之『道』。」（《二曲集‧卷10‧南行述》，頁74）

55 張載云：「釋氏妄意天性而不知範圍天用，反以六根之微因緣天地。明不能盡，則誣天地日月為幻妄，蔽其用於一身之小，溺其志於虛空之大，所以語大語小，流遁失中。其過於大也，塵芥六合；其蔽於小也，夢幻人世。謂之窮理可乎？不知窮理而謂盡性可乎？謂之無不知可乎？」〔宋〕張載：《正蒙‧大心》，《張載集》（臺北：漢京文化，1983），頁26。

56 〔宋〕張載：《橫渠易說‧繫辭上》，《張載集》，頁206。

57 參唐君毅：《中國哲學原論──原道篇卷三》（臺北：臺灣學生書局，1990），頁425。

妄，它們都是道體的真實呈現，這就是《中庸》所說的「誠」。因此，理學家在報導他們靜坐證體的體悟時，所描述的語言和佛老人士顯得不大一樣，往往具有一種「特別意義的實在論的基礎」。[58]對於人文世界與自然界在內的一切秩序，都有本體論層次的肯定。在理學內部，理學家們對靜坐雖然各有不同的體悟，而有一些描述語上的差別，但他們對於理學靜坐法和佛老的不同，多具有高度的自覺。

二曲在此也作出了回應，他說：

> 二氏作用，與吾道懸殊，而一念萬年之實際，亦有不可得而全誣者。（《二曲集・卷15・富平答問》，頁127）

> 岳山華先生問：「天命之性，三教同否？」先生曰：「同而異。在天為於穆不已之命，人稟之為純粹至善之性，直覷原本，不落思想，不墮方所，以臻無聲無臭之妙，是則同；持之以戒慎，濟之以窮理，聰明睿智，寬裕溫柔，發強剛毅，文理密察，力大本，綸大經，參贊位育，溥博淵泉而時出之，則異而異矣。以彼真參實悟，其有見處，非不皎潔，而達之於用，猶無星之戥，無寸之尺，七倒八顛，迴視儒者真實作用，何啻霄壤！」（《二曲集・卷3・兩庠彙語》，頁30）

他首先肯定二氏在「直覷原本，不落思想，不墮方所，以臻無聲無臭之妙」的證體處，是有真參實悟，不能全然否定他們的見地。但是，三教所證之體看起來雖然同樣皎潔，但落到「作用」層面，二曲認為只有儒家才有開物成務、經綸參贊的「真實作用」，至於二氏，尤其是佛教，則是有體而無用。關鍵即在佛教之「虛寂」，不僅「虛其

58　參楊儒賓：〈宋儒的靜坐說〉，《儒家哲學》，頁85。

心」，也一併「虛其理」，不能肯定人文世界、綱常倫理的價值；其
「虛寂」就成了「寂然不動」，而不能「感而遂通」，發揮對人、對
事、對世界的真實作用，因此，二曲批評佛氏「敗常亂倫」。[59]他的
這些指責顯示的意義是理學家所使用的修行方式不管和佛老看起來如
何近似，這個身心轉換的過程，其實都不會具有捨棄經驗實存、群體
共在的個體性意義，而是涵具著文化的、歷史的、社會的豐富意味。
身心轉化的修行，必然要落實到自我與他人、個體與社會、自然與文
化、經驗與形上的關係上，並展現為德與禮的身教。[60]即使他們所使
用的是暫時隔絕於他人、社會、文化、經驗的「超越的逆覺體證」之
靜坐法，最終也是如此。

　　靜坐是三教共法，要在靜坐法上討論理學靜坐法和二氏的差異，
恐怕就不是單純的區分「靜坐」與「禪坐」之不同；或者討論理學中
的靜坐是否採用跏趺坐，或只是不拘形式、安靜坐著的問題。在這
個區塊，理學家之教人與自己的操作，其間存在著一些模糊地帶，
二曲也沒有在這裡多著墨。要理解理學家靜坐法，關鍵還是要連著理
學家世界觀和儒家成德結構，才能看出其靜坐法之特色。要理解二曲
的靜坐法實際操作情形，除了〈學髓〉「虛明寂定」圖之外，加上
〈關中書院會約〉的〈學程〉，更可看出二曲靜坐法的全貌。二曲認
為所謂儒家的「虛明寂定」是只「虛其心」，並不「虛其理」。因為
「虛其心」，因此，可以一方面強調「一味養虛，以心觀心，務使一

59　二曲言：「然與佛氏之『虛寂』，又自不同。蓋老莊之『虛』，是虛其心，猶未
　　虛其理；佛氏之『虛寂』，則虛其心，而並欲虛其理，舍其昭昭而返其冥冥，雖
　　則寂然不動，而就不足以開物成務，以通天下之故。此佛氏所以敗常亂倫，而有
　　心於世道者，不得不為之辨正也。」（《二曲集·卷16·答顧寧人先生》，頁
　　151）
60　參周與沉：《身體：思想與修行——以中國經典為中心的跨文化觀照》（北京：
　　中國社會科學出版社，2005），頁302。

念不生。久之，自虛室生白。」（《二曲集・卷16・答張澹庵》，頁145）因為「不虛其理」，另一方面他又非常注重靜坐和讀書的結合。「每日三坐」的靜坐實踐中，近於劉蕺山「訟過法」的第三炷香坐法，也是連著「久自成德」的道德意識與成德目的而來。

二曲靜坐法「默坐澄心，體認天理」，透過靜坐澄心的修煉，以臻至「虛明寂定」之境界。但原本需要「一切放下」的靜坐法，二曲在運作時仍然連結著成德意識，不論是靜坐工夫的前、後段，理學靜坐法要與其他工夫一路同行，即使是靜坐法進行運作的當下，仍要保持對身心善惡的高度覺察。注意視聽言動、行萬善，透過身心修煉儀式的淨化，展現為德和禮的身教。理學家連結著成德意識而來的證悟本體，觀看自我與他人、個體與社會、自然與文化、經驗與形上皆是一體，且具有道德價值義涵，因此，可以「大本立而達道行」。

在終極意義上看起來雖然三教同於大化，但因為理學家的修煉連結著成德結構，他們認為自己的工夫──包括靜坐，所證的「體」乃是一有「體」有「用」之「體」，能夠發揮「真實作用」之「體」。這也是二曲一方面視靜坐為其工夫論中最重要教法，一方面卻批評「一味耽溺於靜坐」的「今之學者」為：

> 見先達言「主靜」亦主靜，至有輕視一切倫理為繁文瑣節，而冥目跏坐於暗室屋漏之中，以為道即在是者，不知此與告子何異？（《二曲集・卷43・反身續錄・孟子上》，頁65）

二曲靜坐法非孤立工夫，所有的修行須連結著日用倫常，此亦是理學家心中自覺儒門靜坐法異於禪法之處。

七　結語

　　靜坐是理學家工夫論中的一個重要環節，也是二曲工夫論中的核心工夫。在二曲個人的學思歷程中，其三十一歲時因「患病靜攝」而來的明性見道之經驗，乃是由靜坐而證入，因此，二曲本人除了有「每日三坐」的靜坐實踐外，在其工夫論的教法中，靜坐一直居於很重要的地位。靜坐法在二曲工夫論中是入門工夫，也是親證本體的究竟工夫，具有成始成終的地位。

　　二曲靜坐儀式與具體運作情形，在〈學髓〉可窺知梗概。由「虛明寂定」圖看來，二曲靜坐法是每日持之以恆的工夫，早午晚各坐一次，是為「每日三坐」。透過「以靜坐為基，三炷為程，齋戒為功夫」的不斷練習，最後可超越時空限制，自證本體，恢復一念萬年的本來真面目，二曲稱此為以「虛明寂定為本面」，「虛明寂定」可說是自證本體後的果地風光。至於二曲靜坐法如何有系統的落實於實際的教學？在關中書院講學期間製定的〈學程〉，作了清楚的展示。「每日三坐」的「坐」，不能只是空持硬守，而是要「涵泳聖賢格言，使義理津津悅心」，才能「天機自爾流暢」。這兩個概念的原型，即是理學傳統中有名的朱子「半日靜坐，半日讀書」說。二曲對於「半日靜坐，半日讀書」如何操作，「靜坐」與「讀書」如何進行有機的結合，在〈學程〉中作了清楚而具體的說明。二曲重視靜坐證體，但是，靜坐在其工夫論中並不是一個孤立法門。靜坐法運用於關中書院講學的具體實踐中，我們看到他將靜坐法和讀書法做結合，做為學者成德之階梯；並且在每日第三炷香的靜坐中進行省過式的自我責罰。這都顯示作為理學家的二曲，即使他所使用的語言和禪宗有不少相似性，但是，其關懷到底是不一樣的，而是連結著「希聖希賢」的成德目的而有的特別設計，因此，本文以為二曲靜坐法有迥異於

二氏，作為儒學靜坐法的特色。理學家們個人對靜坐雖各有不同體悟，甚且對靜坐而來的特別的冥契經驗、果地風光有一些描述語上的差別，但他們對於理學靜坐和佛老的不同，多具有高度自覺。在儒家的立場上說，儒者認為佛教不能肯定人文世界、綱常倫理的價值，因此，二曲批評佛氏「敗常亂倫」。二曲這些指責顯示的意義是理學家所使用的修行方式不管和佛老如何近似，這個身心轉換的過程，必然要落實到自我與他人、社會、自然、文化的關係上，即使他們所使用的是暫時隔絕經驗的「超越的逆覺體證」之靜坐法，最終也是如此。

　　靜坐是三教共法，討論理學靜坐法和佛、道的差異，不是單純的區分「靜坐」與「禪坐」之不同，或者理學靜坐是否採用跏趺坐的問題。在這個區塊，理學家之教人與自己的操作存在著模糊地帶。要理解理學家靜坐法，關鍵還是要連著儒家世界觀和成德結構，才能看出其靜坐法的特色。二曲一方面視靜坐為其工夫論中最重要的教法，一方面卻批評「一味耽溺於靜坐」的學者，這是因為在理學工夫論中靜坐法並非孤立工夫。理學家所有的修行都是必須連結著日用倫常，靜坐也不例外。

陸
李二曲工夫論中的身體觀[*]

一　前言

　　身體觀是晚近治中國哲學者切入中國哲學的一個重要視角，此研究除了呼應西方哲學對「身體」的重視外，就中國哲學內部來說也和長期以來強調心性論的思維方式有關。必須說明的是，在心性論已成為中國哲學，尤其是儒家哲學詮釋典範的情況下，提出身體觀研究，並不宜視之為與心性論研究針鋒相對的反命題。因為東方身心觀的特質一向重視「身心合一」，因而能夠避免笛卡兒式的身心二元論。中國哲學中對「身」的看法，雖不否認有與心相對意義下的「身」，但認為此身心相對只是暫時性的，最終會在道德實踐的過程中被克服，而達到「身心一如」。因此，中國哲學對身體的探討往往連著「修身」的命題出現，而通向工夫論範疇。晚近中國哲學的身體觀研究中，所謂「身」，便往往不只是身心相對意義下之身，而是身心相關，包含身心在內之身。[1]其理論大抵重視形—氣—心（神）一體，視

* 本論文發表於《揭諦》26期（2014年1月）（THCI CORE期刊）。

1　感謝匿名審查者的寶貴意見，本文的身體觀研究中所指涉的「身」之定義與身心二者間的關係，確實應有更清楚的釐清，在此做一補充說明。根據美國波士頓大學哲學系Robert C. Neville的說法：「現代西方哲學主流不同於中國哲學之處，乃是區分身心，視兩者為不同的實體。根據笛卡兒的說法，所謂實體，就是能夠以自身的形式存在。也就是說，心靈不依附身體而存在，反之亦然。」參Robert C. Neville著、楊儒賓譯：〈中國哲學的身體思維〉，收入楊儒賓編：《中國古代思

身體為精神體現的場域。中國哲學中身體觀的研究與其說是心性論研究對蹠的反命題，不如說是對心性論詮釋框架的補充與辯證發展，其背後的訴求是要使中國哲學的研究從心性形上學，往身體向度落實，發展成更完整的「身心之學」。

作為生命的學問、體驗哲學，儒家心性論和身體觀當是一體兩面，沒有無心性的身體，也沒有無身體的心性；宋明理學家心性體驗特深，對身體和意識關係的思考也更為深刻。本文的儒家身體觀研究以理學為研究對象，並選擇李二曲（李顒，字中孚，學者稱二曲先生，1627-1705）為研究對象，一是因二曲被視為理學「關學」一系的終結者[2]，「關學」一向重視身體實踐，以「躬行禮教」著稱[3]；二是因二曲除繼承關學傳統外，他和明清之際儒者一樣，面臨整個時代

想中的氣論與身體觀》（臺北：巨流圖書公司，1997），頁193。日本身體觀研究的重要學者湯淺泰雄說：「英文中的"body"一詞，不只是指人體，還含有物理性的物體之意義。因為如果從理論上來說，在身心問題（mind- body problem）的基礎裡，本來就存在著關於心理現象──生理現象之間關係的問題。如果採用笛卡兒式的近代二分法，主張心理的存在（精神）與物理的存在（物質）之間沒有任何關係的話，那麼人體也就可以還原為與心沒有任何關係存在的一種物理性的物體了。笛卡兒之所以無法從理論上說明身心結合的事實，就是這個原因。相反的，東方哲學、科學的傳統，把萬物當作『氣』的能量之容器來看待，根據這個觀點，氣的能量之作用就不只是身、心有關係而已，人與環境之間也有必然的關係。東方與西方，在這一點上有歷史性的強烈差異。」參湯淺泰雄：〈「氣之身體觀」在東亞哲學與科學中的探討〉，收入楊儒賓主編：《中國古代思想中的氣論及身體觀》，頁94。也就是說，在西方哲學主流的談法所謂「身」，常指涉的是「身心相對意義」下的身；但在中國哲學的身心觀下所談的「身」，卻往往不是身心二元論的談法，而是身心相關，身包含心在內，甚至「身心一如」之「身」，聯繫身、心二者的就是「氣」。

2　李二曲為「關學終結者」之說參陳俊民：「李顒明確提出『理學，儒學也』的口號，同樣以恢復『明體適用』的儒學，終結了作為宋明理學的關學。」陳俊民：《張載哲學與關學學派》（臺北：臺灣學生書局，1990），頁60。

3　〔清〕黃宗羲著，沈芝盈點校：《明儒學案·師說》（北京：中華書局，2008），頁11。

對王學，乃至宋明理學的批判，必須展開對整個理學架構之反思。在此批判、反思中，他試圖以工夫上身體真修實證之「實」，重新融攝程朱、陸王之學；其融攝以王學為本體，程朱為工夫。就工夫面言，二曲對程朱工夫並不是單純繼承，其中涉及理學「主靜」與「主敬」兩種工夫如何交涉的問題。他一方面延續心學工夫的「主靜」，強調「識頭腦」以明心見性、開悟證體；一方面接受程朱將「主靜」置入「主敬」的工夫架構，以彰顯儒學的成德結構和真實作用。程朱學派以「主敬」涵「主靜」，代表對身體面向的高度重視。本文嘗試透過二曲工夫「識頭腦」與「修九容」兩個脈絡之研究，觀看「主敬」與「主靜」兩種理學工夫，如何透過身體的向度來開展。

　　儒家工夫論研究，如何由在思想文獻中做為靜態結構描述的「實踐的理論」，轉向實修實證的動態歷程，身體向度的關注，是一可嘗試的途徑。儒家身體觀，乃至理學身體觀，目前已有相當不錯的研究成績，但李二曲仍是較少被聚焦的一塊。[4]因此，本文試圖在前輩學者對當代儒學身體觀的研究成果上，進一步展開對李二曲身體觀的研究，從學界較少關注的李二曲思想，探討實踐場域中的理學身體，對相關議題作一個小小的回應。

4　目前學界對李二曲思想的研究，中國大陸曾在一九九六年九月十六至十九日，在李二曲故里西安市周至縣召開首次「李二曲及明末清初學術思潮」研討會。一般而言大陸近年來雖然開始進行二曲思想之研究，但這些研究興趣有一半以上是集中在二曲的「悔過自新」、「明體適用」及教育思想，以及「關學」這個議題上。臺灣二曲思想研究比大陸更少，最有代表性的是林繼平：《李二曲研究》（臺北：臺灣商務印書館，1999）。林繼平的研究不論就二曲的本體或工夫論而言，雖然時代最早，但至今仍有一定的參考價值和影響力。雖然有這些研究成果，但整體來說，從身體觀角度來研究李二曲思想的論文仍屬少見。

二　作為實踐場域的理學身體

　　先來談儒學「身體」的研究是怎麼開始的，以及此觀點對當代儒學研究的價值，作為本文研究背景。自從尼采喊出「一切從身體出發」，對笛卡兒「身心二元論」引起的種種災難性分裂，展開一系列的反思與批判後，「身體」從被貶抑的世界邊緣，重新站到舞台中心。西方哲學對身體的重視，影響到東方也開始重新檢視自己文化中的身體觀[5]。近年來，身體的研究可說是一門跨文化、跨學科的顯學[6]，中國哲學領域中以儒家身體觀研究成果最豐碩，此和楊儒賓、黃俊傑對儒家、尤其是孟子學的高度關懷有關；某個意義下也可視為對新儒家強調主體性、心性論的詮釋典範之反思。[7]討論儒家身體觀的

5　東方哲學身體觀研究，是由對歐美哲學敏感度最高的日本開始，代表人物是湯淺泰雄。參湯淺泰雄、馬超等編譯：《靈肉探微——神秘的東方身體觀》（北京：中國友誼出版社，1990）。其後影響臺灣學界，由楊儒賓、黃俊傑著先鞭。如楊儒賓：《儒家身體觀》（臺北：中央研究院中國文哲所，1996）。此外有楊儒賓編：《中國古代思想中的氣論與身體觀》（臺北：巨流圖書公司，1997）；黃俊傑：《東亞儒學史的新視野》中《儒家身體思維探索》部分（臺北：喜瑪拉雅研究發展基金會，2001），頁313-423。其中楊儒賓《中國古代思想中的氣論與身體觀》一書，是中文學術界第一本全面探討中國古代思想中的氣論與身體觀的論文集，具有揭示議題的指標性意義。《儒家身體觀》一書則是探討儒家身體觀的經典作品。這股身體觀研究風氣最後也吹向大陸，如周與沉、陳立勝，有不錯成績。周與沉：《身體：思想與修行——以中國經典為中心的跨文化觀照》（北京：中國社會科學出版社，2005）。陳立勝：《「身體」與「詮釋」——宋明儒學論集》（臺北：臺大出版中心，2011）。

6　身體觀研究除在歐美、東亞文化間引起跨文化對話外，它的研究同時也是跨學科的，除了哲學外，也包括社會學、人類學、心理學、醫學、宗教學等領域。

7　中國哲學領域中身體觀研究以儒家身體觀成果最為豐碩，這個研究成果，不僅影響港台，同時也影響大陸學界，陳立勝指出：「很長一段時間，『中國哲學史』這一學科的創立，就其參照的西學框架而論無非有二，一為長期主宰大陸哲學教科書的唯物主義與唯心主義的詮釋框架，一為宣導主體性的歐陸哲學詮釋框架。近二十年來的儒家身體觀研究為我們重新檢討這兩個參照框架提供了有力的支

意義，其實是扣緊儒學工夫論問題而來。修養與學術間，往往存在著一個難題，這問題其實是跨文化的。何乏筆在檢討歐洲修養哲學時指出：

> 學術化的哲學應如何面對「實踐」的問題，意味著難以解決的弔詭：哲學家不斷地以理論的方式探討實踐，但無法自己實踐。針對理論與實踐的關係，康德曾經強調實踐的優先性，但他的實踐哲學是指道德理論而已。……傅柯給予實踐的概念一種看似細微但實際上具有深遠意涵的轉化，亦即將注意力從廣泛的實踐（pratique）轉到日常而具體的「諸種實踐」。「自我的諸種實踐」（pratiques de soi）乃成為核心概念之一。因此，一種長期被學院哲學所遺忘的哲學向度逐漸重新顯露。哲學與實踐的關係不再僅是指實踐的理論，哲學的實踐便呼籲「哲學功夫」（ascese philosophique）。[8]

何乏筆認為哲學不應化約為以思想和辯論為核心的「思辯哲學」，或諸種「思想體系」的歷史，也包含許多修養模式。[9]修養工夫不只是實踐的理論，而應是日常具體的諸種實踐。回到儒學來說，對作為「生命實踐」的儒學而言，實踐本是儒學擅場。但在學術化過程中，如何

　援。」參陳立勝：《「身體」與「詮釋」──宋明儒學論集》，頁37。

8　何乏筆：〈修養與批判：傅柯《主體詮釋學》初探〉，《中國文哲研究通訊》第15卷第3期，頁5。

9　參何乏筆：〈修養與批判：傅柯《主體詮釋學》初探〉，《中國文哲研究通訊》第15卷第3期（2005年9月），頁5-6。傅柯晚年探討古代希臘哲學，返本開新，重新開啟歐洲當代探究「修養」的風氣。何乏筆此文透過晚期傅柯倫理學思想探究，考察當代人類主體的處境；他認為不只宋明理學講工夫，歐洲一樣有一條修養哲學的傳統。因此，他試圖進一步將傅柯的修養論觀點與中國修養論資源作一跨文化對話。他來自跨文化視域的觀察往往獨到、深刻，而且極具挑戰性。

避開「哲學家不斷地以理論的方式探討實踐，但無法自己實踐」，使
儒學工夫論僅成「實踐的理論」，實是一項挑戰。儒家身體觀議題的
探討，即是對此的回應。楊儒賓說：

> 我現在回到具體、抽象來談，為什麼我要談儒家的身體，因
> 為我相信這個理論不是那樣的抽象。我對新儒家相當的同
> 情，但我就是不相信道德意識和身體、氣沒有一點關係。[10]

如何使儒學工夫論的探討可以更具體，而非抽象的「實踐理論」，儒
家身體觀的研究就是一種將儒家修養哲學，由心性論為主的詮釋，拉
回身體向度的嘗試。透過身體向度的研究，使儒學不僅成為道德形上
學或心性形上學，而是更完整的身心之學。周與沉說：

> 以往對於中國思想多以心性層面去詮釋，今由身體維度入
> 手，或可算是一種「典範」（paradigm）轉移。就中文學術
> 圈來說，歐美、日本學界相關研討的助緣作用，自應予充分
> 肯定；但從心性形上學到身心之學的拓轉，實合乎思想的內
> 在理路，是中國思想在新的歷史情境中，對本有的潛隱維度
> 的激發和彰顯。解釋系統不同了，經典思想呈現出來的景觀
> 亦會隨之而變化。[11]

也就是說儒家身體觀研究，雖有歐美、日本的助緣，但並不止是一種
反射或跟風，而是藉此助緣反思中國哲學在當代建構的過程中，被忽
視而潛隱的身體向度。此身體向度的彰顯可使儒家經典詮釋出現不同
景觀，也可使本來就強調體驗——以「體」驗之的儒學，其實踐工夫

10　楊儒賓、何乏筆主編：〈踐形與氣氛——儒家的身體觀〉，《身體與社會》（臺
　　北：唐山出版社，2004），頁22。

11　周與沉：《身體：思想與修行——以中國經典為中心的跨文化觀照》，頁22。

能更具體化。儒家身體觀研究是否形成「一種典範轉移」，也許有待觀察，但對於新儒家的補充應是值得期待的。

　　本文的儒家身體觀以李二曲為研究對象，理由有二：一是二曲是張載「關學」一系的終結者，關學世代皆以躬行禮教為本，在理學中一向以重視身體實踐著稱，二曲最重要著作《四書反身錄》，詮釋《四書》即取其「反身實踐」之義；二是二曲和明清之際儒者一樣，面臨整個時代對王學，乃至對宋明理學的批判，必須展開對整個宋明理學傳統架構之反思。因此，在其思想中可以看到他試圖融攝程朱、陸王之學，並回應時代批判的努力。對於宋明理學的反省，二曲並未如顧炎武以其「博學」，將清代學風帶往「考據」之路；而是以其工夫上身體真修實證之「實」，重新融攝程朱陸王之學，全祖望說：

> 其論朱陸二家之學：「學者當先觀象山、慈湖、陽明、白沙之書，闡明心性，直指本初。熟讀之，則可以洞斯道之大原；然後取二程、朱子以及康齋、敬軒、涇野、整庵之書，玩索以盡踐履之功，收攝保任，由工夫以合本體，下學上達，內外本末，一以貫之。」（《二曲集・附錄二・二曲先生窆石文》，頁611）[12]

二曲對程朱陸王的融攝，是以陸王為本體，程朱為工夫，但陸王本體如何透過程朱工夫來到達，一直是二曲思想中非常有爭議的向度。[13]就工夫面說，二曲對程朱也不是單純的繼承，其中涉及「主靜」與

12　本文所引《二曲集》版本為〔清〕李顒撰，陳俊民點校：《二曲集》（北京：中華書局，1996），以下同此。

13　關於此爭議筆者另有專文討論。參王雪卿：〈作為「生命實踐」的李二曲思想之研究（下）〉，《鵝湖月刊》第37卷第7期，總號第439（2012年1月），頁25-26。

「主敬」如何交涉的問題。程朱學派以「主敬」涵「主靜」，所代表的意義是對實踐中身體向度的高度重視。本文透過二曲工夫中「識頭腦」與「修九容」兩個脈絡，觀看「主敬」與「主靜」兩種重要的理學工夫，如何透過身體向度來開展。透過二曲思想探討實踐場域中的理學身體，一方面期待展示傳統身心之學意義下的「修行」——不僅是意識層面的道德修養，而是連著「肉身」才可以成道的，這個肉身成道如何可能？怎樣實現？展現樣態為何？一方面期待透過李二曲工夫論中身體觀之探討，使目前較少被聚焦的李二曲思想能勾勒出較為清楚的面貌。

三　生命與道德合一的李二曲身體觀

　　探討二曲工夫論，一定要連著「身體」向度來觀看，這是因為二曲的思想、修行和身體的關係非常密切。所有的工夫，包括著書講學，都要「本諸身」——回歸到身體的基本面來談。[14]首先來看他對

14　二曲說：「講學著書若不『本諸身』、徵諸人……則學不成學，書不成書。」
（《二曲集·卷30·四書反身錄·大學》，頁424）匿名審查者提出：「二曲所說的反身，或保身之身，是就『我』或『我的生命』來說，他所說的身，是包含身心在內的，並非身心相對之身。如果並非身心相對之身，則是否可以用身體觀的說法來詮釋二曲之保身論呢？」誠如匿名審查者所言二曲之「反身」、「保身」、「本諸身」所指稱的「身」確實是「包含身心在內的，並非身心相對之身。」（此亦可視為中國哲學，乃至東方哲學、醫學身體觀中「身體」之特質）此「身」指「我」或「我的生命」亦是無疑義之說，筆者十分認同匿名審查者之判斷。筆者之所以並未選擇以「我的生命」一詞來討論「保身」、「本諸身」之「身」，而提出此是指「回歸到身體的基本面」來談，是有意嘗試和心性論稍作區隔的談法。「回歸到身體的基本面」來談的「本諸身」，一方面確實不是指物質性的「身體」（形軀之身、身心相對意義下之身）而已；但另一方面此工夫論之開展卻又必須正視此物質性的「身體」之存在，身心之學、生命的學問，都必須帶著「身體」來成就，甚至以它為出發點才有可能。

「身體」的定義。

（一）兩種身體：身體／軀殼

李二曲工夫論中所要求的一切要「本諸身」——回歸到身體的基本面來談，這個「身」不只是指物質性的「身體」（形軀之身、身心相對意義下之身）而已。身體不等同軀殼，他區分兩種身體，一是苟全之「身」，一是千古不磨之「身」：

> 士君子立身，自有本末，若必以苟全為「保身」，則胡廣之「中庸」、蘇味道之「模稜」、揚雄之身仕二姓、馮道之歷仕五季，皆是能「保其身」、「既明且哲」矣！夫等死耳，然死有輕於鴻毛，有重於泰山，此處要見之真，守之定。倘輕於鴻毛，不妨斂身避難，保其身以有待；苟事關綱常民彝，一死重於泰山，若比干之剖心，文天祥之國亡與亡，此正保其千古不磨之身，乃「明哲」之大者。（《二曲集・卷30・四書反身錄・大學》，頁424）

二曲認為除了苟全所保的「身」——生理性的軀殼之外，還有另一種身體，稱之為千古不磨之「身」——精神化的身體。此要透過「修身」才能完成，平時不蹈非禮非義，有時還要透過「剖心」、「國亡與亡」來成就。也就是說此向度之身和軀殼之身，存在著一種弔詭關係，它從軀殼之身出發，但在面臨道德抉擇時，有時反而要透過軀殼之身的自我毀滅來保全。「保身」（軀殼之身）有時是「虧體」（千古不磨之「身」）；「毀身」（軀殼之身）反而才是「保身」（千古不磨之「身」）。這種身體觀，主張生命與道德合一，身體不只是軀殼之身，而是可以體現精神作用的交感體。這是一種「精神化的身體」，也是「實踐——境界」的身體，置入工夫的動態開展歷程才得

以走完全程，這就是二曲心中真正的身體——千古不磨之「身」，也就是聖人的身體。

這是很典型的儒家身體觀，它認為「現象上來看，任何人的身體都是不完整的，只有聖人才能使身體變得完整，所以『踐形』預設的是種修養的觀念。」[15]二曲說：「保身全在修身，而修身須是存心」（《二曲集·卷34·四書反身錄·論語》，頁461），這種身體不是現成的存在，而是連著「修身」的命題，透過「實踐——境界」——個人在時間歷程中，一步步自我提升轉化所達到，這是一種「精神化的身體」。「修身」目標要達成，不是單純的「修身」，而是必須透過「存心」的工夫；「修身」要「存心」，背後預設身和心並非不相干的兩截，而是本源上同質共構的。因此，二曲談為學之道往往身、心並陳：

> 為己之學，事事從自己身心上體認，……為己之學，不過明此心，體此理，修此身。此心未發之前要涵養，既發之後要省察，總不外日用常行、綱常倫理間，隨時隨處體認而已。夫子說「三畏」，說「九思」，《中庸》說「戒懼慎獨」，孟子說「求放心」，總是令人收拾身心，不致放逸，此便是聖賢為己根本。（《二曲集·卷3·常州府武進縣兩庠彙語》，頁24、25）

儒學是同時要在「身心上體認」、「收拾身心」的「身心之學」，其工夫必然不會只是片面的「修身」（如：只注重形骸層的「養形」），或「修心」（如：只注重意識層的心性修養）；而是「身心內外，無一或忽，斯身心內外，純是天理。」（《二曲集·卷39·四

---

15 楊儒賓：〈儒家身體觀的原型〉，《儒家身體觀》，頁49。

書反身錄・論語》，頁495）身心互滲交養的狀態。

（二）儒家「精神化的身體」下的形—氣—心結構

　　二曲的身、心如何能互滲交養？必須進一步探討他的身、心關係。他對身和心——形體和意識關係的看法，和其他理學家一樣，基本理論架構來自孟子。自孟子十字打開後所挺立的儒家式身體觀，不同於「常識的身體觀」只視形軀之身為身體，也不似「笛卡爾的身體觀」視身心為不相干的二元、對立關係，而是身心一體。身心一體之所以可能，是因為身心底層有氣流動、滲透、貫穿其間。因此，孟子在盡心知性的心性擴充工夫外，同時也意識到平旦之氣、夜氣的重要，而提出「吾善養吾浩然之氣」的養氣工夫。透過「盡心」與「養氣」工夫同步進行，聖人得以在果地境界呈顯出睟面、盎背、生色的「踐形」狀態。孟子對形—氣—心三相一體的結構做出綱要式提點，到宋明理學則有更精義盡出的發揮。形—氣—心三相一體的結構中，形、和心既具有連續性、一體性，又具有頑抗性。此結構下的身心關係，是一連續性的整體，一方面顯示為存有論上的身心平等；一方面顯示為價值論上的身心不平等；也就是說在存有論上的身心一如，落到經驗層上呈現出身心二元的實情，這之間的張力正是修養工夫的起源。[16]儒家身體觀的二元性不同於西方傳統下的身心二元關係，它是可被克服的；但不是理論的被克服，而是實踐的被克服。用湯淺泰雄

---

16 何乏筆：「意識與身體便是『氣』的兩種不同表現，因此楊儒賓也以身（形）—氣—心（神）三面相討論此問題。存有論方面身與心、形與神是平等的，而且『氣』當做兩種向度的共同媒介。但在價值或道德層面，三者關係具有等級之別。……在價值方面，三者融合為一體也是可能的，但只有『聖人』能夠實現這樣的境界。因此，存有論的『身心平等』與價值的『身心不平等』之間的張力乃是修養工夫的起源。」楊儒賓、何乏筆主編：〈踐形與氣氛——儒家的身體觀〉，《身體與社會》，頁15。

的話說，這是由「『操作性的二元論』（operational dualism）出發而達到『實踐性的一元論』」（practical monism）。[17]

因此，探討二曲的「身體」，本文擬將之納入形—氣—心三相一體的結構檢視，以便對其身心關係、身心交養互滲如何可能，以及「千古不磨之身」如何完成等，能更清楚的呈現其面貌。身心交養互滲之所以可能，是由於「氣」貫穿其間，先來看二曲對氣的說明。自張載、二程對氣提出氣質之性以降，理學家罕有不處理氣的，二曲說：

> 言性而舍氣質，則所謂性者，何附？所謂性善者，何從而見？如眼之視，此氣也，而視必明，乃性之善；耳之聽，此氣也，而聽必聰，乃性之善……若無此氣，性雖善，亦何從見其善也。善乎程子之言性也，曰：「論性不論氣則不備，論性不論氣則不全」。此紛紛之折衷也。（《二曲集·卷4·靖江語要》，頁35）

眼耳手足等「形」能應感，是由於「氣」使然，因此往往並稱「形氣」；形氣的表現所以能美善、合理，達到目明、耳聰，則是心性之善使然。也就是說，形氣心三者的關係，一方面形氣的必要在於它是

---

17 湯淺泰雄也沒有迴避儒家，或者更廣泛的說—東方身體觀中身心二元的實情，他說：「東方哲學與醫學，也不是純粹否定二元論的見解，而是當下就承認日常常識所認知的身心二元性（duality），並且承認兩者之間的相續關係。這種二元性，並非理論式的被克服，而是先要從實踐上獲得克服。……他們並非從理論上的考察來拒斥二元論，而是經由修行訓練，體認到身心區別消失的狀態。以現代術語來講就是：我們的意識，在進入ASC的狀態時，就達到超越二元性的經驗了。在這個意義上，可以說東方的哲學，是採用了『操作性的二元論』（operational dualism）出發而達到『實踐性的一元論』（practical monism）的思考方式。」參湯淺泰雄：〈「氣之身體觀」在東亞哲學與科學中的探討〉，收入楊儒賓主編：《中國古代思想中的氣論及身體觀》，頁92-93。

心性具體落實的場域，若無形氣，心性只是抽象的存在，其美善也就無從說起；但另一方面，形氣美善之所以可能，則有賴心性的引導、主宰。可以說，對二曲而言，經驗層上身心關係的確也存在著價值論上的不平等。進一步來看二曲對氣的討論：

> 「明德」之在於人，本與天地合德而日月合明，顧自有生以來，為形氣所使，習染所污，遂昧却原來本體，率意冥行，隨俗馳逐。貪嗜慾、求富貴、慕聲名、務別學，如醉如夢，如狂如癡，自以為聰明睿智，才識超世，而律之以固有之良，悉屬昏昧。……將平日種種嗜好貪著，種種凡心習氣，一切屏息，令胸次纖翳弗存。（《二曲集・卷29・四書反身錄・大學》，頁402）

作為修身操作起點的「身」，是形軀之身，連著此身而講的氣稱為「形氣」，來自「形氣」的生理需求等存在的限制，加上「習染所污」，氣更往下走成了要被對治的嗜好貪著等「習氣」。「形氣」、「習氣」之說顯示二曲形─氣─心結構，在經驗層出現不平等的上下兩層關係，所以他說：「氣有聚散，理無聚散，形有生死，性無加損，知此則知生知死。」（《二曲集・卷36・四書反身錄・論語下》，頁478）也就是形、氣／心、性、理形成兩層結構，而氣的位置往往是和「形」──形軀之身相連。不過，除了「形氣」、「習氣」外，二曲對氣還有另一種說法，稱為「氣志」：

> 清明在躬，氣志如神。惻隱羞惡，辭讓是非，隨感輒應，不疾而速，不行而至，萬善自裕，無俟擬議。（《二曲集・卷29・四書反身錄・大學》，頁402）

「清明在躬，氣志如神。」出自《禮記·孔子閒居》[18]，「氣志」（或「志氣」）一詞並非二曲自創。《禮記·孔子閒居》除了「氣志如神」外，提到「三無」中「無聲之樂」的功效時，也使用了「氣志不違」、「氣志既得」、「氣志既從」、「氣志既起」等一連串「氣志」二字並提的用法。除「氣志」外，《禮記·孔子閒居》也提到「志氣塞乎天地，此之謂五至。」[19]這樣的說法很容易讓人聯想到孟子：「志至焉，氣次焉。……其為氣也，至大至剛，以直養而無害，則塞於天地之間。」[20]大概可以判斷不論是「志氣」或「氣志」，「志」、「氣」連用的用法，實依孟子義理而來。孟子「志至焉，氣次焉。」「持其志，毋暴其氣。」「志壹則動氣，氣壹則動志。」[21]的說法，到張載則對孟子學中的「氣志」說做了更進一步的發揮：

> 但學至於成性，則氣無由勝，孟子謂「氣壹則動志」，動猶言移易，若志壹亦能動氣，必學至於如天則能成性。（《經

---

18 《禮記·孔子閒居》第二十九：「清明在躬，氣志如神，耆欲將至，有開必先。」參〔清〕孫希旦：《禮記集解》卷49（臺北：文史哲出版社，1984），頁1170。《禮記·孔子閒居》的思想內涵陳章錫〈《禮記》政治思想之形上原理及其開展〉一文有詳盡之探討，由於非本文討論之重點，此處不多論。簡言之《禮記·孔子閒居》認為「民之父母必須通解禮樂的原理，達至五至，實行三無，而推擴於天下。此外，還須事先察識四方人情的缺陷，用心加以警戒。如此，才有資格成為民之父母。」參陳章錫：〈《禮記》政治思想之形上原理及其開展〉，收入《通經致用：第二屆中華經學國際學術研討會論文集》（高雄：高雄師範大學經學研究所，2012年5月），頁114。

19 《禮記·孔子閒居》第二十九，《禮記集解》卷四十九（臺北：文史哲出版社，1984），頁1167。

20 參陳章錫：〈《禮記》政治思想之形上原理及其開展〉，頁115。孟子原文見《孟子·公孫丑上》，〔宋〕朱熹：《四書章句集注》（臺北：大安出版社，1994），頁118。

21 《孟子·公孫丑上》，〔宋〕朱熹：《四書章句集注》，頁118。

學理窟‧氣質》）[22]

「志」、「氣」連用，而且二者之間可以互相影響，「氣壹則動志」，「志壹亦能動氣」，此說預設「心」與「身」會互相影響，人的精神修養有身體作為基礎，並以身體作為表現的場域。如黃俊傑所說：「『氣志合一』之說，很能說明孟子學中屬於『心』的『志』，與屬於『身』的『氣』，在人性論及修養工夫論都合而為一而不斷為兩橛。」[23]這就是二曲「氣志」說所繼承的孟子學傳統。

　　當氣不只和「形」、「習」相連，而能轉而向上和「志」——心性、精神、道德交感，在身心互相滲透之下，那麼身體就不只是肉體、感性、衝動，工夫的動態歷程就展開了，帶著形軀之身向心性回歸的氣，二曲稱為「氣志」。當工夫的動態歷程走完全程時，「志」和「氣」完全合而為一。當「氣志合一」，此時氣「氣志如神」，身體「清明在躬」，它們成了可以充分體現精神作用的交感體，也就是一種「精神化的身體」，此時人可以達到精神的高度自由，不論「惻隱羞惡，辭讓是非」，都能隨感隨應，從容中矩。這時候形一氣一心三相一體，身心一如，這就是「踐形」義下的身體。對於此時的果地風光，二曲有一段有趣的描述：

> 如是，則形骸肢體雖與人同，而視聽言動，渾是天機，通身是眼，十目十手，猶其末也。人盡而天全，「朝聞之，夕死可矣。」（《二曲集‧卷4‧靖江語要》，頁37）

現實意義上不完整之身被體現後，形骸之身外表看起來雖無不同，

22　〔宋〕張載：《張載集》（臺北：漢京文化，1983），頁266。

23　黃俊傑：〈評李明輝著《孟子重探》〉，《臺大歷史學報》第27期（2001年6月），頁221。

但作用卻不一樣。二曲作了一個隱喻，他形容此時身體是「通身是
眼」、「十目十手」。發生什麼事？楊儒賓說：「在日常的經驗底
下，心是心，身是身，『耳目之官不思而蔽於物，心之官則思』。但
等學者體證果地層次時，心氣瀰佈全身，我們此時可稱呼其人有『身
體思維』。」[24]當修身的動態歷程走完全程時，實踐——境界所完成
的精神化身體將具有一種「身體思維」[25]，此時心氣佈滿全身，身心
一如，全身不言可喻，身體即是思維；甚至達到身體內部間感官界
線被打破的冥契經驗，二曲形容這個身體「通身是眼」、「十目十
手」。連著「修身」命題，透過「實踐——境界」在時間歷程中展
開的自我提升轉化，「操作性的二元論」出發到「實踐性的一元論」
所達到的「身體」，不再是身是身，心是心，而是一種「精神化的身
體」，是具有「身體思維」的證成身體。

24　參楊儒賓：〈導論：四體一體的身體觀〉，《儒家身體觀》，頁53。
25　關於「身體思維」，吳光明說：「有關身體的思維有兩種。首先『身體的思維』
　　是以身體（腦部或整個身體）為手段行使思維；其次，『身體思維』則是身體本
　　身在思想著——此時的身體是動態的、能思想的，而不是思想的對象，也不是充
　　滿思想的器具；這是身體在思維而非悟智的思考。……『身體思維』乃是身體情
　　況中的思維，也就是透過身體來思想，身體體現的思維與身體聯結；在這種情況
　　下，思維活出了身體，而身體也活出了思維。身體思維是瀰漫於身體中的思想，
　　它與自無何有之處的思考完全不同。」參吳光明：〈莊子的身體思維〉，收入楊
　　儒賓主編：《中國古代思想中的氣論及身體觀》，頁395。「身體思維」是針對
　　以現代科學為典範的抽象思想而提出的身體現象學說法，認為沒有離開身體的思
　　維，它並不將身體視為一種容器，而視之為一種場域。但楊儒賓此處「身體思
　　維」並不等同身體現象學的提法，而是通向工夫論的。雖然也是「思維活出了身
　　體，而身體也活出了思維」，但他自覺「放在中國的身體觀脈絡底下考慮，『身
　　體思維』，似乎可以有另一種的提法。」將中國身體觀脈絡底下的「身體思維」
　　解釋為「作用見性」，將「學者體證果地層次時，心氣瀰佈全身，我們此時可稱
　　呼其人有『身體思維』。」參楊儒賓：〈導論：四體一體的身體觀〉，《儒家身
　　體觀》，頁53。

四　被證成的身體：「身體思維」下的李二曲工夫論

在儒者的認知中，「身」在現實意義上是不完整的，必須有一個「身體」的修煉，儒家身體觀必然要通向工夫論的議題。要談二曲的身體觀與工夫論的關係，先從他對道教修行方法的批判談起。儒家「修身」進路不同於道教修煉傳統中，重視形、氣的直接調養，煉精化氣、煉氣還神、煉神還虛，以求長生、逆返先天的修行法。二曲說：

> 先生曰：「若夫五金八石，服養以煉形，抽坎填離，結胎圖沖舉，違天地常經，乖人生倫紀，雖自謂『玄之又玄』，卻非『可道』之『道』。」眾謂：「先生所論固正，然修行亦未可盡闢？」先生曰：「修者，修其所行也。檢點治去之謂『修』，必有事焉之謂『行』。吾人身心，本粹白無染，只因墮於氣習，失卻本色。若欲還我本體，必須用功於日用常行閒。有不仁、不義、不禮、不智、不信之行，便是吾身之玷，一一治去，使所行皆天理，此修行之見於外也，反之，一念之微，覺有不仁、不義、不禮、不智、不信之私，即是吾心之疵，必一一治去，使念念皆天理，而無一毫人欲之維，是修行之密於內也。內外交修，行誼無忝，『存順沒寧』，何快如之。」眾躍然而起，黃冠亦斂衽曰：「此中庸之道也！」（《二曲集‧卷10‧南行述》，頁74）

二曲對道教外丹學「服養以煉形」或內丹學「抽坎填離」之術的批評，以及對「修行」的定義，反映理學家和道教修行者間的世界觀和

實踐立場的差異。[26]由於對現實人文世界的肯定，理學身體是要走向現象界的，「修行」指的是「檢點治去」、「必有事焉」、「用功於日用常行閒」。身體道德化、精神化就是身體的自我完成，形軀、生命都可「存順沒寧」。因此，形軀長生從來就不是儒學工夫論的重點。二曲說：

> 抽坎補離、藥物火候、嬰兒奼女、金公黃婆之言，皆為金丹刀圭而設，要之別是一術，非知道者所貴也。程子云：「我亦有丹君信否？用時還將濟斯民。」而許魯齋亦謂：「萬般補養皆虛偽，惟有操心是要訣。」（《二曲集‧卷15‧富平答問》，頁132）

儒家修行進路以「操心」——道德心性的修養為體，以「濟斯民」——人文世界的開物成務為用。以「操心」為「要訣」，意謂著儒家修行觀心性修持有其優先性位置；以「濟斯民」為用，意謂著儒家修持能量不會只導向「逆返」進入本體世界的方向，而是對人文世界的「順成」、「表現」。因此，理學家即使暫時使用隔離工夫，也會知其不完整而再度回到即身即事之域來歷練、表現，二曲也是如此。

重視以「操心」為「要訣」，理學家往往表現為對靜坐的重視。

---

26 理學和道教世界觀及實踐立場的差異，賴錫三曾透過陸西星《金丹大旨圖》、周敦頤《太極圖》之比較，指出二者「其間的差異，實乃反映了理學家和內丹家的世界觀和實踐立場的差異。可以這樣說，理學家如周敦頤，其關懷在於『物物一太極』的眼前人文世界的肯定，……反觀，內丹家作為宗教實踐的超越擇抉，先天（本體）與後天（宇宙）的兩層存有論區分嚴明彼此，而人生苦難正來自於先天墮落為後天，所以生命的解脫實踐當走向一回歸本體的救贖之路。」參賴錫三：〈陸西星的男女双修觀與身體心性論——內丹男女双修的批判性反思〉，《中正大學中文學術年刊》2008年第1期，總第11期（2008年6月），頁310。

因為佛老行之有年的靜坐法，透過離身離事而使意識向內翻轉，內斂至極，對契入本源、體證本心是非常有效的工夫；重視「用時還將濟斯民」，這個本心的「逆覺體證」，終究要回到現實世界，透過心—氣—形的互滲，再度作用到「事」上，這也是理學家不斷強調三教異同主要不在所證之「體」，而在儒學的「真實作用」。這樣的修行觀表現在理學工夫論中，即是「主靜」與「主敬」兩種工夫的交涉、對話。理學「主靜工夫」來自濂溪「主靜以立人極」；「主敬工夫」來自程門，程子恐「主靜以立人極」說使人偏滯於靜，故將「主靜」改為「主敬」。二曲說「進修之序，敬以為之本，靜以為之基。」（《二曲集‧卷11‧東林書院會語》，頁96）。二曲的「主靜」工夫——透過靜坐法以明心見性，具有理論優先性位置，他稱之為「識頭腦」；但「識頭腦」的「主靜」工夫，仍要放入「主敬」工夫的前後脈絡中，前要「修九容」、「擴善端」，後要發用以「經綸參贊」才能完成。

　　儒家身體觀的身心一如，落到現實面是「吾人身心，本粹白無染，只因墮於氣習，失卻本色」，因此，要回復「本體」，就須展開「工夫」，內外交修以消磨氣習。二曲認為所有的工夫、學問都指向此，他稱之為「身心切務」（《二曲集‧卷40‧子張篇》，頁508）。此「身心切務」、內外交修的工夫如何開展？以下本文就「識頭腦」的「主靜」工夫與「修九容」的「主敬」工夫，兩種工夫脈絡談起，探討其中的身心關係與身體運作。

五　「識頭腦」：「主靜工夫」的心之主宰性與身心關係

　　二曲在順治十四年三十歲因患病靜攝，默坐澄心，以心觀心，

「久之，覺靈機天趣，流盎滿前，徹首徹尾，本自光明。太息曰：
『學，所以明性而已，性明則見道。……若專靠聞見作活計，憑耳
目作把柄，猶種樹而弗培厥根，枝枝葉葉外頭尋，惑也久矣。』」
（《二曲集・卷45・歷年紀略》，頁562）明性見道後，他認為「為
學要先識本，誠識其本而本之。本既得，則末自盛。」（《二曲集・
卷4・靖江語要》，頁34）其工夫論首先便呈現出「求識本體」的理
論迫切性。二曲稱此「求識本體」工夫為「識頭腦」：

> 先生曰：「也須先識頭腦，否則，『涵養』，是涵養箇甚
> 麼？『省察』，是省察箇甚麼？若識頭腦，『涵養』，涵養
> 乎此也；『省察』，省察乎此也。」（《二曲集・卷3・常
> 州府武進縣兩庠彙語》，頁26）

> 敢問：「如何是頭腦？」先生曰：「而今問我者是誰？」在
> 座聞之，咸言下頓豁。（《二曲集・卷3・常州府武進縣兩
> 庠彙語》，頁26）

> 學問貴知頭腦，自身要識主人。誠知頭腦，則其餘皆所統
> 馭；識主人，則僕隸供其役使。今既悟良知為學問頭腦，
> 自身主人，則學問思辨，多聞多見，莫非良知之用。所謂識
> 得本體，好做工夫，做得工夫，方算本體。（《二曲集・卷
> 15・富平答問・附授受紀要》，頁134-135）

二曲認為學首要「識頭腦」，他回答如何「是頭腦」的說法──「而
今問我者是誰？」對熟悉禪宗參話頭的人應是不陌生的[27]，這是一種

---

27 禪宗常所使用之「話頭」，如：「念佛的是誰？」「不與萬法為侶者是什麼
人？」「禪是何物？坐的是誰？」等，目的是「參禪看話頭，最要者，為重下疑
情，回光返照」以「明萬法元起之由，了一念最初之際。」參法一禪師：《居士

「明心見性」、「求識本體」的工夫。此「本體」，不是一個超越、外在的形上學意義下的天道，而是心、性、天是一的良知良能、本心本性。二曲所使用的本體名稱不一，有時稱為「靈原」、「聖胎」、「本面」、「人生本面」；有時稱為「良」、「固有之良」、「天良」；或「一念萬年真面目」、「一念萬年之實際」、「一念之靈明」、「一念惺惺者」、「一念炯炯者」。[28]雖有用語名稱不同，但都是指這個本體。

　　「識頭腦」是一種「明心」的工夫，在其工夫論中具有理論優先性地位。所謂的「識頭腦」，以身體最重要部位──「頭腦」作隱喻，雖非指認識形軀之身的頭腦，但不僅稱為「明心」，而稱之為「識頭腦」，同時亦可視為此「明心」工夫，其實並不純粹是「心」或意識層面的事情，「心」的修養並不真能脫離「身」之修煉而單獨存在。在「識頭腦」工夫下的身─心關係中，一方面「心」具有對「身」的主宰性；一方面「心」又不真能脫離「身」而存在，而具有具身性（embodiment）。「心」對「身」具有主宰性，故稱之為「一身之主」。二曲說：

> 因問「主帥」。曰：「即各人心中之一念惺惺者是也。此之謂一身之主，再無與偶，故名曰『獨』。慎之者，藉巡警以衛此主也。然主者不明，雖欲慎，誰為慎？」（《二曲集・卷10・南行述》，頁83）

形骸之身是有限之身、未完成之身，透過「識頭腦」的心性工夫作為「一身之主」，儒家身心轉化過程就有了方向，這使得儒家的身體

　　　　參禪簡錄》（臺北：大乘精舍印經會，1993），頁19-34。

28 參王雪卿：〈作為「生命實踐」的李二曲思想之研究（上）〉，《鵝湖月刊》第37卷第6期，總號第438（2011年12月），頁14-15。

不僅是生物性存在，具有精神化涵義。而對「心」具有不真能脫離
「身」而存在的具身性自覺，在如何達到「明心」、「識體」的工夫
上，理學家不管是採用靜坐以觀未發氣象的「主靜」工夫，或強調
「事上磨練」的「主敬」工夫，「明心」工夫都要透過身體的某種姿
態，以及相應的某種感官活動或處世活動，才得以進行。

在討論二曲「識頭腦」——明心見性、求識本體工夫如何運作，
以及其身—心關係前，必須先進一步說明所謂「識頭腦」之說，非二
曲自創，而是繼承自陽明的說法。陽明說：

> 先生曰：「固是事事要如此，須是識得個頭腦乃可。義即是
> 良知，曉得良知是個頭腦，方無執著。（《傳習錄上》，
> 《王陽明全集·卷3·語錄三》，頁102）[29]

> 良知本體原是無動無靜的。此便是學問頭腦。（《傳習錄
> 上》，《王陽明全集·卷3·語錄三》，頁105）

> 良知頭腦，是當去朴實用功，自會透徹。（《傳習錄上》，
> 《王陽明全集·卷3·語錄三》，頁105）

陽明認為為學須先「識頭腦」，他所謂的「頭腦」乃是指「良知」，
「識頭腦」即是指求識本體的「致良知」之本體工夫。二曲延續陽明
「須先識頭腦」的強調，在理學史上的意義是在經過長久以來的朱王
之爭後，對陽明「良知本體」自覺肯定與繼承，二曲說：

> 姚江當學術支離蔽錮之餘，倡「致良知」，直指人心一念獨
> 知之微，以為是王霸、義利、人鬼關也。當機覿體直下，令

---

29 〔明〕王守仁著：《王陽明全集》（上海：上海古籍出版社，1995），頁102。以
下《傳習錄》引文版本同此。

人洞悟本性，簡易痛快，大有功於世教。而末流多玩，實致者鮮，往往舍下學而希上達，其弊不失之空疏杜撰鮮實用，則失之恍惚虛寂雜於禪，故須救之以考亭。然世之從考亭者，多闢姚江，而竟至諱言上達，為以聞見淵博、辯訂精密為學問之極，則又矯枉失直，勞罔一生，……大本大原，類多茫然。必也以致良知明本體，以主敬窮理、存養省察為工夫，由一念之微致慎，從視聽言動加修，庶內外兼盡，姚江、考亭之旨，不至偏廢，下學上達，一以貫之矣。故學問兩相資則兩相成，兩相闢則兩相病。（《二曲集‧卷15‧富平答問》，頁129）

二曲之學「必也以致良知明本體」，繼承陽明的良知本體說。但是，針對「末流多玩，實致者鮮」、「舍下學而希上達」的王學流弊，二曲特重下學工夫，「以主敬窮理、存養省察為工夫」，企圖以程朱工夫合陽明本體，而不單提「致良知」工夫。二曲「識頭腦」要達到的明心見性，重要工夫是透過主靜──靜坐法。[30]陽明為教三變，滁陽後原本多教學者靜坐，後因學者「漸有喜靜厭動，流入枯槁之病。或務為玄解妙覺，動人聽聞。故邇來只說致良知。」（《傳習錄上》，《王陽明全集‧卷3‧語錄三》，頁105）晚期陽明對以靜坐做為儒門教法充滿疑慮，認為「致良知」三字，能該動靜，最為無弊。但二曲認為陽明「新建論『動靜合一』，此蓋就已成言。方學之始，便欲動靜合一，猶未馴之鷹，輒欲其去來如意，鮮不颺矣。即新建之盛德大業，亦得力於龍場之三載靜坐，靜何可忽也。」（《二曲集‧卷2‧

---

30 宋明理學中「主靜工夫」一詞主要來自周濂溪「主靜以立人極」之說，理學家在操作「主靜工夫」時多使用靜坐法，故本文所談之「主靜工夫」依理學家習慣用法，即指靜坐法。

學髓》，頁20）在二曲看來，靜坐法不宜貿然捨棄，因為「動靜合一」說雖無弊，卻屬於已成者的後半段工夫，並不是一開始就可以達到的，靜坐法仍是較可靠的入手工夫。

二曲因靜坐明性見道，在其工夫論中靜坐具有重要位置，既是初下手入門工夫，亦是澈悟本源究極工夫。靜坐過程中，理學靜坐法工夫模式，「它與走『逆』、『復』、『空』、『無』的佛道靜坐法實有近似之處，它們都強調讓身心處在內斂至極的緊張關係，一旦突破，即可體證作為天下大本的本心。」[31]這時，為了內斂至極，以求突破，往往會強調「一念不生」的重要。二曲言：

> 屏耳目，一心志，向「無聲無臭」處立基。胸次悠然，一味養虛，以心觀心，務使一念不生。久之，自虛室生白，天機流盎，徹首徹尾，渙然瑩然，性如朗月，心若澄水，身體輕鬆，渾是虛靈。（《二曲集・卷16・答張澹庵》，頁145）

為了「一念不生」，靜坐中暫時隔離是必須的，所以二曲說「屏耳目，一心志」。當身與事一切放下，到達本心呈露階段，此時身心狀態中，心是「性如朗月，心若澄水」，身是「身體輕鬆，渾是虛靈」。此是二曲靜坐與佛道靜坐法近似者。

以下再從其他紀錄，更完整觀看他的靜坐法特色。二曲靜坐實踐，以〈學髓〉「虛明寂定」圖（《二曲集・卷2・學髓》，頁20）與〈關中書院會約〉所論最為具體。「虛明寂定」圖中，二曲的靜坐在早午晚各進行一次，名為「昧爽香」、「中午香」、「戌亥香」，是為「每日三坐」[32]；「每日三坐」的實踐在〈關中書院會約・學

---

31 楊儒賓：〈主敬與主靜〉，頁7。

32 《二曲集・卷2・學髓》，頁20。

程〉有更具體的構想：

> 學程
>
> 一、每日須黎明即起，整襟危坐少頃，以定夜氣。屏緣息
> 慮，以心觀心，令昭昭靈靈之體，湛寂清明，了無一
> 物，養未發之中，作應事之本。
>
> 一、坐而起也，有事則治事，無事則讀經數章。註取其明白
> 正大，簡易直截；其支離纏繞，穿空鑿巧者，斷勿寓
> 目。
>
> 一、飯後，看《四書》數章，須看白文，勿先觀《註》；白
> 文不契，然後閱《註》及《大全》。凡閱一章，即思此
> 一章與自己身心有無交涉，務要體之於心，驗之於行。
> 苟一言一行不規諸此，是謂侮聖言，空自棄。
>
> 一、中午，焚香默坐，屏緣息慮，以續夜氣。飯後，讀《大
> 學衍義》及《衍義補》，此窮理致知之要也，深研細
> 玩，務令精熟，則道德、經濟胥此焉出。[33]夫是之謂
> 「大人之學」。
>
> 一、申酉之交，遇精神懶散，擇詩文之痛快醒發者，如漢魏
> 古風、〈出師表〉、〈歸去來辭〉、〈正氣歌〉、〈卻
> 聘書〉，從容朗讀，以鼓昏惰。
>
> 一、每晚初更，燈下閱《資治通鑑綱目》，或濂、洛、關、
> 閩及河、會、姚、涇語錄。閱訖，仍靜坐，默檢此日意

---

[33] 「道德、經濟胥此焉出。」之「胥此焉出」一詞不文，感謝匿名審查者細心校
正。然就陳俊民點校本或李中孚著、王心敬纂：《漢學彙編斷句李二曲全集》
（臺北：廣文書局，1999），卷13。二書皆作「胥此焉出」。依文義推斷，或是
「胥此出焉」之誤。

> 念之邪正，言行之得失。苟一念稍差，一言一行之稍
> 失，即焚香長跽，痛自責剷。如是，日消月汰，久自成
> 德。即意念無差，言行無失，亦必每晚思我今日曾行幾
> 善。有則便是日新，日新之謂「盛德」；無則便是虛
> 度，虛度之謂「自畫」。昔有一士自課，每日必力行數
> 善；或是日無善可行，晚即自慚曰：「今日又空過了一
> 日！」吾人苟亦如此，不患不及古人也！（《二曲集·
> 卷13·關中書院會約》，頁116-117）

二曲對於理學中「半日靜坐，半日讀書」，「半日」如何操作、「靜坐」與「讀書」如何結合，作了說明，此處僅就靜坐談。黎明起後，坐第一炷香，目的是「定夜氣」；中午飯前坐第二炷香，目的是「續夜氣」。這源自孟子的「夜氣」，是和本心同源的氣。透過靜坐澄心接續「夜氣」，「氣」不再向下與「形」、「習」雜染成為「習氣」；而是逆返帶著形軀之身向心性回歸的「氣志」、「志氣」。特別注意第三炷香坐法，此時不再要求「一念不生」；而是運用靜坐時心靈澄澈狀態和高度覺察力，檢驗意念邪正與言行得失。也就是前面「階段」離「身」離「事」的暫時性隔離工夫，到第三坐不再是離「身」離「事」，而是即「身」即「事」的狀態。一覺察到意念言行偏差，馬上「焚香長跽，痛自責剷」。此法很容易讓人聯想到劉蕺山《人譜》中的靜坐法（又稱「訟過法」），要求學者在靜坐時，面對內心世界的微過、隱過，嚴厲喝斥自己的作法。[34]不管是劉蕺山「訟

---

34 參〔明〕劉蕺山著，戴璉璋、吳光主編：《劉宗周全集》冊2（臺北：中研院文哲所，1996），頁18-19。只是劉蕺山的「訟過法」乃是「出聲訶過法」，必須發出聲音，大聲斥責自己；二曲的「痛自責剷」，究竟是否須出聲訶過，並沒有明確說明。

過法」，還是二曲的「焚香長跽，痛自責罪」，此種特別的靜坐方式，說明理學靜坐除「證悟本體」此三教共法外，還必須放入儒家成德結構來理解，並且表現明末清初以來特別突出的一種「道德嚴格主義」特色。此「道德嚴格主義」針對王學末流狂禪的痛切反省而發，而且「在明清改朝換代後，隨著知識分子深重的負疚感而更趨嚴格。」[35]明末清初「道德嚴格主義」的工夫特點，王汎森說：

> 道德修養工夫是礦中取金。米中挑鹽的工作，必須非常戒慎小心才可能做好。故由一靜坐便無餘事的成德觀念變成在行動的實踐中才能成德的觀念。[36]

除了高度重視行動的實踐（主敬工夫）外，即使是就靜坐法的運作來看，不管是二曲或蕺山，都不認為「一靜坐便無餘事」，而是藉由靜坐澄澈狀態而來的高度覺察力，進行對身過、心過的道德嚴格反省批判。

　　整體而言，二曲靜坐法目的指向「以一念之不昧者擴充而實踐之，以為希聖希賢之基」（《二曲集‧附錄二‧盩屋李徵君二曲先生墓表》，頁606），即使語言和禪宗有相似性，但其關懷到底是不一樣的。二曲強調儒家靜坐所證的「體」，是有「體」有「用」的

35　參王汎森：〈明末清初的一種道德嚴格主義〉，《晚明清初思想十論》（上海：復旦大學出版社，2004），頁91。在王汎森看來，此道德嚴格主義不僅表現在劉蕺山這樣的理學家身上，「在主張自然人性論的思想家的作品中，常能見到極為深刻的『道德嚴格主義』，這種現象以明末清初的思想家為特別突出。」（同上書，頁93）

36　王汎森：〈明末清初的一種道德嚴格主義〉，《晚明清初思想十論》，頁98。

「體」，能發揮「真實作用」[37]，並批評佛氏為「敗常亂倫」。[38]理學家使用的修行法不管和佛老看起來如何近似，其身心轉換過程，都不會具有捨棄經驗實存、群體共在的個體性意義，而是涵具著文化的、歷史的、社會的豐富意味。身心轉化的修行，必然要落實到自我與他人、個體與社會、自然與文化、經驗與形上的關係上，並展現為德與禮的身教。[39]即使他們使用的是暫時隔絕於他人、社會、文化、經驗的「超越的逆覺體證」之靜坐法，最終也是如此。

六 「修九容」：「主敬工夫」中身體禮儀修煉的展開

「識頭腦」的心性工夫作為「一身之主」，雖有工夫論中理論優先性地位，但儒家關懷重心，不僅是存有論意義下「本來面目」之呈

---

37 如〈兩庠彙語〉：「岳山華先生問：『天命之性，三教同否？』先生曰「『同而異。在天為於穆不已之命，人稟之為純粹至善之性，直覷原本，不落思想，不墮方所，以臻無聲無臭之妙，是則同……以彼真參實悟，其有見處，非不皎潔，而達之於用，猶無星之戥，無寸之尺，七倒八顛，迴視儒者真實作用，何啻霄壤!』」（《二曲集‧卷3‧常州府武進縣兩庠彙語》，頁30）

38 二曲言：「然與佛氏之『虛寂』，又自不同。蓋老莊之『虛』，是虛其心，猶未虛其理；佛氏之『虛寂』，則虛其心，而並欲虛其理，舍其昭昭而返其冥冥，雖則寂然不動，而就不足以開物成務，以通天下之故。此佛氏所以敗常亂倫，而有心於世道者，不得不為之辨正也。」（《二曲集‧卷16‧答顧寧人先生》，頁151）

39 周與沉說：「儒家打通形而上層面與經驗層面，其『極高明』的境界必得在『道中庸』的態度中顯，故身心轉化的修行過程就不具有捨棄經驗實存、群體共在的個體性意義，而是涵具著文化的、歷史的、社會的豐富意味。事實上，儒家眼中的身體是生物性存在、社會倫理性存在、政治存在、歷史存在、文化存在與形而上存在諸層面的疊合，而身心轉化的修行，必然要落實到自我與他人、個體與社會、自然與文化、經驗的與形上的關係上，並展現為德與禮的身教。」參周與沉：《身體：思想與修行——以中國經典為中心的跨文化觀照》，頁302。

現（雖然理學家受二氏挑戰，展現出對形上本源的高度興趣），而是價值論上的應然實現，因此，身體是精神化的身體，但另一面向是精神也是身體化的精神。儒家整體身心修為，必然要帶著整個身體進行創生與成就。二曲雖透過「主靜工夫」明心見性，但他一面視靜坐為最重要教法；一面卻批評「一味耽溺於靜坐」的「今之學者」：「見先達言『主靜』亦主靜，至有輕視一切倫理為繁文瑣節，而冥目跏坐於暗室屋漏之中，以為道即在是者，不知此與告子何異？」（《二曲集・卷43・反身續錄・孟子上》，頁65）這是因靜坐非孤立工夫，所有修行必須連結日用倫常。此亦是理學家自覺儒門靜坐法異於禪法處。修養過程中要轉化的不只是「心」，還包括「身」，理解二曲工夫論的完整面貌，須再進一步探討他對身體踐形的動態修煉。此身體動態修煉要連著日用倫常——「事」才能完成。靜坐是一個由「身」到「心」的逆返修煉方式，透過身體「暫時」隔離、剝落而澈悟本源，此是見體非唯一，卻快速有效之法。但儒者始終是生活在此世的，暫時的離身離事終究要回到生活世界中，「人世由事件組成，事件何其多！所以要於事上主一極難，然而，『敬』字施用的範圍正落在事上。『事』構成了一件行為場域的意識之焦點」[40]。心—氣—形—事彼此構成完整的有機體，這就是理學中的「主敬工夫」，「『主敬』作為行為語彙意味著形—氣—神—事的具體合一，這種結果從『靜坐論』的角度來看，可說是一種更高的發展。」[41]在二曲「每日三坐」第三坐中，其實已看到心—氣—形—事的統合；這個統合在二曲「主敬工夫」——「修九容」的身體動態修煉中有更清楚的面貌展現。

40　楊儒賓：〈主敬與主靜〉，頁14。

41　楊儒賓：〈主敬與主靜〉，頁14。

　　明末清初理學家針對王學末流的狂禪流弊，普遍在「主靜」工夫外，非常重視程朱「主敬」工夫。高攀龍即認為：

> 「坐如尸，坐時習也；立如齋，立時習也」。豈不是一箇「敬」字；即如〈君子九思章〉，豈不是一箇活「敬」字；「非禮勿視聽言動」，豈不是一箇活「敬」字。朱子曰：「習靜，不如習敬。」信哉！」[42]

二曲認為高攀龍此說，乃以「敬」為本體，他並不贊成此說，而認為：「是敬乃工夫，非本體也。做得工夫，方復本體，恐未可以工夫為本體也。」（《二曲集·卷11·東林書院會語》，頁96）但是，二曲的確展現對程朱「主敬」工夫的高度重視，他說：

> 先生曰：「成始成終，不外一『敬』。『敬』之一字，是聖賢徹上徹下的工夫，自灑掃應對，以至於察物明倫，經天緯地，總只在此。是絕大功業，出於絕小一心。」又曰：「為學不要騖高遠，但從淺近做起。手足耳目，神明之符也，須是整頓精神，中恆惺惺，視明聽聰，對境不遷，斂之又斂，以至於無時無事之不斂。……故最上道理，只在最下修能。」（《二曲集·卷3·常州府武進縣兩庠彙語》，頁26）

　　「主敬」是「成始成終」、「徹上徹下」的聖賢工夫。在「主靜」中為了「一心志」、「一念不生」而作的「屏耳目」——那個被暫時隔離而進入隱闇向度的身體，在「主敬」工夫的運作下重新成為焦點意識，所以二曲說「手足耳目，神明之符也」。形軀之身是精神的

42　高攀龍說見《二曲集·卷11·東林書院會語》，頁95-96。

表徵，具有被正視的意義，此通向孟子「踐形」義。「踐形」說出自《孟子・盡心上》：「形色，天性也，惟聖人然後可以踐形。」[43]孟子進一步描述「踐形」狀態為「君子所性，仁義禮智根於心。其生色也，睟然見於面，盎於背，施於四體，四體不言而喻。」[44]楊儒賓說：「人體是由形—氣—志三相一體的結構組成。與此結構相對的，也就有『養氣』、『盡心』、『踐形』三種工夫論。」[45]但是，由於孟子重視「志」，工夫主軸是放在「盡心」上，「養氣」、「踐形」僅是「盡心」的導出項目。[46]孟子的「生色」、「睟面」、「盎背」，是由「盡心」的心性擴充工夫運作到一定境界，所展現出來的身體姿態。因此，孟子「踐形」談的是聖人果地風光；對於以形體為焦點意識、直接在形體上修煉的「踐形」工夫，其實沒有多作發揮，「主敬」工夫可視為孟子「踐形」工夫的進一步開展。從二曲對道教丹家修行方式的批評，可以了解理學工夫論中「踐形」的論述架構，不會同於道教丹家的修煉形體的治氣之術，二曲對「氣」的處理，僅說到孟子脈絡下的「續夜氣」、「定夜氣」，並沒有「調息譴魔」、「馴伏調御」氣息一類的說法。對於「形」的修煉，他所談也不是形體養生、長生，而是連著日用倫常，透過「事」回應以相應的「禮」，展開的身體禮儀修煉。

43　《孟子集注卷13・盡心上》，〔宋〕朱熹：《四書章句集注》，頁506。

44　《孟子集注卷13・盡心上》，〔宋〕朱熹：《四書章句集注》，頁497。

45　楊儒賓：〈儒家身體觀的原型〉，《儒家身體觀》，頁49。對於孟子學中的「養氣」和「踐形」工夫，楊儒賓一面指出「盡心」和「養氣」工夫的同步性（同上書，頁161），一方面「針對『孟子思想中是否有修煉形體的治氣之術』這點略加說明。筆者認為孟子的『踐形』、『養氣』之說與養生家的修煉理論，確實有某些相通之處，但由於兩者的論述架構不同，因此，其相通之處不能過度誇大。何況，就我們目前所知的材料來看，孟子思想中是找不到『調息譴魔』、『馴伏調御』之說的。」（同上書，頁172）

46　楊儒賓：〈儒家身體觀的原型〉，《儒家身體觀》，頁49。

二曲身體禮儀修煉，是其「主敬」工夫的重要內涵。此可從「肘後牌」（《二曲集・卷15・富平答問・附授受紀要》，頁134）來理解其梗概：

　　肘後牌
　　肘後牌者，佩日用常行之宜於肘後，藉以自警自勵，且識之於不忘也。上帝臨汝，無貳爾心，其可忽乎⋯

```
　　　　　　　　　　　恭默
　修九容　提起　擴善端
　　　　　下放
　　　虛明寂定
　　　經綸參贊
　　　　化
　　無聲無臭
```

如前文所說，明末清初以來的「道德嚴格主義者」非常重視在行動的實踐中成德，「肘後牌」即是二曲在行動實踐中成德的具體做法，設計來在平日佩在肘後以自警自勵的一個牌子。「肘後牌」下，二曲有一段文字說明：

　　終日欽凜，對越上帝，篤恭淵默以思道；思之而得，則靜以
　　存其所得。動須察其所得，精神纔覺放逸，即提起正念，令
　　中恆惺惺；思慮微覺紛雜，即一切放下，令萬緣屏息。修九
　　容，以肅其外；擴善端，以純其內。內外交養，湛然無適，

久則虛明寂定，渾然太極，天下之大本立矣。大本立而達
道行，以之經世宰物，猶水之有源，千流萬派，自時出而無
窮。然須化而又化，令胸中空空洞洞，無聲無臭，夫是之謂
盡性至命之實學。（《二曲集‧卷15‧富平答問‧附授受紀
要》，頁135）

「肘後牌」中可看到二曲工夫論的整體架構，「主靜」工夫雖重要，
卻被置入「主敬」脈絡中操作。這使得靜坐證體的「逆返」能量，再
度被轉引到「表現」方向上。而更能呼應儒家原來的成德結構，並
彰顯「全體大用」精神。在二曲工夫論的實際運作中，「主靜」與
「主敬」幾乎同步進行，交互運作。達「虛明寂定」的證體之境，要
「惺惺不昧以修心，『九容』、『九思』以修身，身心內外，無一
或忽。」（《二曲集‧卷39‧四書反身錄‧論語憲問篇》，頁495）
除了靜坐，也需「主敬」工夫作「提起」的動作，其內容是「修九
容」、「擴善端」，展現德與禮的身教。

　　二曲「主敬工夫」的行動實踐中強調身心內外互滲交養，除「主
靜工夫」的心性修持外，在身體面向上二曲一再提到「修九容，以肅
其外」、「『九容』、『九思』以修身」。「九容」典故出自《禮
記‧玉藻》：

足容重，手容恭，目容端，口容止，聲容靜，頭容直，氣容
肅，立容德，色容莊，坐如尸。[47]

「九思」典故出自《論語‧季氏》：

47　《禮記‧玉藻》第十三之二，〔清〕孫希旦：《禮記集解》卷8（臺北：文史哲出
　　版社，1984），頁763。

孔子曰：「君子有九思：視思明，聽思聰，色思溫，貌思恭，言思忠，事思敬，疑思問，忿思難，見得思義。」[48]

都是指透過外在容貌、身體禮儀訓練，「制於外以養其內」的工夫。「九容」、「九思」這種整齊嚴肅的身姿，後來成為程朱學「主敬工夫」下的重要身體特色。在朱子處，「主敬工夫」所言之「『敬』不只是『主一無適』之『心態』，亦兼有『整齊嚴肅』之身姿。嚴威儼恪，雖非敬本身，但致敬卻由此入手，『未有貌箕踞而心敬者』。」[49]至於在陸王心學家那裡，對此身心交養工夫亦是有所繼承的，並非完成不談「修九容」，《象山全集》記錄陸九淵的說法：

周伯熊來學。先生問：「學何經？」對曰：「讀《禮記》。」「曾用功於九容乎？」曰：「未也。」「且用心於此。」後往問學於晦庵。晦庵曰：「邇里近陸先生，曾見之否？」曰：「亦嘗請教。」具述所言。晦庵曰：「公來問學，某亦不過如此說。」[50]

---

48 《論語集注》卷8，季氏。〔宋〕朱熹：《四書章句集注》，頁242。

49 陳立勝：〈「心」與「腔子」：儒學修身的體知面向〉，《「身體」與「詮釋」──宋明儒學論集》，頁84。匿名審查者指出：「修九容是程朱等理學家所說的『制於外以養其中』的工夫，目的在於由外部的工夫而達到內心專一、純淨的地步，並不是以修治外表的儀容為主。」筆者十分認同匿名審查者說法。但須進一步說明的是，就朱子來說修治外表的儀容身姿雖不是本，卻是心性修持不可忽略之下手處，他對任何脫離「制於外」而奢談「養其中」的路數頗多微詞。朱子的〈敬齋箴〉說「正其衣冠，尊其瞻視。潛心以居，對越上帝。足容必重，手容必恭。」（〔宋〕朱熹：〈敬齋箴〉，《晦庵先生朱文公文集》卷八十三，《朱子全書》第24冊，上海：上海古籍出版社，2002，頁3996）也就是說朱子闡發「敬」的「主一」工夫，和心學系統相較，對於身體姿態的規範、修持是更加重視的。因此，筆者以為從身體的角度來談「敬」，還是有可以討論的空間。

50 〔宋〕陸九淵：《象山全集》（臺北：臺灣商務印書館，1968），頁496。

就此看來，對「用功於九容」的認同似乎是朱陸所同。不過，再進一步說，心學工夫的「修九容」一向強調誠於中、形於外，對於「身上如何用功」問題的回答重點到底還是扣緊在「心」上。王陽明說：

> 門人在座，有動止甚矜持者。先生曰：「人若矜持太過，終是有弊。」曰：「矜持太過，如何有弊？」曰：「人只有許多精神，若專在容貌上用功，則於中心照管不及者多矣。」有太直率者。先生曰：「如今講此學，卻外面全不檢束，又分心與事為二矣。」[51]

> 若只是那些儀節求得是當，便謂至善，即如今扮戲子，扮得許多溫凊奉養的儀節是當，亦可謂之至善矣。[52]

在王陽明處，他到底擔心一味專就身姿容貌的修煉，而不在「心」上用功，難免墮入「扮戲子」的嫌疑；而在朱子看來，只說「心」，不說「身」，離開外在身體儀節規範的「身學」工夫，要談「養其中」、「正其心」的「心學」，也同樣會遇到沒有下手處的麻煩。朱子說：

> 問：「《禮記》九容與《論語》九思，一同本原之地，固欲存養；於容貌之間，又欲隨事省察。」曰：「此即便是涵養本原。這裏不是存養，更於甚處存養。」[53]

> 蓋人能制其外，則可以養其內。固是內是本，外是末，但偏

51　〔明〕王守仁：《傳習錄上》，《王陽明全集》卷3，語錄3，頁98。

52　〔明〕王守仁：《傳習錄上》，《王陽明全集》卷1，語錄1，頁3。

53　〔宋〕朱熹著，黎靖德編：《朱子語類》（北京：中華書局，1994）卷87，〈禮四，小戴禮〉，頁2246。

說存於中，不說至於外，則無下手腳處，此心便不實。外面
盡有過言、過行更不管，卻云正吾心，有此理否？[54]

朱子的「用功於九容」說，和心學工夫還是存在著路數的不同。「主
敬」工夫在朱子便不會只是心的凝鍊專一而已，而必然是包括「九
容」身體容貌、言語動作上的點檢，身心的整齊收斂。[55]「九容」身
體容貌、言語動作，這些「制其外」工夫，不是「扮戲子」，而正是
「涵養本原」的下手處與「克己復禮」的具體表現。

　　朱子要求正視「心學」外「身學」工夫之價值，在經過狂禪流弊
後，具有道德嚴格主義傾向的明末清初理學家看來，此「制於外」工
夫有其必要性。二曲「修九容」、「擴善端」的身體修煉方向，強調
「莊敬靜默，整頓威儀，刻刻照管，步步提撕。」（《二曲集・卷
4・靖江語要》，頁37），正是二曲學在工夫論上對程朱「主敬」說
的自覺繼承。以「主靜」工夫，肯認陽明「識頭腦」的良知本體後；
同時要以程朱「主敬」工夫來「修九容」，「制乎外以養其內」，身
心互滲，內外交養。二曲「修九容」下的身體是一種時刻保持高度覺
察力的禮教威儀身體。運作具體內容如下：

見之於外也，足容重，手容恭，頭容直，目容端，口容止，
氣容肅，聲容靜，立容德，坐如尸，行如蟻，息有養，瞬有
存，晝有為，宵有得，動靜有考程，皆所以制乎外以養其內
也。內外交養，打成一片，始也勉強，久則自然。喜怒哀樂
中節，視聽言動復禮，辭受取與不苟，造次顛沛一致，得失
毀譽不動，生死患難如常，無入而不自得。（《二曲集・卷

---

54 〔宋〕朱熹著，黎靖德編：《朱子語類》卷120，頁2904、2905。

55 朱子：「整齊收斂，這身心不敢放縱，便是敬。嘗謂『敬』字似甚字？恰似箇
『畏』字相似。」《朱子語類》卷120，頁2891。

11‧東林書院會語》，頁96）

這樣的身體要求「視聽言動，勿其非禮」，可說是一個被「禮」規訓的「禮教之身」。明代程朱學者薛瑄也有類似主張，薛瑄力主「言動舉止，至微至粗之事，皆當合理，一事不可苟。」「於坐立方向、器用安頓之類，稍有不正，即不樂，必正而後已。先儒謂一事苟，其餘皆苟矣。」[56]另一明代朱學儒者張岳也曾依《禮記》等典籍輯〈威儀動作之節〉一文，身體的足、手、耳、目、口、聲、頭、氣、立、色、坐、行，種種身體言行舉止，皆在規範的範圍行列。[57]二曲也將「修九容」的身體規範落實到關中書院講學對學人的教法上，〈學程〉除了為學人制定如何靜坐與讀書外，二曲說：

> 有事往來親友之家，或觀田疇，或赴地方公務，行步須安詳穩重，作揖須舒徐深圓。周中規，旋中距，坐如尸，立如釘。手與心齊，莊而和，從容閒定，正己以格物。不可輕屨市肆，不可出入公門，不可狎比匪類，不可衣服華美。（《二曲集‧卷13‧關中書院會約》，頁117）

二曲「修九容」強調的也是整肅威儀的紀律之身，這可說是一種「禮教之身」，此是「主敬」工夫運作下，典型程朱學者的生活方式和身體姿態。

　　「禮教之身」的養成，他認為「始也勉強，久則自然」，這是一種規訓，也是一種浸潤，「視聽端凝，言動不苟，久自『睟面盎背』，四體泰然。」（《二曲集‧卷29‧四書反身錄‧大學》，頁

56　〔清〕黃宗羲著，沈芝盈點校：《明儒學案‧河東學案》（北京：中華書局，2008），卷7，頁117。

57　〔明〕張岳：《小山類稿》（福州：福建人民出版社，2000）卷18，頁344。

409）也就是說「主敬」工夫所展開的動態身體禮儀修煉，開始運作時，的確有一種被規訓的勉強，但反覆練習浸潤後，這個勉強會被超克，到達心─氣─形─事，或心─氣─形─禮融合為一的階段，「主敬」的「踐形」工夫會呈現聖人身體「睟面盎背」的「踐形」氣象。

七 禮教之身：李二曲身體觀之特色與限制

二曲透過身心修煉呈現出來的身體是怎樣的身體？此時身心性命之道，是能燦然表現於語默動靜間的。此「修身」意義下的身體，不只是二曲的身體，同時也是理學傳統的身體，或更正確的說是儒家傳統的身體。這樣的身體早就出現在《論語・鄉黨篇》對孔子身體的描述中。《論語・鄉黨篇》歷來不被研究哲學史或思想史的人所重視，但如果置入「身體之展演」的角度詮釋[58]，就會有別開生面的結果。對於《論語・鄉黨篇》中孔子身體的描述。二曲說：

> 《論語》二十篇，其十九篇記聖人之言，此篇則記其行也。行狀之妙，莫妙於此，先儒謂分明畫出一箇聖人，只是精神命脈未曾畫得出。夫精神命脈在內，不可得而見，豈可得而畫耶？然精神命脈，固不可得而見，見其周旋進退、動靜語默，亦可因而知其精神命脈矣。（《二曲集・卷35・四書反

---

58 從身體觀視域重新詮釋《論語・鄉黨篇》者，如黃俊傑從「身體之展演」角度詮釋該篇。參黃俊傑：〈東亞儒學思想傳統中的四種「身體」：類型與議題〉，收入氏著：《東亞儒學：經典與詮釋的辯證》（臺北：臺灣大學出版中心，2007），頁187-218。另外，彭國翔也從身心修煉的禮儀實踐角度，對《論語・鄉黨篇》的意義進行了深入解讀。參彭國翔：〈作為身心修煉的禮儀實踐──以《論語・鄉黨篇》為例的考察〉，《臺灣東亞文明研究學刊》第6卷第1期（2009年6月），頁1-27。

身錄·論語鄉黨篇》，頁475）

孔子的「精神命脈」即存在於「周旋進退、動靜語默」中，這樣的精神是具體化的、身體化的精神；身體也是精神化的身體。只是儒家聖人透過修身而證成的身體如何達成，在理學是經由「主靜」與「主敬」兩種工夫的交涉、對話與運作，更清楚的展現其全貌。雖然在整個明代理學發展史上，最有活力的思想家多不走程朱「主敬」工夫路線，但到二曲前後，理學家們經過亡國之痛，對心學雖各有不同評價，但對程朱「主敬」這種穩健工夫，其證成目標符合儒家價值體系，卻通常「被視為代表一種等第較低一級的法門」，作為漸教法門的「主敬」工夫[59]，已多能高度肯認其價值。二曲一方面延續心學工夫論中的「主靜」之學，強調「識頭腦」的重要；一方面將「主靜」放入「主敬」工夫架構中，以彰顯理學作為儒學的成德結構和真實作用。二曲的想法不是特例，一直到曾國藩身上，還可聽到類似的親切聲音。曾國藩立下的每日功課中提到：「主敬（整齊嚴肅，無時不懼。無事時心在腔子裡，應事時專一不雜。）靜坐（每日不拘何時，靜坐一會，體驗靜極生陽來復之仁心。正位凝命，如鼎之鎮。）」[60]

59　楊儒賓說：「如果『主敬』是種穩健的工夫，其證成的目標又符合儒家的價值體系，那麼，我們很難迴避最後的一種質疑：為什麼後來工夫論史的發展並不是向它傾斜，反而是主敬工夫所要對治的心學功夫享有更大的優勢，至少在思想界，後者似乎更加活潑。作為漸教法門的主敬常被視為代表一種等第較低一級的法門的作用，眾所共知的禪宗的南北宗之爭的結果姑且不論了，就在理學的範圍內，整個明代最有活力的思想家似乎都不走程朱『主敬』的路線，而是反其道而行。歷史的前塵往事難免令人懷疑主敬法門的作用：它有可能達成程朱的預期效果嗎？」參楊儒賓：〈主敬與主靜〉，頁22。

60　參曾國藩：〈致諸弟（己巳戒煙欲作曾氏家訓勉勵自立課程）〉道光二十二年十二月二十日條附課程表，《曾文正公家書》卷4，《曾文正公全集》（臺北：世界書局，1991），頁60。

曾國藩是受理學思想浸潤甚深的重量級知識分子。「主敬」與「主靜」工夫交互運作、滲透下，浸潤在他們日常生活中所透顯出來的身體圖式，代表「禮」，同時也是「理」，下滲成為理學家們生活世界的圖貌。

　　二曲透過「識頭腦」（主靜）和「修九容」（主敬）工夫運作，開展出來的身體，是禮教之身。它繼承、深化、系統化孔子「禮」教，此其特色。但，孔子之教除「禮義」向度外，還有「興於詩，立於禮，成於樂」的詩樂傳統。二曲身體如果要談限制，就儒學本身來說，或許可以說「主敬」工夫下的身體傾向於「禮義」之身，而非「禮樂」之身。雖然他並未完全捨棄孔門的詩樂傳統，他說：

> 仍於肄《詩》之餘，擇先儒所吟有關於身心性命、綱常名教痛快警切者，每日午候精神倦散之時，朗誦數首，以鼓昏惰……時操琴音，養其性情，其庶幾乎？（《二曲集·卷34·四書反身錄·論語泰伯篇》，頁463）

但這樣的「朗誦數首」、「時操琴音」，二曲說：

> 子雅言《詩》、《書》、《禮》者，原欲學者雅聞其說，心繹神會，以之理性情、謹節文、練政事而達之用也。（《二曲集·卷34·四書反身錄·論語述而篇》，頁458）

詩樂價值，非常直接的被扣到「以之理性情、謹節文、練政事」來說；並不肯定詩樂作為藝術本身的價值。我們進一步來看他對「藝」的評價：

> 「志道」、「據德」、「依仁」而後「游藝」，先本而後末，由內而及外，方體用兼該，華實並茂。今人所志惟在於

藝，據而依之，以畢生平，逐末迷本，騖外遺內，不但體無其體，抑且用不成用，華而不實，可恥孰甚。（《二曲集‧卷34‧四書反身錄‧論語述而篇》，頁458）

古之所謂「藝」，如禮、樂、射、御、書、數，皆日用而不可缺者，然古人不以是為「志」，必體立而後用行。今之所謂「藝」者，詩文字畫而已，究何關於日用也？（同上）

在二曲的陳述中可清楚看到藝術與道德間，存在一個體用本末關係。道德是體、本、先，藝術是用、末、後，志於道者是「道德之士」，志於藝者是「技藝之人」，兩者價值高下立判。孔門並陳的「志道、據德、依仁、游藝」四者，二曲在前三者和「游藝」間畫下一條界線，詩文朝夕吟詠其價值連著日用倫常，必須作為「攝心之助」，否則如果只是指「詩文字畫而已」，二曲認為「究何關於日用」，是沒有價值的。此想法在理學家中並非特例，從以「躬行禮教」聞名的張載起，這樣的說法就沒有少過。

　　雖然在孔門「行有餘力則以學文」的傳統之下，藝術與道德間確實存在著本末關係，但在理學中，藝術與道德間的鴻溝似乎被加大了；到二曲更由於其「遺民哲學」的特質，與自身現實生活的極度困窘，孔門原來詩樂禮一體為用的「禮樂之教」，樂教部分在其思想中是相對被淡化的。樂教被淡化掉的「禮教」，呈現出的修身面貌是對自身行為是否合宜，時刻警醒、覺察的高度緊張狀態，「詩樂禮之教」轉向「禮義之教」。雖然，身心狀態的緊張正是工夫論的起源，理學「主敬」工夫中被「禮」所制約、規訓的身體，雖有其出現的脈絡，但這樣的禮教之身、被規訓的身體，在進入當代哲學是必須回應

傅科的質疑的。儒家工夫論中透過修身而來的精神化身體，如何能避開權力的規訓，也許重新更為精細的思考藝術做為美學修養的價值，是可被開展的研究方向。那麼，修身將包含「修身」與「被修身」兩個向度[61]，修身既是作為焦點意識的精神高度自覺，同時也是一種即使在隱闇向度也能夠潛移默化的自然薰習。這是二曲理學身體觀的進一步發展，也是儒家身體由「禮義之身」向「禮樂之身」的回歸。

八 結語

儒學是指向「成聖論」的學問，唯有在「以身度身的同情心的無限擴展中得到實現與體現」。理解儒家「身體思維」，通常預設「修身」的概念，儒家身體觀必然要通向工夫論的議題。二曲「主靜」工夫以身體最重要部位——「頭腦」作隱喻，提出為學首要「識頭腦」。此是「求識本體」的工夫，方法是靜坐。理學靜坐法的工夫模式，乍看下與佛道近似，過程中暫時隔離是必須的；但二曲「每日三坐」第三坐運用靜坐時心靈澄澈的高度覺察力，檢驗意念邪正與言行得失，已顯現即「身」即「事」的特質。儒家關懷的重心，不僅是存有論意義下「本來面目」之呈現，而是價值論上的應然實現，因此，

---

61 「修身」與「被修身」的兩個向度之說參何乏筆：「馬庫色在《愛欲與文明》一書中把兩者分成『壓抑昇華』與『無壓抑昇華』。討論修身論時，我曾經採選『被修身』和『修身』的說法來表達相似之意。……差別在於此自衛作用的強度：壓抑昇華偏於對衝動流的阻塞與壓制，而自我易於僵化而產生某種心理症，反倒是無壓抑昇華較是衝動流的積極發展。簡言之，第一狀態是指自我與衝動之間的關閉性，第二狀態是指兩者之間的滲透性。」「如果再擴大『身體』的意涵，昇華的目標便是發展本於理性和身體平等溝通的『身體的文化』，修養功夫的理想不再是『身體的精神化』，而在於身心溝通的改良和密度化。」參楊儒賓、何乏筆主編：〈踐形與氣氛——儒家的身體觀〉，《身體與社會》，頁28。

儒家身心修為必然要帶著整個身體來成就。二曲理學靜坐法已出現的心—氣—形—事的統合，在其「主敬工夫」的身體動態修煉有更清楚的展現。「肘後牌」的整體工夫架構，具有明顯程朱學特色。「主靜」在二曲雖具重要功能，卻是被放入「主敬」脈絡中來操作。因此，靜坐證體的「逆返」能量方向，再度被轉引到「表現」上，而更能呼應儒家原來的成德結構與全體大用精神。「主靜」與「主敬」交互運作，除了靜坐，同時也需「主敬」工夫作「提起」的動作，內容是「修九容」、「擴善端」的身體修煉，這是「莊敬靜默，整頓威儀，刻刻照管，步步提撕」，時刻保持高度覺察力的禮教威儀身體。「禮教之身」的養成，剛開始的確有一種被規訓的勉強，但在反覆的練習浸潤後，這個勉強會被超克，到達心—氣—形—事（禮）合一階段，「主敬」工夫會呈現聖人身體「睟面盎背」的「踐形」氣象。

　　至於二曲身體觀的限制，或許可以說，由於「遺民哲學」特質，與生活的極度困窘，孔門原來詩樂禮一體為用的「禮樂之教」，樂教在其思想是被淡化的。呈現出的修身面貌是對自身行為是否合宜，時刻警醒、覺察的高度緊張狀態，這也是道德嚴格主義的身體。雖然此緊張正是工夫論的起源，但禮教之身如何能避開權力的規訓，也許重新更精細的肯認藝術做為美學修養的價值，是一條值得開展的方向。那麼，修身將包含「修身」與「被修身」兩個向度，修身既是作為焦點意識的精神高度自覺，也是一種即使在隱闇向度也能潛移默化的自然薰習。這當是二曲理學身體觀的進一步發展，也是儒家身體由「禮義之身」向「禮樂之身」的回歸。

柒

張載工夫論：大心與變化氣質說及其具體實踐[*]

一　前言

　　學者一般視儒學為「成德之學」，「成德之學」的性格應該是指向「生命實踐」的。當代新儒學泰斗牟宗三在《中國哲學的特質》一書中即明白標示：「中國哲學以生命為中心，儒道兩家是中國固有的，後來加上佛教，亦還是如此。」「希臘哲學是重知解的，中國哲學則是重實踐的。」[1]「生命」、「實踐」乃是中國主流哲學的共法，儒釋道三家皆不例外。因此，「工夫論」必然成為儒家義理的核心，儒學之所以為儒學最根本的要素，理學尤其如此。[2]因此，本文期待以「工夫」、「生命實踐」的議題，為關懷儒學的重心所在。透過「生命實踐」視域，研究張載工夫論及其具體實踐的開展，使理學家

---

[*] 本論文曾發表於《揭諦》24期（2013年1月）（THCI CORE期刊），原名：〈「生命實踐」視域下的張載工夫論——大心與變化氣質說及其具體實踐〉。

[1] 牟宗三：《中國哲學的特質》（臺北：臺灣學生書局，1998），頁8、15。

[2] 參林永勝：〈中文學界有關理學工夫論之研究現況〉，收入楊儒賓，祝平次編：《儒學的氣論與工夫論》（臺北：臺大出版中心，2005），頁337。此外，日籍學者藤井倫明也指出：「關於理學之所以為理學的最根本要素，乃在『工夫』（修養）這點，亦可說是日本學界多數學者之共識。」參藤井倫明：〈日本研究理學工夫論之概況〉，收入楊儒賓，祝平次編：《儒學的氣論與工夫論》（臺北：臺大出版中心，2005），頁302。

們的修養方法能夠古為今用。

張載，作為北宋理學的重鎮，關學學派的創始人，不管是他本人，還是他所建立的關學學派，都以重視「躬行」著稱。[3]朱子云：「橫渠工夫最親切」[4]，張載的工夫論不只是一種理論，而是具有實修經驗後的發言。因此，本文將透過對張載工夫論的研究來展示理學家的「生命實踐」此一議題。在目前對張載工夫論的研究上，學者或指出其「大心」說[5]，或指出其「變化氣質」說[6]，或指出其「躬行禮教」說是其工夫論的重點。[7]本文期待在這些研究基礎上，進一步將張載工夫論中的創造性觀點，作更有系統的整合，以展現張載的工夫論特色；並探討張載工夫論理論之外的具體實修經驗與實踐方法。張載

3　黃宗羲：「關學世有淵源，皆以躬行禮教為本。」參〔清〕黃宗羲著、沈芝盈點校：《明儒學案‧上‧師說》（北京：中華書局，2010），頁11。

4　朱子云：「橫渠工夫最親切。」參〔宋〕張載：《張載集‧張子語錄‧後錄下》（臺北：漢京文化，1983），頁345。

5　如唐君毅指出：「故人必位天德，然後能窮神知化。此皆是就人之成聖而合天德天道之理想說。然此人之至於神化之境，則由人之工夫而至。此工夫，則正首在前大心篇所說之大心。」參唐君毅：《中國哲學原論──原教篇》（臺北：臺灣學生書局，1984），頁102。又如杜保瑞探討張載工夫論時亦以「『大心無我』『善反成性』的工夫論」為標題。參杜保瑞：《北宋儒學》（臺北：臺灣商務印書館，2005），頁81。韓國學者張閏洙〈張載的大心工夫論〉一文，即以「大心」作為張載的工夫論的標題。（《湖南大學學報（社會科學版）》第22卷第4期，2008年7月，頁5-10。）

6　如陳政揚指出：「本文以為，『變化氣質』並非張載眾多道德修養工夫之一，而是其工夫論之總綱。」參陳政揚：《張載思想的哲學詮釋》（臺北：文史哲出版社，2007），頁116。又如楊儒賓指出：「張載（橫渠，1020-1077）提出『變化氣質』的學說，這個學說被視為理學家很重要的工夫論語言。」見楊儒賓：〈變化氣質、養氣與觀聖賢氣象〉，《漢學研究》第19卷第1期（2001年6月），頁103。

7　如〔清〕朱軾：「薛思菴曰：『張子以禮為教。』不言理而言禮，理虛而禮實也。儒道宗旨，就世間綱紀倫物上著腳，故由禮入最為切要。」參張載：《張載集‧附錄‧朱軾康熙五十八年本張子全書序》，頁396。

工夫論中具體操作方法的研究與展示，是目前學界較少碰觸的一塊[8]，也是本文將著力之處。

二　天地之性與氣質之性：張載的人性論知識架構

張載工夫論主要創造性觀點有二，一是「大心」說，一是「變化氣質」說。這兩個重點工夫的提出，乃是由「天地之性」與「氣質之性」兩重人性論的架構而來的落實與開展，所以在探討張載的工夫論之前，本節先探討張載的兩重人性論。

（一）人性論戰的總結者

張載的人性論主要是受孟子的影響，孟子言「人性本善」，以人本具的普遍道德為性，在張載則言之為「天地之性」。孟子論述人性，著重突顯「人之所以為人」的道德性。這個人性之善對孟子而言不只是「應然」的道理，而是「實然」的事實；他不是就「生之謂性」的全部來說人性，而是就「生之謂性」中的一小部分——和動物性不同的「幾希」處，來說人性中確有這「實然」的善，真真實實的存在著。在孟子的人性論中，人性即是人的道德性，如同佛家言「一切眾生皆可成佛」，必肯定一切眾生皆有佛性；儒家言「人人皆可為堯舜」，也必肯定人性本善乃一實然的事實、同時也是一普遍的命

8　杜保瑞《北宋儒學》一書已注意到此點，他指出：「張載在許多篇章中討論了許多更具體的工夫操作方法，這就是具有工夫實修經驗後的發言，可見張載自己立身處世是真正在實踐儒家的價值觀的，因此才有這許多的具體知識之可說者。」比較可惜的是他並沒有針對此作進一步的探討，僅以「這第三部分的材料眾多，本文暫不細述。」略過。參杜保瑞：《北宋儒學》（臺北：臺灣商務印書館，2005），頁82。

題，這是無庸置疑的「透宗立極」的儒家正統的人性論[9]，也是為張載所繼承的人性論。

　　但是，孟子的人性論有兩個問題，其一是雖然孟子回答了「惡的來源」的問題，否認惡有獨存性，認為惡是後起的，起於陷溺、是環境的產物。但是這些對人生負面因素的觀察和說明，並不夠細膩深刻，這反映在人性論辯史上的即是——緊接在孟子之後出現的是，與孟子處處針鋒相對的荀子性惡論。其意義即在孟子的性善論雖然能正本清源，但對解釋「實然」之惡的努力是不足的；其二是孟子之論述人性，所突顯的是人之道德性，重視其普遍性，至於人與人之間賢智才愚等具體的差異性，並不是他關懷的重點。這樣的人性論對人在道德實踐的具體活動中，展現出來的差異性，並沒有提出一套完整的理論說明。[10]這表現在人性論辯史上的則是從漢代以後陸陸續續出現的性善惡混、性有善有惡、性善情惡或性三品說等等，都是表示孟子的人性論，存在著對人的差異性關注不夠的理論缺口，而要求對人的氣性、才性、質性等人的差異性有更完整、全面的正視與說明。如此「人性本善」才能真正的安頓、落實下來。這就是朱子所說的：

> 天命之性，若無氣質，卻無安頓處。且如一勺水，非有物盛之，則水無歸著。程子云：「論性不論氣，不備」。[11]

9　關於孟子性善論的意義和價值，牟宗三說的很清楚，他說：「孟子即心言性，心性合一，開出人之普遍的道德心性當身之性以為人之所以為人，所以為道德的存在，所以能發展其道德人格而至於成聖成賢（人人皆可以為堯舜），之先天的超越根據。此猶佛家之言『佛性』，一切眾生皆有佛性，一切眾生皆可成佛。佛性是成佛之超越根據。此種開闢最為透宗立極。」牟宗三：《才性與玄理》（臺北：臺灣學生書局，1985），頁29。

10　陳政揚：《張載思想的哲學與詮釋》（臺北：文史哲出版社，2007），頁123。

11　〔宋〕黎靖德編：《朱子語類‧性理一》（北京：中華書局，1999），頁66。

朱子之說清楚的點出孟子人性論的不完備之處。

　　總結來說，漢儒以下，繼承告、荀系統而進一步發揮的氣性、才性、質性等自然材質之性的人性論，其不足在無法開出人性的普遍道德性，而使「人人可以為堯舜」失去先天的超越根據，聖人成為「天縱的」、不可企及的境界，因此有張載「漢儒知人而不知天，求為賢人而不求為聖人」（《宋史‧張載傳》）的批評。使得成聖基礎動搖。雖如此，才性、氣性一路人性論，在人性論史上出現有其正面意義，此意義即在反映孟子人性論「論性不論氣，不備」的問題。針對孟子人性論的理論缺口，而要求正視自然生命強度，此即「順氣言性」人性論的意義和價值。

　　而這長久以來的人性論戰（背後的基本架構：孟／告荀兩個言性的系統），到了張載的人性論「天地之性」與「氣質之性」的提出，這個孟、告、荀以來對人性的分裂與對反的看法，最後便合一於張載的人性論之中。我們把孟、告、荀以來的人性論戰與張載的人性論放在一起來把握，會發現張載是孟子人性論正統的繼承者，卻又不只是單純的繼承者，而是補足孟子人性論缺口的完成者。對於孟子，他提出了「氣質之性」；對於告、荀一系他則是有揚有棄、有批判亦有繼承。他將「氣質之性」收攝於「天地之性」之下，並且說「氣質之性，君子有弗性者焉。」[12]張載「天地之性」與「氣質之性」的提出，使他成為這一場漫長的人性論戰的總結者。張載在儒學人性論上的重大貢獻是「天地之性」與「氣質之性」兩重人性論架構的提

12　〔宋〕張載：《張載集‧正蒙‧誠明》，頁23。

出[13]，這在理學史上受到學者高度的評價和肯定。[14] 在張載之後，數百年理學發展史上，無論是程朱、還是陸王，即使改變形式（如程朱變「天地之性」為「義理之性」），張載的「天地之性」與「氣質之性」仍是理學人性論所共許的綱維。

---

13 本文僅用「重大貢獻」，而不用「創見」來形容張載兩重人性論的提出，是因為「氣質之性」這個概念在儒家雖為張載所提出，但此名詞，同時也出現在北宋內丹學南宗創始人張伯端的《青華秘文》（收入《道藏輯要》第14冊，頁6029。）之中。究竟是誰先提出，是有爭議的。如李申即主張是張伯端影響張載。參李申：〈氣質之性源於道教說〉，《道教文化研究》第五輯（上海：上海古籍出版社，1994），頁271-279。但日本學者橫手裕並不贊成此說，其中關鍵涉及《青華秘文》是否真為張伯端所作的考證問題。如果此書非張伯端所作，而是晚至明代初期才出現，那麼就不能說張載「氣質之性」的提出是受張伯端影響。參橫手裕著、黃崇修譯：〈道教於「本然之性」與「氣質之性」之言說——兩種的「性」與「神」為核心〉，《興大歷史學報》第17期（2006年6月），頁27-40。本文對此存而不論，僅將二說並陳，並保守的不使用「創見」一詞。

14 張載這個「氣質之性」的提出，和區分「天地之性」與「氣質之性」的人性論架構在理學史中受到學者高度的評價和肯定，朱子說：「道夫問：『氣質之說，始於何人？』曰：『此起於張程。某以為極有功於聖門，有補於後學，讀之使人深有感於張程，前此未曾有人說到此。如韓退之〈原性〉中說三品，說得也是，但不曾分明說是氣質之性耳。性那裡有三品來！孟子說性善，但說得本原處，下面卻不曾說得氣質之性，所以亦費分疏。諸子說性惡與善惡混。使張程之說早出，則這許多說話自不用紛爭。故張程之說立，則諸子之說泯矣。』」參〔宋〕黎靖德編：《朱子語類・性理一》（北京：中華書局，1999），頁70。朱子以為孟子「只說得本原處」，並沒有向下「說得氣質之性」，才會有後來諸子性論的紛爭，因此肯定張載、二程「氣質之說」的提出「極有功於聖門」，使得「諸子之說泯矣」。朱子之後的學者，亦多在「天地之性（或曰義理之性）／氣質之性」的論述架構中，探討人性的議題，這些都可以看出張載人性論的重要性及深遠的影響。

（二）天地之性與氣質之性──張載人性論的具體意義與內容

1 天地之性

　　何謂「天地之性」？張載說：「性於人無不善，繫其善反不善反而已。」[15]他所謂的「天地之性」，基本上是同於孟子「性善」之性，是就「本源處」說性。此性乃是人形上的、普遍的道德之性，是人可以成聖的超越根據。如果說佛家之言一切「眾生皆可以成佛」，其根據在一切眾生皆有佛性；那麼，儒家之言人人皆可以成為聖人，其根據即在此道德性，亦可名之為「聖性」。「天地之性」乃是「天所性者通極於道，氣之昏明不足以蔽之」，這就是正宗儒家如孟子所說的「性善」之性、《中庸》的「天命之謂性」；此性是由「生之謂性」、「性者生也」，再往上推進一步，而開出道德創造之源。這種性既是道德創造之源，同時也是宇宙創造之源，是普遍的、超越的，也是形而上的。故性直通天命、天道而為一。宋儒繼承此性，以此為正性。這個性張載名之為「天地之性」。

　　至於張載「天地之性」和孟子性善論的不同，主要表現在張載乃是基於天道來論性。[16]張載由「太虛」與「氣」兩個概念的結合，推導出「性」的概念，也就是說「性」是從太虛在氣化生物的活動

15　〔宋〕張載：《張載集·正蒙·誠明》，頁22。

16　丁為祥說：「強調性的天道依據，或者說是將性提升到天道高度來把握的表現。這種基於天道以論性的方式，正是張載性論區別於孟子的突出特點。」丁為祥：《虛氣相即──張載哲學體系及其定位》（北京：人民出版社，2000），頁89。孟子雖言「盡心知性以知天」，又表示人之道德性是「天之所與我者」。但是孟子並未明確表示天如何授此道德性予人，也未曾說明人性的內容和意義與天道的內容、意義是否完全相同。

中，落實為具體個物而成。[17]這過程不是一開始就清通無礙的，張載說：「太虛為清，清則無礙，無礙故神；反清為濁，濁則礙，礙則形。」[18]張載以為天授道德性（即「天地之性」）予人，受到人之形礙，首先出現的並不是清通無礙的「天地之性」，而是有所偏限的「氣質之性」，必需透過返本的「復性」工夫，才可看到「天地之性存焉」。雖如此，人之性（天地之性）與天之性的內容，張載明確的肯定二者是「一」而非「異」。他說：「天性在人，正猶水性之在冰，凝釋雖異，其為物一也。」[19]「天之性」與「人之性」的關係猶如水和冰，雖然有狀態的差別（凝釋雖異），但其本質是相同的（其為物一也）。和孟子相比，張載的「天地之性」進一步展開的論述是：他明確指出人之性即是根源於天地的道德性，而且人所稟賦於天的「天地之性」與「天之性」的內容意義本質相同。[20]二者不只是「合一」，而是「同一」。

2 氣質之性

　　張載人性論和孟子最大的不同是在「天地之性」外，另外提出

---

17 張載以其天道論為基礎，則說：「由太虛，有天之名；由氣化，有道之名；合虛與氣，有性之名。」〔宋〕張載：《張載集・正蒙・太和》，頁9。

18 〔宋〕張載：《張載集・正蒙・太和》，頁9。

19 〔宋〕張載：《張載集・正蒙・誠明》，頁22。

20 陳政揚指出：「張載承襲孟子性善論，並且融合《中庸》、《易傳》的內容，更進一步以氣論為模型，說明天道如何下貫於人之性命，由此證成天地之性是『在天在人，其究一也』（〈乾稱〉）的天人合一架構，基於此，張載一方面肯定人之性與天之性是『一』而非異（此即所謂「天人之本無二」）。另一方面，根據『天道即性』的論述，他則明確指出人之性即是根源於天地的道德性，而且人所稟賦於天的天地之性與天之性的內容意義是全然相同的。」陳政揚：〈張載對孟子人性論的承繼與開展〉，《張載思想的哲學詮釋》（臺北：文史哲出版社，2008），頁120。

「氣質之性」。何謂「氣質之性」？張載為「氣質」下了這樣的定義：

> 氣質猶人言性氣，氣有剛柔、緩速、清濁之氣也，質，才也。氣質是一物，若草木之生亦可言氣質。惟其能克己則為能變，化卻習俗之氣性，制得習俗之氣。[21]

張載提出三點：其一，所謂「氣質之性」乃是指氣性、才性等自然材質之性。其二，這個「氣質之性」不只存在於人，萬物、包括草木也有「氣質之性」。其三，「氣質之性」可以透過道德修養而變化。張載說：

> 凡物莫不有是性，由通閉開塞，所以有人物之別，由蔽有厚薄，故有智愚之別。塞者牢不可開，厚者可以開而開之也難，薄者開之也易，開則達於天道，與聖人一。[22]

就「天地之性」而言，天、人、物三者在本質上等無差別，「非有我所得私也」。人與人，乃至人與物之不同，不在於「天地之性」，而在於此「氣質之性」。人、物之不同，即在氣的「通閉開塞」之別；因人比物受到的限制少，因此人比物更具有實踐天理的能力。即使人與人，也會由氣的「厚薄」而有智愚之別，如伯夷、柳下惠，乃是得氣之清和者，即可「亦未變其氣，然而不害成性者，於其氣上成性也。」[23]因此，人與人、人與物之性，乃是「一」中有「異」，

21　〔宋〕張載：《張載集·經學理窟·學大原上》，頁281。

22　〔宋〕張載：《張載集·張子語錄·後錄下》，頁341。

23　〔宋〕張載：《張載集·張子語錄·語錄中》，頁318。在這裡要說明的是，張載雖認為夷、惠之氣質有得天獨厚的「清和」之質，所以可以「氣上成性」。但強調「聖人不倚著於此」，夷、惠的清和氣質雖然「直鄰近聖人之境」，然而聖人之成聖畢竟是德性之目，而非氣質之目。

「異」中有「一」。就「天地之性」言是一，就「氣質之性」言是異。

　　總括來說，「氣質之性」乃是張載就人的氣質之偏限的特殊性而說的一種性，此種性乃是「形」而後有的，也就是說它是形而下的。在中國人性論的傳統中，自「生之謂性」一路下來的氣性、才性之類，都是說這種性，因此，「氣質之性」乃是張載總括告、荀、漢儒一系的人性論而成的。

3 氣質之性，君子弗性焉——天地之性與氣質之性的本末收攝關係

　　在探討過張載「天地之性」與「氣質之性」的具體內容後，接著談二者的關係，首先要指出：張載並非「性二元論者」[24]。唐君毅說：

---

24 張載區分「天地之性」與「氣質之性」的人性架構曾經被指為「性二元論者」。丁為祥說：「『二元論』是張載研究的一個巨大的陰影。從歷史的角度來看，它源於二程對張載『以氣明道』的所謂『二本』、『二之』的批評，現代以來，又有馮友蘭、侯外盧對張載『二元論』的不斷評說，由此便衍成一種強勢的群體心理定勢。只要研究張載，就一定要尋找其『內在矛盾』，而『二元論』則是其『內在矛盾』最典型的表現。實際上，對張載來說，這不是中肯之論。因為就其天地之性與氣質之性的關係來看，二者並不是平列並重的關係。」丁為祥以為就張載「合兩」——合兩義以見一義的一貫的「兩一思想」來看，其天道論中的太虛與氣不會是異質的二，其人性論中的「天地之性」與「氣質之性」也不會是平列並重的異質的二。對張載來說，人們所謂的「二元」，實際上只是本然與實然、體與用、形上與形下兩個不同的角度與層面。這兩個層面從來就不是平列並重的關係。所謂並重，乃是他對這兩個層面的兼顧、「兼體」的表現，這正是體與用、形上與形下合一的觀點。「體用一如」、「天人合一」，乃是張載哲學的最高指向，所謂「二元論」的批評，只是人們以平列的目光，割裂超越與被超越者的形上形下關係的結果。參丁為祥：《虛氣相即——張載哲學體系及其定位》（北京：人民出版社，2000），頁123。

　　這一種理論說人之天地之性本善，唯由人之氣之成形質，乃
　　有趨向惡之氣質之性，不是將人之二性同時對立說，而是分
　　本末以說，在本上看，人只有天地之性。在末上來看，人乃
　　有氣質之性。[25]

依唐君毅說，「天地之性」與「氣質之性」，非平列並重的兩種人
性，二者存在著本末收攝的關係。「氣質之性」雖被獨立出來，不只
稱為「氣質」，而直接以之為「性」；但它卻不是與「天地之性」平
列並重，或本質相異者，只可視之為影響人是否朗現「天地之性」
的消極限制原則。在儒家「心性天命貫通為一」的義理脈絡中，只有
「天地之性」才真正可以作為人存在的本質。若是將「氣質之性」視
為人生命中一種不可移之性，則實踐的必然義將相對減殺。[26]所以張
載在提出「氣質之性」，區分「天地之性」與「氣質之性」之後，他
接著說的是：「故氣質之性，君子有弗性者焉」[27]，並不以「氣質之
性」為真正有獨立自存意義的人性。這個「氣質之性」在道德實踐
之實理貫實事的過程，由人而天，重新「反之本」回到天人無隔的
太和之道的合一境界中，是需要被轉化、超越的。張載說：「德不
勝氣，性命於氣；德勝其氣，性命於德。窮理盡性，則性天德，命
天理。」[28]這就是「氣質之性」的「善反之」、「反之本」，復歸於
「天地之性」、「天之性」的返本復性的歷程和工夫。

　　雖然就道德創造以成聖而言，必須肯定超越的「天地之性」為本

25　唐君毅：〈張橫渠之心性論及其形上學之根據〉，《哲學論集》（臺北：臺灣學
　　生書局，1990），頁229-230。
26　此義參陳德和：《儒家思想的哲學詮釋》（臺北：洪葉文化，2003），頁112-
　　113。
27　〔宋〕張載：《張載集·正蒙·誠明》，頁23。
28　〔宋〕張載：《張載集·正蒙·誠明》，頁23。

體；但人是有形體的現實存在，故環繞其自然生命，又不能不有其自然生命一面的種種特徵和姿態，此即人的自然之性，所謂氣性、才性，乃至氣質之性。[29]這是不能輕易忽視抹殺的，只有正視此自然之性，在道德實踐的過程中，才有個「安頓處」。故不能不就之而說為一種性，此即是張載所以在「天地之性」外，別說「氣質之性」的緣故。孟子說性善，但說得本原處，下面不曾說氣質之性。因此，張載總結「論性不論氣」與「論氣不論性」的兩大人性論傳統，並且不是「二之」；而是立其本，分其殊，以見其一，見其異。「氣質之性」的提出，使「天命之性」（「性善」之性）有個「安頓處」，補足了孟子人性論的缺口，發明千古聖賢未盡之意，此即張載之為孟子人性論的完成者。

到這裡，「氣質之性」與「天地之性」的關係應該已經很清楚了，張載並不以之為平列並重的兩種異質的性，而是「分本末以說」。在本上看，人只有天地之性；在末上看，人乃有氣質之性。在聖賢分位上，氣質之性即同於天地之性，是以張載說「氣質之性，君子有弗性者焉。」（《正蒙·誠明》）「氣質之性」在天地之本原上為無根，而最後在聖人君子身上，亦無寄託處，它只是在人生以後，人未盡心、大心以實現其「天地之性」時的一個「暫時之存在」而已。[30]張載由此將「氣質之性」收攝於「天地之性」下，視為當被轉化、超越者。由此，在工夫論的設計上，對於「天地之性」，張載繼承孟子「擴充四端」、「盡心知性」工夫提出的「大心」說；對於「氣質之性」的轉化與超越，張載提出的是「養其氣，反之本而不偏」（《正蒙·誠明》）的「變化氣質」說。

29　牟宗三：《心體與性體》第1冊（臺北：正中書局，1985），頁508。

30　唐君毅：〈張橫渠之心性論及其形上學之根據〉，《哲學論集》，頁231、232。

三　張載工夫論中的「大心」說及其具體實踐

張載將性區分為「天地之性」與「氣質之性」，一是不可改變的本然狀態，一是可改變的現實狀態。就性之體而言，人的「天地之性」和「天之性」本質並無不同；但就性之用來說，「天之性」落實到個體的過程中，由於受到「形」（氣質）所限，而產生種種的「形礙」（氣之偏），這是消極的限定項，因此張載以之為「氣性」，也是「氣命」。雖然承認這個限制的存在，但張載並不認為這是不可改變、無法超越的，關鍵即在於「學」。張載說：

> 人之氣質美惡與貴賤夭壽之理，皆是所受定分。如氣質惡者學即能移，今人所以多為氣所使而不得為賢者，蓋為不知學。……但學至於成性，則氣無由勝，孟子謂「氣壹則動志」，動猶言移易，若志壹亦能動氣，必學至於如天則能成性。[31]

透過「學」，也就是工夫的修持，這個過程是可以「反」的，所以張載說「性於人無不善，繫其善反不善反而已。」「善反之則天地之性存焉。」[32]如何「善反」，「學」至於「成性」？張載指出有兩條修持的工夫路線，一是「志壹能動氣」，由「心」（志）下手，這是「大心」的心學工夫；一是「氣壹則動志」，由「氣」下手，這是「變化氣質」的工夫。對張載來說，這個先天的心學工夫和後天的化氣工夫，二者不可偏廢，所以張載說：「變化氣質與虛心相表裏」[33]。「虛心」即「大心」，「大心」和「變化氣質」二者即是張

31　〔宋〕張載：《張載集·經學理窟·氣質》，頁266。
32　〔宋〕張載：《張載集·正蒙·誠明》，頁22、23。
33　〔宋〕張載：《張載集·經學理窟·義理》，頁274。

載工夫論的主軸，而這兩種工夫又必須互為表裡、內外雙管齊下來修
持，才能達到「成性」，也就是「成聖」的目標。本節先討論「大
心」工夫。

　　張載對「心」此一概念涵義的說明，有兩句關鍵的話，「心統
性情者也」[34]和「合性與知覺，有心之名」[35]。指出心的開顯有兩個
來源，就其本原來自「性」，就其現實狀態則來自「氣」（即「知
覺」、「情」），因此，個體的「心」具有「性」和「情」兩個截然
不同的方向和功能。因為「心」是「性」在現實中的彰顯與發用，因
此盡性、成性就有賴於「心」，必須要「大其心」。我們來看張載
《正蒙·大心篇》中對「大心」的說明：

> 大其心則能體天下之物，物有未體，則心為有外。世人之
> 心，止於聞見之狹。聖人盡性，不以見聞梏其心，其視天
> 下無一物非我，孟子謂盡心則知性知天以此。天大無外，故
> 有外之心不足以合天心。見聞之知，乃物交而知，非德性所
> 知；德性所知，不萌於見聞。[36]

張載首先區分「見聞之知」和「德性所知」，並且指出「大心」的心
並不是一般人所理解的心。一般人所理解的心是由聞見而來，這是有
限的，無法超越個體的限制，這並不是真正的心。「大心」的心「不
萌於見聞」，是一種「德性所知」，是來自於超越於性體的直覺之
知，它的地位類似於佛教的般若智或道教的玄智，他們都是一種無分
別識、直入先天層次的直覺之知。[37]

34　〔宋〕張載：《張載集·張子語錄·後錄下》，頁338、339。

35　〔宋〕張載：《張載集·正蒙·太和》，頁9。

36　〔宋〕張載：《張載集·正蒙·大心》，頁24。

37　楊儒賓：〈變化氣質、養氣與觀聖賢氣象〉，《漢學研究》第19卷第1期（2001年

　　「虛心」或「大心」作為一種修持的工夫要如何下手？消極面是去掉「成心」、「小心」。張載云：

> 但恐以聞見為心則不足以盡心。人本無心，因物為心，若只以聞見為心，但恐小卻心。[38]

> 成心忘然後可以進於道。（下有小註：成心者，私意也。）[39]

　安於所執、安於見聞的由「聞見之知」而來的「成心」、「小心」，即是「私意」，即是「毋意、毋必、無固、毋我」之「意必固我」。張載說：「毋四者則心虛，虛者，止善之本也，若實則無由納善。」[40]要去掉為習見、私意所蔽的心，因為這是失其「虛」的心，有所執的心是無法納善的，只要四者盡去，就可以「直養而無害」。因此，要去「成心」以復其「虛心」，這是去妄的工夫。就積極面來說，在去妄之後要能進一步大其心、虛其心，方法是透過「體物盡性」。如何「體物盡性」？那就是要能「感而通」。張載說：

> 妄去然後得所止，得所止然後得所養而進於大矣。無所感而起，妄也；感而通，誠也。[41]

> 無所不感者虛也，感即合，咸也。以萬物本一，故一能合異；以其能合異，故謂之感。[42]

　　6月），頁107。

38　〔宋〕張載：《張載集・張子語錄・語錄下》，頁333。

39　〔宋〕張載：《張載集・正蒙・大心》，頁25。

40　〔宋〕張載：《張載集・張子語錄・語錄上》，頁307。

41　〔宋〕張載：《張載集・正蒙・中正》，頁28。

42　〔宋〕張載：《張載集・正蒙・乾稱》，頁63。

心要能「感」，由能感到無所不感，感而通，透過感通以合我、人、物之異，進一步盡人之性，到盡物之性，一步一步擴充自己的心來達成。在體一物、盡一物之性的同時，自己的心也跟著擴大一部份，一直擴充到「無一物不體」的狀態，心包含萬物，而沒有外物之累，此時的心沒有自他之別，也沒有人物之分，超越個體限制，最後會體會到〈西銘〉所說的「故天地之塞，吾其體；天地之帥，吾其性。民吾同胞，物吾與也。」，此一萬物一體的境界。

張載工夫論中「大心」的心性工夫，其方法是藉由擴充一己之心，使之成為充塞宇宙的「大心」，這種工夫體系，可以稱之為「擴充式的工夫論」。[43]這種「擴充式的工夫論」並非張載自創，馮友蘭認為張載的修養方法，是從孟子思想中的神秘主義傾向加以推衍，並非無的而發，因為二者的思想，尤其是工夫理論上，其實具有相當高度的延續性。[44]孟子的「盡心知性知天」和「吾善養無浩然之氣」（浩然之氣若能「直養而無害」，就能「充塞於宇宙之間」），其工夫路數即是屬於由內往外的「擴充式的工夫論」，楊儒賓說：

> 《孟子》一書的架構中，無疑地是以擴充四端的「盡心」
> 為主要關懷，而其成效會在隱闇向度的形與氣上彰顯出
> 來。……我們可以推論：孟子的踐形觀主要是在心上作工
> 夫，但他不會反對以禮為規範或以調身為主的諸種「克

---

43 此為林永勝之說。林永勝認為有別於二程的「觀未發」工夫，藉由靜坐暫時隔斷已發，跳開氣質直接見體的方式，依牟宗三的用語稱之為「逆覺式的工夫論」，張載的工夫論是屬於「擴充式的工夫論」。而在宋明理學家中採「逆覺式的工夫論」者佔大多數，張載所提出的「擴充式的工夫論」反而成為一個異數。參林永勝：〈惡之來源、個體化與下手工夫——有關張載變化氣質說的幾個思考〉，《漢學研究》第28卷第3期（2010年9月），頁30。

44 林永勝：〈惡之來源、個體化與下手工夫——有關張載變化氣質說的幾個思考〉，頁29。

己」、「治身」之自我鍛鍊。他的修養論是「由內往外擴
充」式的，它早晚會和「由外往內安頓」的修養論思潮匯
合。[45]

楊儒賓這段話指出孟子工夫論，主要是是以「盡心」為主要關懷的
「由內往外擴充」式工夫，在「心」上作工夫，其成效會在隱闇向度
的形、氣顯現出來，這就是「志壹動氣」；孟子雖然不會反對「由
外往內安頓」，以禮為規範或以調身為主的「克己」、「治身」工
夫，但這的確不是孟子工夫論的主要關懷。這個「由外往內安頓」的
修養工夫，到張載則同時針對「氣壹動志」面向作充分發揮，而提出
「變化氣質」說，此留待下一節再討論。這裡先論孟子「擴充式的工
夫論」。孟子雖提出「擴充式的工夫論」，但並沒有進一步針對這個
「擴充式的工夫論」進行體系化的論述，或提出具體的修持方法，張
載則接著孟子之說，並且將之更加體系化、具體化。進一步來說，
「大心」說這樣的「擴充式的工夫論」，在哪裡會容易出現問題？
那就是我如何確認這個直接感而通、體物盡性而來的心真的是「大
心」、「天德良知」？而不是「假良知」，以情識為良知而不自覺？
劉蕺山後來如此批評陽明後學：

> 夫吾之心未始非聖人之心也，而未嘗學問之心，容有不合於
> 聖人之心者，將遂以之自信曰：「道在是。」不已過乎？夫
> 求心之過，未有不流為猖狂而賊道者也。（〈張慎甫《四書
> 解》序〉）[46]

45　參楊儒賓：《儒家身體觀》（臺北：中央研究院中國文哲研究所籌備處，
　　1996），頁53。

46　〔明〕劉宗周：《劉宗周全集》第3冊下（臺北：中央研究院中國文哲研究所籌備
　　處，1997），頁712。

我們同樣可以用這個批評來質疑張載大心說的「萬物一體」之感，會不會也是一種過於自信的錯覺？這中間是大有工夫在的，張載其實並沒有忽略這個問題。

如何使這個直入先天層次的直覺之知得以真實的朗現，沒有錯認？張載的修持方法有二，一是強調「靜」的作用，其本人亦有深厚的靜坐實踐；一是重視「讀書」，「心解」以求得聖人、聖書的義理，維持此心常在。關於「靜」，張載說：

> 靜有言得大處，有小處，如「仁者靜」大也，「靜而能慮」則小也。始學者亦要靜以入德，至成德亦只是靜。[47]

從張載對「始學者亦要靜以入德」的強調，可以了解「靜」和「大心」的朗現之間的關係。[48]至於張載本人的靜坐實踐，呂大臨〈行狀〉說他「終日危坐一室」、「或中夜起坐」。[49]可見這種靜坐實踐並非偶一為之，而是一直持續到張載晚年作《正蒙》時。朱子提到張載「他做《正蒙》時，或夜裡默坐徹曉，他直是特恁地勇，方做得。」[50]張載自己也提到「某近來雖終夕不寐，亦能安靜，卻求不寐，此其驗也。」[51]這就是張載的靜坐實踐而來的身心體驗。

雖然「靜」對「德性之知」有指導的作用，可以幫助體證到本然之性，但是，張載顯然並不認為光靠靜坐就足以朗現「天地之性」。

---

47 〔宋〕張載：《張載集‧經學理窟‧學大原下》，頁284。

48 楊儒賓認為：「張載用什麼樣的方式靜坐，我們不曉得，但他靜坐，而且還以理論指導靜坐，這是可以確認的。筆者認為張載用來幫助或指導靜坐的理論乃是『大心』說。」參楊儒賓：〈宋儒的靜坐說〉，收入臺灣哲學會主編：《儒家哲學》（臺北：桂冠圖書，2004），頁53。

49 〔宋〕張載：《張載集‧附錄‧呂大臨橫渠先生行狀》，頁383。

50 〔宋〕黎靖德編：《朱子語類》，卷99，張子之書二，頁2532。

51 〔宋〕張載：《張載集‧經學理窟‧自道》，頁289。

他說：「靜者善之本，虛者靜之本。靜猶對動，虛則至一。」[52]他雖然體認到靜的價值，但認為靜還有動與之相對，仍是不足的，必須要兼涵動靜。因此，在靜坐之外，張載更強調「讀書」對心性修持的重要。張載說：

> 讀書少則無由考校得義精，蓋書以維持此心，一時放下則一時德性有懈，讀書則此心常在，不讀書則看義理不見。書須成誦精思，多在夜中或靜坐得之，不記則思不起，但通貫得大原後，書亦易記。所以觀書者，釋己之疑，明己之未達，每見每知所益，則學進矣，於不疑處有疑，方是進矣。[53]

為何要讀書？張載認為缺少讀書這一塊的工夫，那麼終究看不見義理。對於張載來說，書乃是道的呈現，張載對書是有所揀擇的，是指儒家的《四書》、《五經》為核心的「經典」。[54]因而讀書便可成為

52　〔宋〕張載：《張載集・張子語錄・語錄中》，頁325。

53　〔宋〕張載：《張載集・經學理窟・義理》，頁275。

54　關於張載以「儒家的四書、五經為核心的『經典』」，匿名審查者指出觀張載文獻，未見其對〈大學〉一篇有任何重要詮釋；因此，張載是否以「四書」為閱讀經典，或可再考慮之。筆者認為張載時，儒家經典其實面臨一個由《六經》系統到《四書》系統的典範轉移過程，元代以後，朱子的《四書章句集注》成為科舉考試的標準用書，這個儒家詮釋思想中核心文本由《六經》到《四書》的「典範」轉移過程才算真正完成。在張載仍是《六經》與《四書》並重，張載除了說「《詩》、禮、《易》、《春秋》、《書》，《六經》直是少一不得。」（《經學理窟・義理》，頁278）之外，也提到「學者信書，且須信《論語》《孟子》。《詩》《書》無舛雜。（理）〔《禮》〕雖雜出諸儒，亦若無害義處，如《中庸》《大學》出於聖門，無可疑者。」（《經學理窟・義理》，頁277）可以看到《六經》之外，他對《四書》的重視。的確，在《四書》中張載確實更為推尊《孟子》，也受《中庸》影響較大，較少提及《大學》，但以《四書》和《六經》並陳為儒家核心經典的格局應該是沒有問題的。此問題參王雪卿：〈以心解經──張載的經典詮釋思想之考察〉，《吳鳳學報》第19期（2011年12月），頁439-458。

道德實踐者的階梯，是持心的重要方法。因此，張載強調「讀書則此心常在，不讀書則終看義理不見」。張載從人在道德實踐中尚未完全體道的現實狀態來立論，此時讀書是有用的，所以張載強調「經藉亦須記得」、「始學亦不可無誦記」。

同時，張載顯然認為文字的理解或書寫都和心靈境界息息相關，他說：

> 人言命字極難，辭之盡理而無害者，須出於精義。《易》有聖人之道四，曰以言者尚其辭，必至於聖人，然後其言乃能無（敝）〔蔽〕，蓋由精義所自出也，故辭不可以不修。[55]

張載認為如果一個人的心靈尚未達到飽滿圓熟的地步，使用來傳達義理的文字也就必定會有種種弊病。之所以如此，是因為語言文字所要傳達的是形而上的道義，這已是著於形迹，如果再因為遣詞命字上的差謬，以「語言小卻義理」，就會導致差之毫釐、失之千里的謬誤，因此只有義理精熟，心靈純備的聖人，才能做到以辭窮理。[56]經典乃是聖人的言辭，是義之尤精者。還不是聖人的我們，透過對經典的閱讀來理解、把握聖人之心，張載在此顯得格外的小心翼翼、戒慎恐懼。張載說：

> 學者潛心略有所得，即且誌之紙筆，以其易忘，失其良心。若所得是，充大之以養其心，立數千題，旋注釋，常改之，改得一字即是進得一字。[57]

---

55 〔宋〕張載：《張載集·橫渠易說·繫辭上》，頁198。

56 楊立華：《氣本與神化——張載哲學述論》（北京：北京大學出版社，2008），頁123。

57 〔宋〕張載：《張載集·經學理窟·義理》，頁275。

對讀書和文字書寫的強調，使張載在重視身心體驗的理學家中顯得特
別突出。張載認為讀書時不僅要精思成誦，甚至要寫讀書心得，化作
文字、改得一字即是進得一字。這是因為在他看來，語言文字的變化
並不只是修辭上辭的巧拙之問題，而是對義理的理解是否透澈無蔽的
表現。經典的意義一方面有待於詮釋者的解讀，但詮釋者亦因經典
乃道的呈現，而可對詮釋者之生命狀態作一印證、勘驗和引導。[58]閱
讀不是純粹的知識上的理解，而是可以在閱讀、書寫的過程中「有所
受用」，提升閱讀者心靈境界的。此即是張載說「蓋書以維持此心，
一時放下則一時德性有懈，讀書則此心常在，不讀書則終看義理不
見」之故。讀書是持心的方法，所以張載說在讀書的過程中「若所得
是」，就要「充大之以養其心」。

　　「靜坐」和「讀書」二者，在張載工夫論中是有效的朗現「大
心」的具體修持方法，這也貫穿在張載本人的生活實踐上。呂大臨
〈行狀〉紀錄張載在橫渠的生活：

> 終日危坐一室，左右簡編，俯而讀，仰而思，有得則識之，
> 或中夜起坐，取燭以書，其志道精思，未始須臾息，亦未嘗
> 須臾忘也。[59]

生動的描述張載以「靜坐」和「讀書」雙管齊下，精進以求聖人之道
的實際情形。張載以「靜坐」和「讀書」雙管齊下，來作為「大心」
的工夫論可以取得證明，不至於錯認的保證。但是，整體而言，即
使張載本人有深厚的靜坐體驗，但他卻不像二程一樣將靜坐視為一
種重要的教法來教導關中學者，並且廣為宣揚，原因何在？二程的教

---

58 廖俊裕：〈證量解經──論劉蕺山《人譜誰記》之詮釋途徑〉，《南華文學學
　　報》第12期（2010年12月），頁121-156。
59 〔宋〕張載：《張載集·附錄·呂大臨橫渠先生行狀》，頁383。

法透過靜坐的隔斷訓練，「觀喜怒哀樂未發之中」來證得本體，之後再在經驗上踐履，成效快速；但對張載來說，二程這個見體的方法其實是跳開「氣質」因素的。因此，張載在和二程論工夫時認為二程所言「失之太快」[60]。張載的工夫論中要使「大心」的心性工夫真正落實，除了「靜坐」和「讀書」之外，他選擇了正面去面對「氣質」的負面因素，認為唯有一步一步去消弭「氣質」的限制，「大心」才得以真正朗現。因此，張載在「大心」說之外，復提出「變化氣質」說。

四　張載工夫論中的「變化氣質」說及其具體實踐

張載的工夫論在「大心」說之外，還有「變化氣質」說。「變化氣質」說甚至成了張載工夫論的總綱領[61]，也是他教導關中學者的最重要教法。呂大臨〈行狀〉中提到張載「學者有問，多告以知禮成性變化氣質之道。」[62]為什麼「變化氣質」在張載工夫論中如此重要？這是因為張載認為學者能否盡心成性，朗現天地之性以實踐德性生命，關鍵就在於人是否能「變化氣質」，突破氣質的限制。

張載討論「變化氣質」的綱領性文字如下：

> 變化氣質。孟子曰：「居移氣，養移體」，況居天下之廣居者乎！居仁由義，自然心和而體正。更要約時，但拂去舊日所為，使動作皆中禮，則氣質自然全好。《禮》曰「心廣體

60　〔宋〕程顥、程頤：《二程集・河南程氏遺書卷第十》（臺北：漢京文化，1983），頁115。

61　陳政揚說：「『變化氣質』並非張載眾多道德修養工夫之一，而是其工夫論之總綱。」參陳政揚：《張載思想的哲學詮釋》，頁116。

62　〔宋〕張載：《張載集・附錄・呂大臨橫渠先生行狀》，頁383。

胖」，心既弘大則自然舒（大）〔泰〕而樂也。若心但能弘
大，不謹敬則不立；若但能謹敬而心不弘大，則入於礙，須
寬而敬。大抵有諸中者必形諸外，故君子心和則氣和，心正
則氣正。其始也，固亦須矜持，古之為冠者以重其首，為履
以重其足，至於盤盂几杖為銘，皆所以慎戒之。[63]

張載的修持之道需要「變化氣質」與「大心」相表裡，內外交，才
可以達到心和氣和、心正氣正的結果。而「變化氣質」工夫的下手
處即是在於「得禮」，透過「禮」的檢束與薰陶來進行，只要「使
動作皆中禮」，則「氣質自然全好」。張載所建立的「關學」極為重
視「禮」，這點雖然早為學者所熟知，但在張載著作中有兩個明顯的
面向，一是對天道性命諸說的分析與闡揚，如〈太和〉、〈誠明〉、
〈大心〉等篇；一是對禮樂教化的重視與提倡，如〈有司〉、〈樂
器〉、〈王禘〉等篇。對於張載思想的討論和研究，學者所重視的多
是前者，對於禮樂諸說的討論，則多少認為張載有復古主義的傾向，
而未能進一步思考二者之間的關連性。[64]這個關連性就在張載「知禮
成性變化氣質」的工夫論中，張載思想的這兩個面向不但相關，而且
是一體貫通。張載對天道性命諸說的分析與闡揚是「知」，對禮樂教
化的重視與提倡是「禮」，張載說：

知極其高，故效天；禮著實處，故法地。人必禮以立，失禮
則熟為道？「天地設位而易行乎其中，成性存存，道義之
門」，（得）知禮以成性，性乃存，然後道義從此出。[65]

63　〔宋〕張載：《張載集・經學理窟・氣質》，頁265。
64　林永勝：〈惡之來源、個體化與下手工夫──有關張載變化氣質說的幾個思
　　考〉，頁18。
65　〔宋〕張載：《張載集・橫渠易說・繫辭上》，頁192。

〔知〕崇，天也，形而上也。通畫夜之道而知，其知崇矣。知及之而不以禮性之，非己有也，故知禮成性而道〔義〕出，如天地〔設〕位而易行。[66]

「大心」說由「德性之知」以「大心體物」，乃效法天之「知極其高」；還要有效法地的「禮著實處」，以此所得的「定」來「變化氣質」，如此，才真正可以做到「知及之，仁守之」。對張載來說「仁守之道在學禮也」[67]，「知」、「禮」雙管齊下、內外交，這個「成性」才能貞定而長存，所以張載說：「立本既正，然後修持。修持之道，既須虛心，又須得禮，內外發明，此合內外之道也。」[68]二者之中，「大心」說的心性工夫，在張載工夫體系中雖具有「理論上的優先性」之位置；但若論「實踐上的優先性」，以「禮」來「變化氣質」，反而是最初的下手工夫，在張載工夫論中，他視為最重要教法的也是以「禮」來「變化氣質」。

張載對「禮」的具體構想與實踐，始於個人治身，進而至家族之「家禮」的建立與宗族禮制的重建，再進而至地方上「鄉禮」的實踐[69]，到政治上規劃欲恢復周禮的井田之制。[70]張載的「躬行禮教」所

---

66 〔宋〕張載：《張載集・橫渠易說・繫辭上》，頁191。

67 〔宋〕張載：《張載集・經學理窟・禮樂》，頁264。

68 〔宋〕張載：《張載集・經學理窟・氣質》，頁270。

69 張載對民間家禮的構想與論述多集中在《經學理窟》之〈宗法〉、〈祭祀〉、〈月令統〉、〈喪紀〉中。對鄉禮的實踐據〈行狀〉言其任雲巖令時「政事大抵以敦本善俗為先，每以月吉具酒食，召鄉人高年會於縣庭，親為勸酬，使人知養老事長之義，因問民疾苦及告所以訓誡子弟之意。」參〔宋〕張載：《張載集・附錄・呂大臨橫渠先生行狀》，頁382。

70 張載說：「學得《周禮》，他日有為卻做得些實事。以某且求必復田制，只得一邑用法。若許試其所學，則《周禮》田中之制皆可舉行，使民相趨如骨肉，上之人保之如赤子。」參〔宋〕張載：《張載集・經學理窟・學大原上》，頁282。另外，〈行狀〉也提到張載認為「仁政必自經界始」，退居橫渠後「方與學者議古

涵蓋的範圍層面甚廣，包括他整個由內聖到外王的實踐都在其內。在〈行狀〉中我們可以看到這些描述：

> 先生繼遭期功之喪，始治喪服，輕重如禮；家祭始行四時之薦，曲盡誠潔。聞者始或疑笑，終乃信而從之，一變從古者甚眾，皆先生倡之。[71]

張載對「禮」的具體實踐落實在自己的日常生活中，在這段文字我們可以看到他在面對自家的喪禮和家祭時，都堅持以古禮來進行，他的堅定具有感化旁人、移風易俗的強大影響力。除此之外，他也以「禮」來治家接物，〈行狀〉：

> 其家童子，必使灑掃應對，給侍長者；女子之未嫁者，必使親祭祀，納酒漿，皆所以養孫弟，就成德。嘗曰：「事親奉祭，豈可使人為之！」[72]

張載在自家子女的教育上，非常注意在灑掃應對間、事親奉祭間，確實落實「禮教」，以身作則，不輕易假手他人，這些都是張載本人對於「禮」具體、親切的生命實踐。

　　由以上所論粗略可知張載的「禮教」涵蓋層面很廣。我們在討論工夫論時，若專就「變化氣質」的工夫角度來論張載的「禮教」，可以說「學禮」正是「變化氣質」的入手處。為什麼「變化氣質」要由「學禮」入手？張載云：

之法，共買田一方，畫為數井」，認為「縱不能行之天下，猶可驗之一鄉。」參〔宋〕張載：《張載集・附錄・呂大臨橫渠先生行狀》，頁384。

71　〔宋〕張載：《張載集・附錄・呂大臨橫渠先生行狀》，頁383。

72　〔宋〕張載：《張載集・附錄・呂大臨橫渠先生行狀》，頁383。

「君子莊敬日強」，始則須拳拳服膺，出於牽勉，至於中禮
卻從容，如此方是為己之學。〈鄉黨〉說孔子之形色之謹亦
是敬，此皆變化氣質之道也。[73]

某所以使學者先學禮者，只為學禮則便去了世俗一副當
〔世〕習熟纏繞。譬之延蔓之物，解纏繞即上去，上去即理
明矣，又何求！苟能除去了一副當世習，便自然脫灑也。又
學禮則可以守得定。[74]

「學禮」在張載所有工夫論教法中，具有時間上的實踐優先性，可
以說是張載工夫論中的初下手工夫。司馬光〈又哀橫渠詩〉稱他：
「教人學雖博，要以禮為先」[75]；程頤也說他：「子厚以禮教學者，
最善，使學者先有所據守。」[76]為什麼「學禮」具有時間上的實踐優
先性？這是因為張載對自然生命強度的材質之性，也就是所謂的「氣
質之性」的重視，使他對生命的艱難體悟也格外細緻深刻。「大心體
物」較接近孟子「盡心則知性知天」的修養工夫，乃是直探本源者；
「知禮成性」對「禮」的重視則有荀子學的優點。[77]蓋自然生命之病
不只有「氣」，還有「習」，所以張載說：「性猶有氣之惡者為病，
氣又有習以害之，此所以要鞭（後）〔辟〕至於齊，強學以勝其氣

---

73 〔宋〕張載：《張載集·經學理窟·氣質》，頁269。
74 〔宋〕張載：《張載集·張子語錄·語錄下》，頁330。
75 〔宋〕張載：《張載集·附錄·又哀橫渠詩》，頁388。
76 〔宋〕程顥、程頤：《二程集·河南程氏遺書》，卷2上，頁23。
77 但是荀子的「禮」偏重的是制度面的「禮義」，在荀子思想中「禮」是由聖人所
  制定的，先於個體而存在，並不內在於人性（因為荀子的性是惡的，並不能生出
  禮義）；但是，對張載來說，「禮所以持性，蓋本於性，持性，反本也。」參
  〔宋〕張載：《張載集·經學理窟·禮樂》，頁264。張載的「禮」並不只是一種
  外在規範，而是出於性、內在於人性的。因此，雖然張載重禮似荀子，但是不同
  於荀子的「禮外在」，張載的「禮內在」還是孟子學的路數。

習。」[78]「氣」加上「習」以害之，成了葛藤般的「習熟纏繞」，這時候若直接教人「大心」、「虛心」是很困難的，此有頓、漸之別。所以剛開始要「出於牽勉」、「強學以勝其氣習」，以克己復禮的工夫去除「習熟纏繞」，一直到「中禮」才顯從容。所以張載說：「學者行禮時，人不過以為迂。彼以為迂，在我乃是徑捷」[79]、「進人之速無如禮」[80]，對於氣質、氣習的對治，一般人認為很迂腐的「禮」，在張載看來卻是「變化氣質」最有效而且快速的捷徑。

「禮」除了在對治氣質，非常有效快速外，張載以為「禮」的重要在於它「可學可行」、可以「上下達」，他說：

> 學者且須觀禮，蓋禮者滋養人德性，又使人有常業，守得定，又可學便可行，又可集得義。養浩然之氣須是集義，集義然後可以得浩然之氣。嚴正剛大，必須得禮上下達。義者，克己也。[81]

「禮」具有「可學可行」，而且「上下達」的功用，所以它不只可以表現在道德實踐開始時，克己以化卻習俗之氣的「勉勉」；也可以滋養人的德性，可以「守得定」，以集義、積善，通向養氣的積極義──養至大至剛的浩然之氣。

張載工夫論的重要主張是「變化氣質與虛心相表裡」。一方面透過「大心體物」的大其心、虛其心，此時的工夫由「由內往外擴充」，到極致能夠「志壹動氣」，這是張載對孟子工夫論的繼承，但他處理的比孟子更為細緻、完備；另一方面，張載透過「禮」來克己

---

78 〔宋〕張載：《張載集‧張子語錄‧語錄下》，頁330。
79 〔宋〕張載：《張載集‧經學理窟‧禮樂》，頁265。
80 〔宋〕張載：《張載集‧經學理窟‧禮樂》，頁265。
81 〔宋〕張載：《張載集‧經學理窟‧學大原上》，頁279。

治身、變化氣質，進而養浩然之氣，「養其氣而反之本」，而攝末返本，復歸於純然至善的天地之性，這是「由外往內安頓」，以禮為規範，此是以調身為主的「克己」、「治身」工夫，這個工夫到極致也能夠「氣壹動志」。這是孟子工夫論中沒有充分發揮，但順著孟子工夫論往下走應該開展的走向，這正是張載對「氣質之性」的正視，此是對孟子工夫論的進一步開展。這個時候「惡盡去而善因以亡」，已經沒有氣習之惡的存在，而是純善的至善，因此也不需要再立「善」之名，這就是最後的聖人的「成性」境界。此時不需要變化氣質，也不需要養浩然之氣，而是「如太和中容萬物，任其自然」的化境。張載曾經描述自己「養氣以反之本」的實踐歷程，他在談完「克己化卻習俗之氣性」、「所以養浩然之氣」之後接著提到：

> 某舊多使氣，後來殊減，更期一年庶幾無之，如太和中容萬物，任其自然。[82]

張載變化氣質，養氣而反之本的努力，在到達「成性」後，重返天人無隔的合一境界，這個「氣質之性」作為無根的「暫時之存在」就消失了，最後將不需要再處理「氣」的課題、不再為「氣質」的問題所困擾，而復歸於「太和之道」中，「如太和中容萬物，任其自然」。

此時，「氣質之性」與「天地之性」已然合一，此心即「大心」，此體即「大體」，二者連成一片，一起呈現。〈西銘〉中所說：「故天地之塞，吾其體；天地之帥，吾其性。民吾同胞，物吾與也。」萬物一體的境界要到這個時候才算真正完成。

---

82 〔宋〕張載：《張載集・經學理窟・學大原上》，頁281。

五　竊希於明誠：總論張載工夫論中的漸教特色

　　由於對「氣質之性」的葛藤纏繞之重視，張載的工夫論整體而言，展現出的是重視工夫次第[83]，此一漸教特色[84]。因此，朱子如此評論張載的工夫論：「『天資高則學明道，不然，且學二程橫渠。』良以橫渠用功親切，有可循守。」[85]張載工夫論的整體特色表現在他對「自明誠」與「自誠明」工夫的討論上。張載說：

> 須知自誠明與〔自〕明誠者有異。自誠明者，先盡性以至於窮理也，謂先自其性理會来，以至窮理；自明誠者，先窮理以至於盡性也，謂先從學問理會，以推達於天性也。某自是以仲尼為學而知者，某今亦竊希於明誠，所以勉勉安於不退。孔子稱顏淵曰：「惜乎吾見其進也，未見其止也。」苟惟未止，則可以竊冀一成就，自明誠者須是要窮理，窮理即是學也，所觀所求皆學也。[86]

在這一段文字中張載表示「自誠明」之「先盡性以至於窮理」，與「自明誠」之「先窮理以至於盡性」，乃是兩條成聖的不同進路。程

83　張載云：「某唱此絕學軏欲成一次第，但患學者少，故貪於學者。」參〔宋〕張載：《張載集‧張子語錄‧語錄下》，頁329。

84　必須補充說明的是本文以張載工夫論為「漸教」，乃是權說。蓋言「修」即是「漸」，言「悟」則必有「頓」，筆者非常認同並感謝匿名審查者「有漸教精神並不表示沒有頓教宗旨，張載及其他宋儒在工夫論旨上，都應該是有頓有漸的。」的說法，因此在本文接下来的敘述中也提到張載的工夫論「展現一漸修以求頓悟，頓悟後復有一漸修的歷程」。只是為了和明道的圓頓之學（當然這個圓頓之學也不會完全沒有漸修的工夫）作一區隔以見張載工夫論特色，本文還是保留了以張載工夫論為「漸教」的權說。

85　〔宋〕張載：《張載集‧經學理窟‧序》，頁247。

86　〔宋〕張載：《張載集‧張子語錄‧語錄下》，頁330。

明道無內外、徹上下，教人直接識仁，顯然是張載這裡所說的「自誠明」之進路；而張載自己自覺所選擇的工夫入手處則不同於明道，而是「自明誠」，「由窮理而盡性」的進路。

因為對工夫次第的重視，在張載看來沒有工夫次第的階梯，要「盡性」乍看之下雖然快，其實並不容易。所以張載教人「先從學問理會」，此即是他的「致學成聖」工夫，強調閱讀經典和重視以禮為先來教人的原因。其實不只博文約禮，在張載看來「窮理即是學」、「所觀所求皆學也」。所以張載在此自我表白，他的學問乃是「竊希於明誠」者，因為經過這個工夫次第、一步一步、「勉勉」努力而來的，才能「安於不退」。在張載過世後，他的弟子欲諡之為「明誠夫子」[87]，也是由於「自明而誠」乃是張載「致學成聖」之學的特色。

丁為祥針對張載和二程對「窮理盡性」上的分歧，作了這樣的說明：

> 就直接的出發點而言，張載顯然是從實然的氣質之性出發的，而二程則是從本然之性出發的。正因為這一點，所以二程可以認為「窮理盡性以至于命，三事一時並了」，而張載則必須堅持實踐修持的次第性。也就是說，在二程看來，盡性可以當下實現——「只盡之便是」；而在張載看來，成性盡性必須要有一個從起始到實現的修持過程，僅就這一點而言，似乎可以將張、程之學概括為漸頓之別。[88]

---

87 〔宋〕張載：《張載集·附錄·司馬光論諡書》文末小註提及「橫渠之歿，門人欲諡為『明誠夫子』，質於明道先生。先生疑之，訪于溫公，以為不可。」參《張載集》，頁388。

88 丁為祥：《虛氣相即——張載哲學體系及其定位》（北京：人民出版社，2000），頁232。

這段話點出一個重點，就是張載堅持實踐修持的次第性，其出發點乃是在於「氣質之性」。只要正視「氣質之性」的葛藤纏繞，就很難認為「只盡之便是」。因此，在此處指出張學與程學之異乃是「頓漸之別」。但是，嚴格來講，這個「漸頓之別」只能指程明道為「頓」，張載為「漸」。伊川和明道在此並不相同。唐君毅說：

> 橫渠于此，則先言窮理，後伊川朱子亦以格物窮理，補明道之所未及，則又正是還同于橫渠之先窮理，然後能合內外，以盡性至命之論。至于明道之言怒時遽忘其怒，實亦乃非天資高者不能為。若在常人，則先無工夫，于怒時亦未必能遽忘其怒也。[89]

明道天資極高、心靈澄澈，所以可以直接「上達」。唐君毅這一段話直接道出的是明道能，常人若先無一番工夫，則未必能。明道的工夫有一個跳躍，是屬於「頓」。後來伊川和朱子都致力於「格物窮理」說，以此補明道工夫論之不足，是了解到修持上「漸」的工夫之必要，於是又回到張載工夫論的路數。

　　如果說明道之學是「頓教」，伊川和張載之學為「漸教」，他們的「漸」其實並不完全相同。這表現在張載和伊川兩人對「自明而誠」和「自誠而明」這兩段工夫的不同看法上。張載以為「自明而誠」，之後還要接著「自誠而明」。這雖然在剛開始的入手處是兩種不同的工夫進路，但是在成性、成聖的實踐過程中，張載認為它們其實一貫。「自明而誠」修持到「誠」的盡性境界後，並非無事；還要接著「自誠而明」，盡性後再繼續窮理，學無止盡。伊川在此並是不

89　唐君毅：《中國哲學原論──原教篇》（臺北：臺灣學生書局，1984），頁133、134。

以為然：

> 問：「橫渠言由明以至誠，由誠以至明，如何？」伊川曰：
> 「由明至誠，此句即是，由誠至明則不然，誠（即）〔則〕
> 明也。」[90]

對伊川來說，張載的「由明以至誠」他是持肯定的態度，伊川自己也
在此處講「格物窮理」。可是這個漸修的過程，在伊川看來只是為
了要「盡性」，到達「誠」的境界。到了以後，「只窮理便是至於
命」、「只盡性便是三事一時了」。因此，伊川說「誠則明」，誠就
是明，沒有再「由誠而明」，由盡性再去窮理這一段工夫的必要。

　　但是在張載看來則不然，他說：

> 二程解「窮理盡性以至於命」：「只窮理便是至於命。」子
> 厚謂：「亦是失於太快，此義儘有次序。須是窮理，便能盡
> 得己之性，則推類又盡人之性；既盡得人之性，須是并萬物
> 之性一齊盡得，如此然後至於天道也。其間煞有事，豈有當
> 下理會了？學者須是窮理為先，如是則方有學。今言知命與
> 至於命，儘有近遠，豈可以知便謂之至也？」[91]

如果說明道教人「識仁」乃頓悟，伊川「格物窮理」乃漸修，此是漸
修以求頓悟。那麼張載「自明而誠，自誠而明」，則是漸修以求頓
悟，頓悟後復有一漸修歷程的工夫論。對於二程的「知之便至」張載
顯然不敢苟同，所以張載認為「亦是失於太快」。雖然盡性，可是從
盡己之性，到盡人之性，再到盡物之性，對張載來說，「其間煞有介

90　〔宋〕張載：《張載集‧張子語錄‧後錄上》，頁337。
91　〔宋〕程顥、程頤：〈洛陽議論〉，《二程集‧河南程氏遺書》，卷10，頁115。

事」。所以張載說：

> 窮理亦當有漸，見物多，窮理多，從此就約，盡人之性，盡
> 物之性。天下之理無窮，立天理乃各有區處，窮〔理〕盡
> 性，言性已是近人言也。既窮〔物〕理，又盡〔人〕性，然
> 後能至於命，命則又就己而言之也。[92]

張載以為「天下之理無窮」、「立天理乃各有區處」，盡己之性後還
要繼續學習天下間無窮的理，去盡人之性；然後再窮物理，盡物之
性，這些都需要一個具體的推行過程。世界無窮願無盡，成聖這一條
漫漫長路，在張載看來，既不是頓悟，也不是漸修即可達到。而是要
在漸修──頓悟──漸修這個過程中不斷的努力，才得以圓成聖人之
道。

六　結語

　　在張載工夫論的研究上，學者或指出其「大心」說，或指出其
「變化氣質」說，或指出其「躬行禮教」說是其工夫論的重點。本文
在這些研究基礎上，進一步作一整合，並將討論重點放在其工夫的具
體實踐之上，以展現張載工夫論中「橫渠工夫最親切」之特色。

　　張載自云「竊希於明誠」，其工夫正是由下學與上達兩條工夫路
線來開展的，而且特重下學的工夫。在上達的工夫上，張載提出的
「大心」說乃是對孟子「擴充四端」、「盡心知性」工夫的繼承，是
屬於直截簡易、先天心學系統的工夫。在「大心」工夫的實際操作
上，如何使這個直入先天層次的直覺之知得以真實朗現，沒有錯認？

92　〔宋〕張載：《張載集・橫渠易說・說卦》，頁235。

張載的修持方法有二，一是強調「靜」的作用，其本人亦有深厚的靜坐實踐；一是重視「讀書」，「心解」以求得聖人、聖書義理，維持此心常在。在下學工夫上，張載提出「變化氣質」說。「變化氣質」目的是要由「氣質之性」返回「天地之性」。實際的操作方法是透過「禮」的持守，以「禮」來化「氣」，是屬於後天的檢束工夫。而這兩條工夫路線又是同時進行、互為表裡。

　　本文指出，由於對「氣質」的重視，深知「氣質」問題極為複雜，張載工夫論展現一種工夫艱難之特色，和二程辯「自明誠」與「自誠明」的問題時，到了「誠」這個證悟的境界，二程以為「誠」則「明」，本體即是工夫，張載則以為失之太快。因此，不同於明道工夫的頓悟，伊川工夫的漸修，張載工夫展現的是一個漸修——頓悟——漸修的循環往復，又不斷提升的「勉勉」歷程。

　　張載在宋代理學家中一向以「工夫親切」著稱，他的工夫論不只是一種理論，而是具有工夫實修經驗後的發言。因此，本文透過對張載工夫論中具體的操作方法之研究與展示，期待能扣緊儒學重視實踐的特質來立說。

捌
結論

　　儒家工夫論研究，如何由在思想文獻上靜態結構描述的「實踐的理論」，轉向返回實修實證的動態歷程之展現，此是筆者近年來對宋明理學工夫論持續關注之處。也因此，本書的研究集中在「工夫」的具體實踐與操作方法，如何被運作、展開之上。筆者在正文的六篇論文中分別探討的朱子、李二曲和張載三位不同時代的理學家，不論是「只聞『下學而上達』，不聞『上達而下學』」的朱子，或是「以程朱工夫合陸王本體」的李二曲，還是「竊希於明誠」、「工夫最親切」，特重變化氣質等下學工夫的張載，他們的工夫論基本上都是走向「由工夫以合本體」路數，對於下學工夫如何具體操作有更清楚的分解與說明，符合筆者將靜態結構描述的「實踐的理論」，轉向返回工夫實踐動態歷程之展現的意圖，此是本書選擇研究對象的考量。

　　朱子是理學靜坐法的大家，同時也是理學讀書法的集大成者，本書的〈朱子工夫論中的靜坐〉一章，先探討朱子工夫論中的靜坐法。靜坐法如何成為一種具有合法性的理學工夫？朱子試圖在對靜坐既使用又限制的權衡取捨中，建立一套異於二氏、保有儒家特色之靜坐法。方法是在身體坐姿上呈現出一種「靜坐無法」，不特別強調趺坐以自別於「坐禪」的論調；而在思想內容上則將靜坐工夫收攝於「主敬窮理」之下。透過「主敬窮理」收攝靜坐，特別重視在日常生活中「事」的動態修煉。朱子靜坐法的另一個特徵是和任何「明心見性」、直證心體的冥契主義語彙脫鉤；靜坐從證體的橋樑，變成收斂心氣的手段。朱子論靜坐往往與道理、讀書、思量、事並舉，呈現貫

通動與靜，形—氣—神—事合一，具儒學特色的，可以開展出全體大用的理學靜坐法，以保有儒者對「世界誠明」的信仰和道德實踐的動能。

〈讀書如何成為一種工夫——朱子讀書法的工夫論研究〉一章，則從工夫論的角度探討朱子讀書法。讀書是朱子格物窮理的首要工夫，朱子讀書法思路既不同於心學，也異於一般意義的認知活動。朱子認為讀書是為安頓生命；而安頓生命又不能不讀書，他沒有切割認識與修養，而是以一系列精心構思的方法，在「涵養需用敬，進學在致知」的工夫總綱中，將讀書、主敬、靜坐，所有工夫都貫穿起來，用以對治微細難纏的存在之惡。經典是「聖顯」，讀書是本質工夫，讀書才能與聖相遇，與理合一。朱子這個高難度的讀書過程既須專注於經典的文本，展開多層次的閱讀，亦需心靈與身體的參與，包括與靜坐配合，不是一個可單獨切割的工夫。朱子要求讀書工夫必須是「切己」式的體會，「葬身」般的投入，穿透、浸潤、浹洽乃至轉化全幅身心性命。在不斷迴復用功中，生命逐漸強化，帶著學習者的全心全身全氣走向與聖合一、心與理一。這是讀書工夫所要達到的境界，同時也是人格的完成。朱子讀書法性格並不真屬於單純「知性探究」一路，讀書的「體悟」或「體會」貫穿整個存在，方式迂迴卻又處處與生命相關。

〈程朱工夫如何合陸王本體——作為「生命實踐」的李二曲思想研究〉一章，為本書針對李二曲思想所進行的一概論式介紹，以作為〈李二曲工夫論中的靜坐〉、〈李二曲工夫論中的身體觀〉二章的討論基礎。本文指出李二曲作為清初遺民理學家，他和明清之際儒者一樣，對狂禪流弊有深切的反省，認為象山、陽明言本體簡易直截，能得心要，但是其末流高談本體，忽略工夫，以致於空疏無用，恍惚近

禪。所以二曲學試圖融攝程朱、陸王之學，標榜以程朱「主敬窮理」工夫，合陸王「良知」本體，以建構出一套能開展出儒家「全體大用」的「體用之學」。二曲學試圖融攝程朱、陸王的「體用之學」，實際運作過程中，二者如何結合有其複雜性。以程朱工夫合陸王本體如何可能？在現代哲學研究者眼中對此頗有異議，認為此作法乃是一個不同哲學系統間的任意拼湊，但在李二曲而言，陸王與程朱的本體並非二體，這個問題不是兩個哲學系統間的拼湊，而是沒有真修實證工夫所產生的斷裂。融攝程朱陸王之學的可能，關鍵還是在於工夫；理學家的本體並不曾脫離修證，而被純粹當成一種理論或一種哲學上的預設。李二曲以其「生命實踐」肯認由程朱「主敬窮理」循環往復的漸修工夫，可以到達陸王所頓悟的良知本體。

〈李二曲工夫論中的靜坐〉一章探討李二曲靜坐法。靜坐是李二曲的核心工夫，二曲本人有「每日三坐」的靜坐實踐，其工夫教法中，如「虛明寂定」圖與〈關中書院會約〉，對於靜坐儀式與具體運作情形，以及如何將理學靜坐法落實於大型公共教學，都有清楚的規劃與展示。靜坐不能只是空持硬守，而要「涵泳聖賢格言，使義理津津悅心」。此概念原型，即是理學傳統「半日靜坐，半日讀書」說。二曲重視靜坐證體，但是，靜坐不是一個孤立工夫，他將靜坐法和讀書法做結合，做為學者成德之階梯；並且在靜坐中進行省過式的自我責罰。這顯示理學家二曲使用的語言即使和禪宗有不少相似性，但是，其關懷與構想乃連結著「希聖希賢」的成德目的與結構而來。因此，本文研究成果認為二曲靜坐法具有異於二氏的儒學特色。理學家們對靜坐雖各有不同體悟，甚且對冥契經驗、果地風光有一些描述語上的差別，但他們對於理學靜坐和佛老的不同，多具有高度自覺。儒者往往批判佛教不能肯定人文世界、綱常倫理的價值，李二曲也不例外。顯示理學家所使用的修行方式不管和佛老如何近似，其身心轉換

的過程，必然要落實到自我與他人、社會、自然、文化的關係上，即使他們所使用的是「超越的逆覺體證」之靜坐法，也是如此。

〈李二曲工夫論中的身體觀〉一章，是本書嘗試以身體觀的研究視角對李二曲工夫論所展開的考察。在李二曲靜坐工夫的研究中，筆者指出：理學靜坐法的工夫模式，乍看下與佛道近似，過程中暫時隔離是必須的；但二曲「每日三坐」第三坐運用靜坐時心靈澄澈的高度覺察力，檢驗意念邪正與言行得失，已顯現即「身」即「事」的特質。儒家關懷的重心，不僅是存有論意義下「本來面目」之呈現，而是價值論上的應然實現，因此，儒家身心修為必然要帶著整個身體來成就。二曲理學靜坐法已出現的心—氣—形—事的統合，在其「主敬工夫」的身體動態修煉有更清楚的展現。本章中特別討論李二曲設計用來日常配戴於身，以自警自勵的「肘後牌」。「肘後牌」的整體工夫架構，具有明顯程朱學「主敬」工夫特色。內容是「修九容」、「擴善端」的身體修煉，這是「莊敬靜默，整頓威儀，刻刻照管，步步提撕」，時刻保持高度覺察力的禮教威儀身體。所顯示的意義是李二曲理學工夫論中「主靜」雖具重要功能，卻仍是被放入「主敬」脈絡中來操作。靜坐證體的「逆返」能量方向，再度被轉引到「表現」上，呼應儒家原來的成德結構與全體大用精神。 此外，筆者也藉著由李二曲「遺民哲學」性格而來的身體觀特質，所呈現出的時刻警醒、高度緊張狀態的道德嚴格主義身體，反思孔門原來詩樂禮一體為用的「禮樂之教」，樂教在其思想被淡化。二曲理學身體觀在當代的進一步的可能發展，或許可以重新更精細的肯認藝術做為美學修養的價值，那麼，修身將包含「修身」與「被修身」兩個向度，修身既是作為焦點意識的精神高度自覺，也是一種即使在隱闇向度也能潛移默化的自然薰習，這同時也是儒家身體由「禮義之身」向「禮樂之身」的回歸。

　　〈張載工夫論：大心與變化氣質說及其具體實踐〉一章，探討北
宋理學家張載的工夫論。筆者在「大心」、「變化氣質」、「躬行禮
教」說的研究基礎上，展現張載工夫論的次第與具體實踐。張載自云
「竊希於明誠」，本文指出：張載工夫正是由下學與上達兩條路線開
展，而且特重下學工夫。在上達工夫上，張載「大心」說乃是對孟子
「擴充四端」、「盡心知性」工夫的繼承，是屬於直截簡易的心學系
統工夫。在「大心」工夫的實際操作上，如何使這個直入先天層次的
直覺之知得以真實的朗現，沒有錯認？張載修持方法有二，一是強調
「靜」的作用，張載本人亦有深厚的靜坐實踐；一是重視「讀書」，
張載對讀書工夫的重視，北宋理學家少見，只有朱子可相比。在下
學工夫上，張載則提出「變化氣質」說。實際操作方法是以「禮」化
「氣」，為後天檢束工夫。兩條工夫路線同時進行，互為表裡。本文
指出，由於對「氣質」複雜的重視，張載工夫論展現：漸修→頓悟→
漸修，循環往復又不斷提升的工夫艱難之特色。整體而言，張載工夫
論是一個自覺的、亟力精思的系統性建構之作，讀書、靜坐、禮教、
變化氣質等工夫的重視與使用，對於後來的理學工夫論之發展方向具
有相當的影響力。

　　整體而言，宋明理學家的實踐關懷有不同於漢唐儒學，也不同於
當代新儒學之處，如何體證並呈現本體是理學家們的共同追求。但
是，由於各理學家思想核心不同，工夫論的內涵在理學內部不同體系
間也有路徑差異。陽明學工夫性格即不同於朱子學，陽明學「即本
體以為工夫」，異於朱子「由工夫以合本體」路數。用朱子話說，陽
明的工夫路徑是「上達而下學」，朱子說自己的工夫則是「下學而上
達」，朱子並認為孔門一向只教人「下學而上達」，因此所有「上達
而下學」的工夫在朱子看來都是禪，象山是如此，陽明也不會例外。
即使在理學內部也有工夫論上的差異與殊途，很難一概而論。因此，

雖然本書以讀書、靜坐與身體等議題，作為管窺理學工夫論的關注面向，筆者深知它們僅是理學諸多工夫中的一部分，自有掛一漏萬的嫌疑。但是，對於宋明理學的研究進入現代西方學術轉譯過程中，逐漸被學院哲學遺忘的理學實踐向度的重新召喚，筆者認為這樣的理學工夫之研究向度，還是具有一定的意義。若有未盡之處，則有待日後做更細緻深入的研究。

附錄一
唐君毅的張載學
——以「氣」為中心的思考*

一　前言

　　作為北宋理學宗師，張載學的研究在理學史上一直稱不上是顯學，在宋代即遭遇來自程朱本人的質疑，「至於陸王之徒，則於橫渠之學幾全置諸不理。」[1]理學學派中程朱、陸王輪流當家作主，張載學不受重視的情形，在一九四九年後卻有了明顯的突破，這和「氣學」（或稱為「氣本論」、「氣一元論」、「氣的哲學」）[2]的提出有關。由張岱年首發，後來得到馮友蘭、侯外廬諸先生支持，其論點主張在傳統心學、理學二分的架構外，要再加上氣學一系，宋明理學的圖像

---

* 本論文曾發表於四川省宜賓市宜賓學院唐君毅研究所、香港中文大學新亞書院、臺灣中央大學儒學研究中心、臺灣東海大學、浙江傳媒學院生命學與生命教育研究所等聯合舉辦「歷史與文化：現代新儒學的理論與實踐——紀念唐君毅先生誕辰一〇五周年國際學術研討會」（2014年10月15-16日）。刊登於《宜賓學院學報》2015年第4期（2015年4月）。

1　參唐君毅：〈張橫渠以人道合天道之道〉，《中國哲學原論——原教篇》（臺北：臺灣學生書局，1984），頁70-71。

2　關於「氣學」一詞的用法，楊儒賓指出：「『氣學』一詞目前還沒有固定下來，學界的用法還沒有得到普遍的共識。類似的詞語有『氣論』、『氣本論』、『氣的哲學』、『氣一元論』之說。」「選用『氣學』，乃因可和『理學』、『心學』形成對照系統。」參楊儒賓：〈檢證氣學——理學史脈絡下的觀點〉，《異議的意義——近世東亞的反理學思潮》（臺北：臺大出版中心，2012），頁85。

才算完整。但由於馬克思主義哲學體系的研究背景，張、馮站在唯物主義的立場將張載判定為「唯物主義氣論哲學家」，張載哲學的本質被定調為「唯物論」、「氣一元論」、「形下論」；其歷史定位也由「理學宗師」，搖身一變成了「氣學之祖」。[3]張、馮、侯諸先生此一張載學本質的定位，引起了廣泛的爭論。八〇年代中期以後，大陸的張載學研究才開始擺脫唯物、唯心「兩軍對戰」的模式，研究視角和形式逐漸呈現出多樣化面貌，並出現回歸傳統的思考。[4]

　　至於港台的張載學，則以當代新儒家牟宗三、唐君毅先生的詮釋最具影響力。牟先生對張載的討論主要見於《心體與性體》第一冊；唐先生的論述則集中在《中國哲學原論──原教篇》、《中國哲學原論──原性篇》和《哲學論集》的〈張橫渠之心性論及其形上學之根據〉、〈張橫渠學術述要〉兩篇文章中。相對於大陸八〇年代前

3　張岱年：「應該肯定張載的自然觀是氣一元論，……氣一元論是中國古代形下論的重要形式。」「論證了虛空無物的太虛、運於無形的道都是物質性的，太虛、道、神都統一於氣，這樣初步論證了世界的統一性在於物質性的原理。」認定張載被視為「理學大師之一」乃朱熹「按照自己的意圖塗抹歷史。……事實上，張載沒有把『理』作為他的學說的中心觀念。到了明清時代，王廷相、王夫之、戴震才特別發揮了張載的氣一元論哲學。」參張岱年：〈關於張載的思想和著作〉，收入〔宋〕《張載集》（臺北：漢京文化，1983），頁3、6、14。馮友蘭說參氏著：《中國哲學史新編》（北京：人民出版社，1984），第5冊，頁126。

4　如呂世驤、鄭冰夷、陳玉森等人與張岱年針鋒相對，認為張載其實是一唯心論者。然不論唯心論或唯物論，都是落入簡單、固定判斷框架，皆不足以盡張載學。此一情形，丁為祥總結指出：「就大陸半個世紀以來的張載研究來看，80年代以前，基本上是唯物唯心式的定性研究，故有張載是唯物還是唯心亦或是二元論的爭論。80年代中期以後，學界開始擺脫『兩軍對戰』的簡單化模式而採取範疇系列式的研究，這對於張載哲學範疇之間的邏輯關係，固然是一種接近或深入，但由於這裡的『邏輯』並不來自理學，因而仍存在著按圖索驥之嫌。直到90年代，當人們對傳統文化經歷近一個世紀大起大落的兩極性評價之後，……終於開始從傳統文化自身的歷史與邏輯出發來理解傳統文化了。」參丁為祥：《虛氣相即──張載哲學體系及其定位》（北京：人民出版社，2000），頁4-5。

以唯物論為主流來定位張載學本質的解釋模式，唐、牟先生的詮釋則和前者顯得針鋒相對，他們的哲學立場一致以反對唯物論、唯氣論為主調而展開。不論是牟先生的以「天道性命相貫通」做為張載學的中心課題[5]，或唐先生的以「人道合天道之道」標示橫渠學的性格[6]，二先生對張載學的詮釋都是將其定調為儒家傳統意義下的道德形上學，致力於將張載從唯物主義氣論哲學家的陣營中再度拉回到理學傳統之中。在這樣的共同思想架構下，唐、牟對張載哲學的詮釋卻出現了十分不同的內容，這些歧異主要集中在二先生對張載天道論的「太虛」與「氣」之關係，尤其是「氣」的看法上。牟先生堅持本體的根源義與超越性，對牟先生而言超越性崩潰的哲學將會陷入毫無道德理想的自然主義唯氣論，他認為張載哲學的「太虛即氣」說所欲陳述者，乃是一超越的形上「太虛本體」與形而下的「氣」，體用圓融相即（「即」非等同義，而是不即不離）的「道德的形上學」。透過將「太虛」上提為氣化活動的本體，進而判定張載學仍是符合宋明儒學大宗旨，屬於「即存有即活動」說的「本體宇宙論的實體之道德地創生的直貫之系統」（縱貫系統）。[7]牟先生認為太虛與氣乃是一個很清楚的嚴分形上、形下兩層的體用論模式下的關係，太虛是形上之本體，氣只能是形下的「材質之觀念（material）」[8]，因此，將「氣」

5　牟宗三：「其中心課題即在本天道性命相貫通以言『知虛空（太虛）即氣，則有無、隱顯、神化、性命、通一無二』。」參牟宗三：《心體與性體》第1冊（臺北：臺灣學生書局，1984），頁431。

6　唐君毅：「其雖言天道，實亦以能合天道之人道、聖道，為其背景，……則不致以其言天道，只是為成立一單純之宇宙論，亦不致由其言天道之重日月四時之事，遂以之為一自然主義唯物論之哲學矣。」參唐君毅：《中國哲學原論——原教篇》（臺北：臺灣學生書局，1984），頁79。

7　參牟宗三：《心體與性體》第1冊，頁59。

8　參牟宗三：《心體與性體》第1冊，頁471。

視為宇宙創造之實體是錯誤的。在牟先生的詮釋系統下並沒有賦予
「氣」正面的意義，這表現了當代新儒家哲學自覺不同於唯物論的一
致性立場。基本上，不管同不同意牟先生對張載的解讀，他的精闢分
析與創新的建構，都刷新了學界對張載學的理解，不論是對新儒家後
學或氣學學者而言，牟先生的詮釋都是無法被忽略的最重要對話對
象。

　　唐君毅先生的張載學同樣也在強調不能將之視為唯物論、唯氣論
的基調下展開，但他並沒有像牟先生一樣以「超越的分析」進路，一
刀劃分出形上太虛本體／形下之氣，反而認為不應只將張載的「氣」
視為形下之氣，而應高看、上看此氣。[9]唐先生此一見解已獲得不少
學者的認同，認同他的判斷很精確；但另一方面，他要求高看此氣
的說法，要如何與他反對視張載為唯氣論者的立場間取得理論的一致
性，也受到一些來自不同立場的質疑。[10]整體來看，和牟先生張載學
受重視程度與研究成果相較，唐先生的張載學相形之下則顯得門前冷
落。[11]筆者擬聚焦於最有爭議性的「氣」之上，展開對唐先生的張載

9　參唐君毅：《中國哲學原論──原教篇》，頁87-90、479-485。

10　此一質疑包括同情氣論的學者，如陳榮灼指出：「然而與牟宗三一致，唐氏亦反
　　對以『唯氣論』來解釋橫渠之學。相當清楚，唐氏亦將『唯氣論』理解為『唯物
　　論』之同義詞。顯然，於此一場合中，『氣』一詞只被唐氏了解為『形物』或
　　『物質』義。由此可見其在『氣』一詞之使用上實存有歧義。」陳榮灼：〈氣與
　　力：「唯氣論」新詮〉，收入楊儒賓、祝平次主編：《儒家的氣論與工夫論》
　　（臺北：臺大出版中心，2005），頁53。也包括部分新儒家後學站在牟先生思路
　　下所做出的批評，如鄧秀梅：「即使唐先生判定張載哲學不是唯氣論，但他的
　　詮釋理路實在也是以氣化為主，只不過他把傳統視氣化為形而下之存在給高看
　　了。」參鄧秀梅：〈唐、牟二氏對張載哲學的詮釋比較〉，《鵝湖月刊》第35卷
　　第3期，總號411（2009年9月），頁29-30。

11　大陸近年來已出現兩本由林樂昌教授指導的相關碩士論文，周兵：《唐君毅對張
　　載思想的現代詮釋》（陝西師範大學中國哲學碩士學位論文，2009）；林杜杰：
　　《論港臺新儒家對張載《正蒙》的詮釋──以方東美、唐君毅為例》（西安：陝

學之研究。探討的內容將以突顯唐先生詮釋張載學方法論上的高度自覺，與尊重張載作為具有完整系統性的哲學家，不任意割裂顛倒以論其學的可貴態度作為討論的起點；接著將說明唐先生對張載「氣」之涵義與位階的分析，「氣」在張載學具核心價值，應被高看、上看為形上之氣，此為唐先生的重要論斷；此外，由於唐先生給張載氣論很高位階，卻又斷言張載非唯氣論者，他對「氣」的用法是否一致曾受到質疑，筆者接著將藉助晚近學者「兩種氣學」的提法，區分「先天型氣學」與「後天型氣學」，以梳理唐先生堅持張載氣學與唯氣論間不同的說法，放進「兩種氣學」中其實並不糾葛難解，並由此說明張載氣學在理學有其合法性地位。最後，筆者將指出唐先生對張載氣學的討論，在當代儒家倫理學與工夫論的思考上很有啟發性。新儒家一向重視「天道性命相貫通」的道德形上學，開展出縱貫面高度的內向型超越論倫理學模式，此雖為儒家道德哲學不容置疑之至論，但還有一橫攝面向度的「倫際性」道德哲學同樣應被關注。唐先生看出在橫攝面向度中人如何在真實的、具體的與萬物共感共通中擴充主體性的內涵，以此作為倫理學、工夫論起點的重要性。「氣」可以是「感

西師範大學中國哲學碩士學位論文，2013）。他們的研究動機都提到此一唐君毅張載學相關研究沒有受到充分重視與開展的情形，如周兵說其研究動機為：「目前國內外學術界，以《唐君毅對張載思想的現代詮釋》為題的專題研究尚屬空白。國內學者對唐君毅張載思想進行系統研究的也不多見。」（頁1）林杜杰也說：「在港臺新儒家中，以方東美、唐君毅、牟宗三對張載的論述最為豐富系統。其中關於牟宗三的張載學，學界十分重視，也有許多成果。對方、唐則不同，他們的張載學值得研究，但在學界並未引起注意。」（頁1）至於臺灣方面對於唐先生張載學的研究也不算豐富，在二〇〇九年鄧秀梅發表：〈唐、牟二氏對張載哲學的詮釋比較〉，《鵝湖月刊》第35卷第3期，總號411（2009年9月），此文採取牟先生哲學體系的立場做評論。同年也出現一本陳政揚教授指導的碩士論文，翁文立：《橫渠思想的當代詮釋——以唐君毅為中心》（嘉義：南華大學哲學系碩士學位論文，2009）。

通」的重要媒介，唐先生認為張載氣學的貢獻是在橫攝面向度上關注到主體與他人共感的重要性，進一步指出互相滲透、感通、涵攝的根據在於有虛靈之氣流動其間。因此，本論文認為唐先生張載學中對「氣」的精闢詮釋不論是對於張載學的研究，乃至於當代儒家道德哲學研究都具有相當重要的意義與價值。

二　唐君毅張載學的詮釋方法

張載學歷來被公認難讀，在理學史上自程朱起即多「誤解」（牟先生語）、「對其學已多不能相契」（唐先生語）。當代的張載學詮釋，也出現了一種值得特別關注的情形，詮釋者可能立場並不相同，甚至針鋒相對，但卻不約而同地提出張載思想不一致的批評。以張岱年、馮友蘭、侯外廬諸先生為例，張岱年雖然判定張載是唯物主義氣論哲學家，卻也認為「唯物論哲學家張載」的思想很有「局限性」，他說張載「強調最根本的道是無形的，這就給形上論留下了餘地。……他把所謂『神』講得非常玄妙，真是神乎其神，以致使他的氣一元論罩上了一層神祕主義的雲霧。……認為人死後還有不亡的本性存在，這就和宗教劃不清涇渭了。」[12]馮友蘭批評「唯物論哲學家張載」思想不一致，「他的『有無混一』論有滑到唯心主義論的危險。」[13]侯外廬也說：「張載在本體論中的唯物主義是很不徹底的，他雖然以物質狀態的『氣』作為宇宙本體和世界各種物質形式的最基本的狀態，但『氣』所具有的運動變化功能『神』，卻明顯地帶有神

12　參張岱年：〈關於張載的思想和著作〉，收入〔宋〕張載：《張載集》（臺北：漢京文化，1983），頁4-5。

13　參馮友蘭：《中國哲學史新編》（北京：人民出版社，1984），第5冊，頁130。

祕主義的色彩。」[14]這些對張載思想不一致、不徹底之批評，出現的
次數頗為頻繁，研究者因而認為其顯示的意涵可能是——張、馮先生
的理論有其理路，但此一唯物論的解釋模式並不適用於張載學。雖然
確實可以在張載學說中找到支持其說的理論根據，但也很快地發現無
法自圓其說。

　　值得注意的是在立場與前者針鋒相對的牟先生身上，也出現了一
些詮釋張載學上的麻煩，那就是「滯辭」說。牟先生以「天道性命相
貫通」，道體、心體、性體三體通貫為一的「道德的形上學」之說捍
衛「理學家張載」的形象，因此分判太虛與氣之間，乃是一個很清楚
的嚴分形上、形下兩層的體用論模式下的關係，為了突顯此一形上本
體的超越性格，牟先生以「太虛神體」稱之。形上太虛本體與形下之
氣間，儘管再怎麼的「體用不二」、圓融相「即」，牟先生底子裡真
正強調的其實還是二者的「不一」，清楚的劃開了張載哲學中太虛＝
神＝氣的可能性。[15]如果說張、馮所描繪的「唯物論哲學家張載」，
其虛氣關係是以太虛＝氣（形下的），取消了張載哲學中的形上學成
分；那麼牟先生的「理學家張載」則是以太虛≠氣（形下的），保證
了張載哲學的形上學性格。牟先生對於「氣」沒有太大的好感，僅視
之為形下材質義；可是張載的天道論中以氣說太和、說道的字眼卻又
隨處可見。如何說明張載非一唯物論、唯氣論者？牟先生上提「太虛
神體」作為一創生義的形上之實體，但張載的氣論文字仍然帶來解釋
上的麻煩。牟先生對張載的著名批評是以下這段文字，他說：

14　參侯外廬、邱漢生、張豈之主編：《宋明理學史》（北京：北京人民出版社，
　　1987），上冊，頁104。

15　牟宗三：「神故不離氣，然畢竟神是神，而不是氣；氣是氣，而不是神，神與氣
　　可分別建立。」《心體與性體》第1冊，頁442。

然圓融之故極，常不能令人無滯窒之辭，而橫渠之措辭亦常不能無令人生誤解之滯辭。當時有二程之誤解，稍後有朱子之起誤解，而近人又誤解為唯氣論。然細會其意，並衡諸儒家天道性命之至論，橫渠絕非唯氣論，亦而非誤以形而下為而上者。[16]

橫渠在此亦不能自覺地劃得開，此則成混擾，固令人有唯氣論之想也。因為有此不清之混擾，故有第四小段中「合虛與氣有性之名」之滯辭。然揆之橫渠對於太虛神體之體悟以及其體用不二之論，則必須劃開。未免混擾，于氣外，必須正式建立神一觀念。[17]

牟先生常評論張載「著於氣之氣味太重」、「由此氤氳說太和，則嫌著而濁」，以至於常被誤解為唯氣論者。[18]因此，他必須在張載的言論之外，再加上一點東西來「提得住」，也必須進行一些語言與理論上的清理工作。儘管牟先生在大方向上肯定「理學家張載」所言，絕對是「儒家天道性命之至論」，但「滯辭」說卻也頻繁出現在他對張載（特別是連著氣）的評論中。對於此一情形，陳榮灼認為：

牟氏抱怨橫渠常有「不諦之滯辭」，「措辭多有別扭不通暢處」，但其實此並非橫渠原有之過；而這只是牟氏以康德式立場理解橫渠所產生的不良結果而已。[19]

---

16 《心體與性體》第1冊，頁470。
17 《心體與性體》第1冊，頁477。
18 《心體與性體》第1冊，頁437、438。
19 陳榮灼：〈氣與力：「唯氣論」新詮〉，收入楊儒賓、祝平次主編：《儒家的氣論與工夫論》，頁67。

陳榮灼的言論有其同情氣學的立場，但他卻點出牟先生不斷批評原作者說法有缺陷的「滯辭」說背後隱藏的問題。這可能是來自於現象與物自身二分的康德道德形上學理路，和中國傳統哲學之間在「格義」過程中所產生的扞格與困境。[20]牟先生和張、馮、侯先生立場不同，但卻同樣用自己的詮釋角度與哲學系統做了一些切割、擷取張載哲學的工作。這或許說明了牟先生的詮釋系統確實精微高深，但和張載原本的哲學間有可能存在著一些歧異。

　　對於張載學從理學史上自程朱開始即引起的「誤解」，到近代研究中諸多「不一致」、「不徹底」與「滯辭」說的批評，這些張載學詮釋上的困難，也許可以如批評者所論，將詮釋難題歸咎於張載學。但唐先生採取了一個不同的作法，因為偏滯有可能並不是真來自於張載，而是來自於研究者本身。他首先要求檢視詮釋者的研究方法，在對張載學做出任何批評與判斷之前，必須對詮釋張載學的方法有一個高度的自覺。因此，在正式討論唐先生的張載學之前，筆者擬先陳述

20　對於此問題，當代新儒家學者袁保新也表現了他肯定與支持牟先生的苦心戮力與巨大貢獻之外的一些疑慮，他說：「即令當代新儒家的前輩學者，篳路藍縷，以其學貫中西的學養，嚴選康德道德形上學的理路、架構、語言，為中國重道德實踐的心性之學賦予了現代意義，並回歸文本，找到大量文獻的印證與支持；但是，康德哲學作為近代西方哲學的產物，一方面背負著西方古典哲學思惟最原始的烙印，即將世界斷裂為兩橛，永恆的非時間領域與變動的時間領域；另一方面，又未加反省的接受了近代西方文明諸多二分性的預設，如：心／物二分，價值／事實二分，理性／感性二分等，故而在哲學思惟的基本調性上，其實與中國哲學仍有許多扞格不入的情形。」參袁保新：《從海德格、老子、孟子到當代新儒學》（臺北：臺灣學生書局，2008），頁viii。在重建中國傳統哲學的過程中，洋「格義」有其必要性與重要價值，無論是康德之於牟先生，或黑格爾之於唐先生，都可視為一種洋「格義」。既然是「格義」也都必須面臨「格義」化過程中的不同哲學系統的扞格情形，但筆者確實覺得在格義化過程中對傳統原典哲學意涵若能表現更大的尊重與容納，並回頭過來檢證與修正所使用的西方哲學，或許有助於降低此一洋「格義」的扞格。

唐先生提出的張載學詮釋法：

（1）尊重張載學乃一次第相連的系統性論述，不應任意割裂顛倒以論其學

如果我們願意接受張載有資格作為一位重量級大思想家，而心懷敬意，也許可以思考，這些難以解釋的矛盾背後的原因，是否有可能來自於詮釋者的詮釋方法與理解模式？而未必是被詮釋者？唐先生在《中國哲學原論──原教篇》的「如何契入橫渠之道」中提出一個理解張載學的基本原則，他認為張載《正蒙》「其書實乃煞費苦思力索，刻意經營之工夫，而成之有法有序之書，而有不容吾人之任意割裂，前後顛倒，以論其學者在。」[21]唐先生說：

> 吾人若能如此細看其書，可不管他人于同一之問題，先如何說，後人對橫渠之評論如何說；更可不待吾人代為之假借幫補，「抗之使高，鑿之使深」，而自然見得其言之由低下而高大，由淺易至深密之種種之義。[22]

要相應於張載學，首先必須尊重《正蒙》是一部具有系統性的哲學論著。雖然作者本意原汁原味呈現是否可能，一直是詮釋學上的難題。但使用的詮釋模式是否適用於詮釋對象，還是可以有一些客觀檢證標準，詮釋者與詮釋對象之間仍須避免常出現的扞格不入之情形，這同時也意味著理論的適用性與有效性。唐先生在詮釋時的自覺，使他的張載學和其他名家相較，確實表現出較多的尊重作者、忠實於哲學家原有精神的特色。陳榮灼即認為：「相比之下，唐君毅的詮釋不但能

21　唐君毅：《中國哲學原論──原教篇》，頁76。
22　唐君毅：《中國哲學原論──原教篇》，頁76。

夠避免上述牟氏解釋中之種種困難，而且於相當之程度上忠實於橫渠與船山之原有特色。」[23]尊重張載作為具有完整系統性的哲學家，不冒然指責其思想不徹底、不一致；也不須做太多切割與增補來使之高、使之深，盡量降低詮釋者本身的哲學系統所帶來的前見，這是在研究張載學之前必須先進行的清理。

（2）重視張載的「合兩義以見一義」之兩端詮釋法

張載學雖然歷來公認難解也常被誤解，但如果能降低詮釋者前見的干擾，那麼就可以進一步思考如何克服詮釋對象本身理論的特殊性格所帶來的難題。詮釋對象看似矛盾、不一致的種種理論難題，或表達上的難以理解——所謂的思想不徹底、不一致，不通暢多滯辭，在如此論斷前，是否有方法能使這個哲學家的言論較為順暢的被理解？在唐先生的思惟下張載的難解來自於他特殊的表達體用關係的方法，此即「合兩義相對者，以見一義」的兩端精神。關於張載的「合兩見一」詮釋法，唐先生說：

> 大率橫渠之融《中庸》《易傳》之言之義，更自立新義，以成其書，多是合兩義相對者，以見一義。所謂兩義相對者，如以誠與明相對，性與命相對，神與化相對，仁與義相對、中正與大相對、太虛與氣之實相對……。凡于此兩義相對者，橫渠皆欲見其可統于一義。橫渠言「兩不立，則一不可見；一不可見，則兩之用息」。此語義正可還用以說橫渠所立之義之兩者若不立，則其義之一亦不可見；其義之一不可見，則其所立之兩義，亦並成無用。[24]

23　陳榮灼：〈氣與力：「唯氣論」新詮〉，頁67。
24　唐君毅：《中國哲學原論——原教篇》，頁77。

在方法論的層次上，唐先生很重視「兩端」概念對於理解張載學的重要性。因為，張載使用了特殊的「合兩見一」兩端詮釋法，理解張載學時應該要避開使用一些不相應的詮釋方式，他說：

> 故吾人述其學之言，一有畸輕畸重于兩者之任一，或于此「兩」與「一」之二者中，畸輕畸重于其一，即皆吾人論橫渠之學之失中正之道，而不足以見其義之「和」，而亦非吾人之本「大心」以知橫渠之學之全之道，此即橫渠之學之所以難論，人論之恆不免于有所差也。[25]

「合兩義以見一義」，偏重兩義中的任一義，或只有被分割出來兩義（兩而無一），與沒有兩義作內容的一義（一而無兩），都不相契於張載學，不是他所說的太和之道。唐先生認為張載學中的虛／氣關係要被如實的理解，也必須置入此「合兩見一」，不「畸輕畸重」於任一端的兩端詮釋法來理解；不應只重視虛或只重視氣。因此，任何的虛氣二元論、唯氣論、虛本論這樣的說法，都不是唐先生認為可以用來詮釋張載的相應理論。

三　唐君毅張載學中之「氣」

雖然唐、牟同樣對唯物論、唯氣論懷有高度戒心，但對於張載「氣」的涵義與存在位階，兩位先生卻有不同的解讀與判斷。牟先生解釋張載「太虛即氣」時以體用圓融、不離不即的「即」義，一方面切割出形上「太虛神體」／形下之「氣」在存有論位階上的差別；一方面也藉以銷融張載大量的氣論對於確立本體的形上超越性格所帶來

25　唐君毅：《中國哲學原論——原教篇》，頁78。

的解釋困擾，用以證明張載絕非一唯物論者、唯氣論者。唐先生卻選
擇了正面肯定「氣」在張載哲學中的地位，他甚至說：

> 宋明理學中，我們通常分為程朱陸王二派，而實則張橫渠乃
> 自成一派。程朱一派之中心概念是理。陸王一派之中心概念
> 是心。張橫渠之中心概念是氣。[26]

> 張橫渠所謂虛氣不二之太和，自其實在性方面言之，實只是
> 一氣。其所謂「虛」，一方面看似在氣化之外，而實在氣之
> 中。[27]

　　牟先生嚴分形上、形下兩層，即使體用再圓融，虛（神）在氣之
外，而不在氣之中；唐先生則斷言太虛在氣之中，沒有離開氣之外別
有一作為本體的太虛或神，此為其「虛氣不二」論；甚至「太和」，
也只是「一氣」而已。「虛氣不二」、「太和一氣」，如果太虛、太

26　唐君毅：〈張橫渠之心性論及其形上學之根據〉，《哲學論集》（臺北：臺灣
　　學生書局，1990），頁211。此文發表於一九五四年一月，《東方文化》第1卷第
　　1期。關於張載哲學重氣，在宋明理學的分系中應在程朱理學與陸王心學之外自
　　成一系的看法，在唐先生的思想發展中是有變化的。早期〈論中西哲學之本體觀
　　念之一種變遷〉一文中他仍將理學分為「性即理派」與「心即理派」，「由周濂
　　溪、程明道、程伊川、張橫渠至朱熹。這一派可稱為性即理派。」參唐君毅：
　　〈論中西哲學之本體觀念之一種變遷〉，收入氏著：《東西哲學思想之比較研究
　　論集》（臺北：臺灣學生書局，1990），頁164。此階段唐先生仍將張載學歸入程
　　朱理學之中，到〈張橫渠之心性論及其形上學之根據〉中則認為除張載「自成一
　　系」外，《原教篇──王船山之人文化成論（下）》（此文作於1945年左右）論王
　　船山時說：「西洋哲學之主要概念有三，曰理性，曰意識，曰存在。……中國哲
　　學之主要概念亦有三，曰理，曰心，曰氣。……為船山生於宋明理學極盛之時期
　　之後，承數百年理學中之問題，入乎其中，出乎其外，于橫渠之重氣，獨有會於
　　心。」參《原教篇》，頁664-665。唐先生以程朱理學、陸王心學與張載船山氣學
　　鼎足為三的系譜已然成型。
27　唐君毅：〈張橫渠之心性論及其形上學之根據〉，頁217。

和是張載學的本體，而氣具有這麼極度貼近本體的位階，那麼要如何論證張載不是唯氣論、唯物論者？除了設法銷融、拉開大量《正蒙》文本中「氣」太靠近形上本體的干擾之外，唐先生提供了另一思考方向——如果「氣」的本質原本就不僅是形下物質之氣，那麼，即使張載使用了大量的「氣」來說道，其實未必就會使他變成唯物主義氣論哲學家。

迥異於唯物論學者視張載的氣為一物質性實體與牟先生視之為形下之氣，唐先生認為「氣」一詞在中國有其獨特用法，古人雖多經由「體會而知其意義」，未必會給予清楚界說，但不應以現代人所認為的形下之「物質」或西方哲學傳統下亞里斯多德的「材料」（matter）一類視之。「氣」在中國先哲或指「精神之氣」、「生命之氣」，亦可指「物質之氣」，而且往往三者貫通為一。[28]因此，氣既不只是「形而下之物質或潛能」，卻也不能「只視之為一絕對無形」的形上精神之氣。[29]他說：

> 如要親切理會，當說其氣只是一流行的存在或存在的流行，而不更問其是吾人所謂的物質或精神。此氣乃一無色彩之純粹存在、純粹流行，或西方哲學中之純粹活動、純粹變化。[30]

> 氣之義，原可只是一真實存在之義。固可說此天即氣。天之神德之見于其虛明，其所依之「實」，即此氣也。故橫渠言「太虛，一實者也」（性理拾遺）又言「虛空即氣」。于此吾人應高看此氣，而視之如孟子之浩然之氣之類，以更視其

28　唐君毅：〈張橫渠之心性論及其形上學之根據〉，頁217。
29　唐君毅：〈張橫渠之心性論及其形上學之根據〉，頁218。
30　唐君毅：《中國哲學原論——原教篇》，頁91。

義同于一形上之真實存在，其虛明即以此一形上真實存在或此氣之神德為體，所顯之用。故說「由太虛有天之名」，即是說：由「太虛即氣」有天之名。不可離氣以言此太虛，亦如不可離此天之為形上之真實存在、有其神德為體，以言其有虛明照鑒之用也。[31]

　　氣貫穿物質與精神、形上與形下，唐先生指出這在中國是原本就有的用法。張載的「氣」落到「形」、「質」後，雖然有形下層次的「形物之氣」（由此在人而有「氣質之性」，但問題在「質」而不在「氣」）；但在理解「太虛即氣」時，不應視之為形下、物質之氣，而應高看、上看此氣，視為形上之氣。楊儒賓先生說：

　　　　唐君毅先生討論宋明儒的形上學時，已一再指出其中的「氣」當高看、上看，不可視作物質的，而是具有形上的意涵。筆者認為唐先生的判斷非常精確。他的斷語用於宋明儒固可，用於先秦的「浩然之氣」、「精氣」之說，一樣也可以成立。這種氣可上下其講的情況早就存在。[32]

氣可上下講，不只是形下之氣，而應高看為形上之氣，此為唐先生的重要論斷，並得到不少學者支持。此說在中國傳統「氣」用法中可被檢證，用以解釋先秦到宋明儒，包括張載都適用。林安梧先生論王船山的「氣」也說：

　　　　我們所理解的「氣」不只是「物質性」的概念，它兼具有「精神性」與「倫理性」的意義，而且它是具有辯證發展能

31　唐君毅：《中國哲學原論——原教篇》，頁97。

32　楊儒賓：〈檢證氣學——理學史脈絡下的觀點〉，收入氏著：《異議的意義——近世東亞的反理學思潮》（臺北：臺大出版中心，2012），頁94。

力的本體……是隱含了精神及物質兩端依倚而相互辯證之概
念……是「對比於心物兩端而成的一個辯證性概念」。[33]

唐先生對「氣」非形下之氣斷語之精確性，還有一個值得注意的觀察
點，就是朱建民先生。他在〈太虛與氣之關係之衡定〉中說：

> 太虛就體而言，乃形而上者；氣就用而言，乃形而下者。然
> 此體用不可分離，故張載曰：「太虛不能無氣」，太虛之神
> 不能離氣而現，然氣亦不能離太虛之神而成化。如此說太虛
> 與氣之關係乃是個體用的關係。[34]

朱先生此文乃他繼承牟先生虛氣觀點的早期說法。基本立場是將太虛
與氣視為形上／形下的體用論關係，氣只是形下之氣，太虛是神，不
是氣。此看法在後來結集《張載思想研究》一書時作了大幅改寫，對
「氣」有不同的體認，他說：

> 張載說：「……須知氣從此首，蓋為氣能一有無。」換言
> 之，氣可通有形與無形，通形而下與形而上。這樣的說法，
> 顯然與西方哲學所說的形而上與形而下有極大的差異。依照
> 西方哲學的說法，我們可以確定氣是屬於形下界的。但是，
> 依照張載的用法，氣通形上與形下。如此，我們無法明確地
> 說氣是形而上或是形而下。而只能說，氣的某種存在狀態是
> 形而上的，某種存在狀態是形而下的。事實上，張載認為
> 「氣能一有無」，則氣這一概念的主要作用即在溝通形而上

33 林安梧：《王船山人性史哲學之研究》（臺北：東大圖書公司，1987），頁100-101。

34 朱建民：〈太虛與氣之關係之衡定〉，收入氏著：《張載思想研究》附錄（臺北：文津出版社，1989），頁157-158。

與形而下，目的即在打破一般人將有形與無形截然二分的觀念。[35]

可看出他後來已放棄使用牟先生對氣的解釋模式，而提出「氣一名而兼有三義，即存在義、流行義、與作用義。」這其中唐先生的「氣」觀點被接受的痕跡十分明顯。[36]

　　回歸到「氣」可上下其講之傳統，那麼，氣可以是形下的「形物之氣」，也可以是具有孟子「浩然之氣」高度的形上之氣。因此，唐先生對「氣」作了以下的定義：

> 吾人欲了解中國思想中所謂氣，吾人決不能只視之為一絕對無形，或形以下之物質或潛能，而當視之為「能動能靜，能表現一定形而又能超此定形，以表現他形」之實有存在者。……吾人必須綜合「有形」與「超形」與「力」之概念，以言氣之無形；綜合存在與歷程之概念，以言氣之實有。故氣可界定為一「涵形之變易於其中一的存在歷程」（existential process）或涵形之變易歷程與其中之存在。由此而氣遂可成為說明宇宙之一形上的第一原理。[37]

唐先生接著以「存在」與「歷程」兩概念，說明他獨特的「存在的流行」、「流行的存在」的「流行存在之氣論」。陳榮灼指出唐先生此

---

35 朱建民：〈張載的天道論〉，《張載思想研究》，頁29。

36 朱建民：「如果我們同意唐君毅先生的說明，則不必與精神或物質去了解氣，亦不必把氣當做某種粒子，而只由存在與流行這兩層意思了解氣。氣本身為一真實存在，而且是第一義的存在概念；由此而了解天地萬物之存在，則天地萬物只是第二義的存在概念。……總之，在本書的討論中，我們以為，氣一名而兼有三義，即存在義、流行義、與作用義。」朱建民：〈張載的天道論〉，《張載思想研究》，頁22。

37 唐君毅：〈張橫渠之心性論及其形上學之根據〉，《哲學論集》，頁219。

說有來自於黑格爾與懷德海哲學的理論背景，這是「以『絕對唯心論』的詮釋的角度來看橫渠之『存有論』；唐君毅同時也通過懷德海之『歷程哲學』來闡釋橫渠之『宇宙論』。他認為張載之『存有論』與其『宇宙論』攜手並進。」[38]就氣作為「存在」的概念看，它是第一義的「真實存在」，本身就可作為「宇宙之一形上的第一原理」，並不需在「氣」之上再安置一個更高實有。因此，唐先生解釋張載「太虛無形，氣之本體」（〈太和〉篇）時說「此乃體性之體非本體之體」。[39]那麼，「太虛」與「氣」就不一定是一個體用論關係。在氣之「存在」概念外，唐先生也特別重視氣之「流行」義，此即「歷程」概念。「歷程」概念唐先生自己說是受到懷德海《歷程與實在》一書的啟發，懷德海認為「一切現實存在之交感關係，皆為一相覺攝之關係。」他認為懷德海此說近中國傳統思想《易經》下的自然觀「以物之互相影響關係，為一感通而相涵攝之關係」。[40]此說不僅存在於《易經》，在漢儒的氣化宇宙論中亦多有言及。但唐先生認為張載氣論有進於漢儒之處，在於經由「太虛即氣」說提出「氣的虛靈性」，「明白確切的指出此感通而涵攝之可能，本於氣之原有虛於其內部。」因此，「氣」既可以是作為「存在」義的最高實有；也是作為「歷程」義的「流行」，可與萬物相感、相通、相涵攝。對於張載、船山一脈的氣論中「氣」的存有論位階，唐先生在論述船山學時有更清晰的說明，他說：

> 西洋哲學之主要概念有三，曰理性，曰意識，曰存在。存在有物質與生命之自然存在，有精神之存在。中國哲學之主要

---

38 陳榮灼：〈氣與力：「唯氣論」新詮〉，頁55。

39 唐君毅：〈張橫渠之心性論及其形上學之根據〉，《哲學論集》，頁220。

40 唐君毅：〈張橫渠之心性論及其形上學之根據〉，《哲學論集》，頁222。

概念亦有三，曰理，曰心，曰氣。氣正兼攝自然之物質、生命與人之精神之存在者也。……惟船山生于宋明理學極盛之時期之後，承數百年理學中之問題，入乎其中，出乎其外，于橫渠之重氣，獨有會于心。[41]

唐先生認為西洋哲學最重要的三個概念是「理性」、「意識」、「存在」（代表的哲學家分別是康德、費希特與黑格爾）；對應到中國哲學恰巧也有重「理」、重「心」與重「氣」的理學三系。因此，在程朱理學、陸王心學之外，他特別突顯張載、王船山作為氣學的代表。張載、船山一系的「氣」作為「存在」的概念，並不像西方哲學中視「存在」為「物質與生命之自然存在」或「精神之存在」兩義，所以既不是客觀唯物論，也不是主觀唯心論，而是「兼攝自然之物質、生命與人之精神之存在」，比較接近於黑格爾之「絕對精神」義。

因此，唐先生認為張載學的「氣」應該被高看，視為存在之流行、形而上第一原理。如果印證〈太和〉篇張載反對「若虛無窮氣有限，則體用殊絕」的說法，唐先生的判斷是正確的。但是，如果張載天道論中的最高存有是「氣」，那麼如何看待「太虛」、「太和」呢？對於「氣」、「太虛」、「太和」三者之間的關係，唐先生說：

心之性，亦當有一客觀宇宙的根原。客觀宇宙中之天地萬物，從根原方面看，即虛氣不二之太和。此虛氣不二之太和，就其太虛一面言之曰天，就其氣化一面言之曰道。人本此虛氣不二之太和而生，故亦即稟此太虛與氣化之道，以為其性。[42]

41　唐君毅：〈王船山之人文化成論（下）〉，《原教篇》，頁664-665。
42　唐君毅：〈張橫渠之心性論及其形上學之根據〉，《哲學論集》，頁216。

唐先生認為張載學中確實有一個「客觀宇宙的根源」，被稱為「虛氣
不二之太和」。回到張載慣用的「合兩義以見一義」的兩端詮釋法，
在論述最高存有時，張載也是要合「太虛」與「氣」兩義以見「太
和」一義，「太虛」與「氣」在「水冰喻」中被比喻成同一物的不同
狀態，狀態有別但本質無異。它們是用來表述「太和」之道不同狀態
或面向的說法，是張載在語言表達的時候為了貼近最高存在所使用的
不同詞語。對於爭論甚多的「太虛即氣」說，唐先生的看法應是「太
虛」與「氣」都是最高存有的不同表述，至於「即」的涵義究竟是
「就是」或體用圓融義的「即」，他並未做出太多說明；但在虛氣關
係中特別突顯兩義「不二」。[43]如同「不即不離」一樣，「不二」往
往也與「不一」連用，這是東方體驗哲學中另一組常見的詭辭。「不
二」並不就是「一」，相反的「不二」用法另一個面向恰巧也意味著
兩者的「不一」；它們的本質沒有不同，但語詞的內涵其實並不完全
相等。但在唐先生「辯證的融合」思路下，他的「虛氣不二」論所著
力的重點並不在於分析太虛與氣兩個概念之間的「不一」，而是置入
存在的「歷程」中以見其「不異」（「不二」），較少釐析虛氣間的
差異處。[44]他重視張載「兩不立，則一不可見；一不可見，則兩之用
息。」的詮釋法，認為唯有「太虛」與「氣」兩義俱立，合兩義以見
其「一」，此「一」乃在兩義俱立「辯證的融合」下而產生的，才能

---

43 唐先生除了「虛氣不二之太和」的說法外，也直接以「張橫渠之虛氣不二論」作
為標題。唐君毅：〈張橫渠之心性論及其形上學之根據〉，頁219。

44 陳政揚也注意到此一問題，他說：「唐先生的詮釋更能說明張載思想中的虛氣關
係。然而，在探討虛氣之關係時，由於唐先生較著力於張載『合兩義相對者以見
一義』的精神。因此，在『虛氣不二』說中，突顯出太虛與氣不二的一面，卻較
少釐析二者的相異之處。」他認為應該順著唐先生進路，「更進一步釐清太虛與
氣乃『一而有分』的關係」。陳政揚：《張載思想的哲學詮釋》（臺北：文史哲
出版社，2007），頁47。

見其「和」。

四　張載的氣學與唯氣論

　　如果我們同意唐先生「存在流行之氣論」對「氣」的理解，那麼張載的「氣」不僅非有限的形下之氣，而應該上看、高看此氣，甚至視之為第一原理、真實存在，「氣」之上並沒有一個更高的存在。如同「理」之於程朱、「心」之於陸王，「氣」之於張載也具有同樣的位置。因此，張載，加上繼承他重氣思想的王船山應該可被視為理學、心學外的氣學一系。唐先生這些說法引發了很多值得探討的問題。首先，必須回答的問題是唐先生給了張載氣論這麼高的位階，因為它並不是形下物質之氣，這固然可以說服閱讀者同意張載不是唯物論者，但是，為什麼不能視張載為唯氣論者？張岱年、馮友蘭諸先生提出氣學一系，視張載為「氣學之祖」，唐先生氣學的提法有何不同？張、馮諸先生勾勒出來的氣學系譜中，實有「反理學」性格；那麼唐先生張載、船山自成氣學一系的提法，如何確立他們在理學的合法性？牟先生並沒有給張載的氣論太多正面的意義與位置，因此，這些問題在牟先生那裏都可以不存在；但是在唐先生張載學中卻必須被進一步釐清。

　　唐先生確實說了張載學的「氣」，如同程朱學的「理」、陸王學的「心」，應被視為他們的核心概念；但如果順著這樣的思路推下來，張載的「氣」如此重要，那麼為什麼他不能是「唯氣論」者？陳榮灼先生說：

　　　　當橫渠言「太虛即氣」時，顯示將「氣」等同于「形上之真
　　　　實存在」。然而與牟宗三一致，唐氏亦反對以「唯氣論」來

解釋橫渠之學。相當清楚，唐氏亦將「唯氣論」理解為「唯物論」之同義詞。顯然，於此一場合中，「氣」一詞只被唐氏了解為「形物」或「物質」義。由此可見其在「氣」一詞之使用上實存有歧義。[45]

唐、牟一再強調不能視張載為唯物論、唯氣論者，在兩先生用法中將唯氣論理解為唯物論同義詞，此自然與大陸學者「氣學」的提法之視「唯氣的潮流亦即唯物的潮流」，將「氣學」研究過度唯物主義化有一定的關係。由於政治現實所造成的禁忌，也由於儒家道德形上學本身的價值意義、詮釋系統與唯物論的對立，新儒家「反唯物論」的旗幟非常鮮明，立場也十分明確。對唯物論的禁忌，連帶也對氣學持批判、懷疑甚至否定的態度。但是「唯氣論」是否就等同於「唯物論」？臺灣同情「氣學」的學者就認為二者之間並不完全相等。如劉又銘先生說：

> 雖然氣本論一系的理論性格比較接近唯物主義因而為大陸學界所鍾愛所看重，但它並不因此就等同於唯物主義。應該說，它跟唯物主義之間，以及它跟程朱、陸王兩系之間，都是一樣地既有連續性相關性又有差異性的。正因為大陸學界過去將氣本論過度地唯物主義化，所以今後對氣本論重新詮釋的空間還很大。[46]

氣學和唯物論之間雖然有著連續相關，甚至理論性格接近之處；但氣

---

45 陳榮灼：〈氣與力：「唯氣論」新詮〉，收入楊儒賓、祝平次主編：《儒家的氣論與工夫論》（臺北：臺大出版中心，2005），頁53。

46 劉又銘：〈宋明清氣本論研究的若干問題〉，收入楊儒賓、祝平次主編：《儒家的氣論與工夫論》，頁205-206。

學和程朱、陸王學之間同樣也存在著這種情形。這牽涉到氣學形態的問題，此筆者擬留到後面再進行討論。先就氣學與唯物論、程朱陸王形上學都存在著差異性來說，其中的關係有其複雜性。在當代某些氣學研究中，研究者有可能對「形上學」（包括東方的儒家道德心性形上學）採取批判的立場，反對在精神／物質、心靈／身體、本質／現象等之間建立起一種形上化的等級差異，要求重構兩者之間的關係，何乏筆先生說：

> 到了黑格爾後學，形上學與辯證法已成為兩種可相互對立的理論模式，而某種後（非）形上學的、物質的及歷史的本體論（material and historical ontology）便成為可能。由創造性的系譜學來看，肯定身體、物質、歷史、感性、特殊性、差異等的哲學地位乃是開發創造力的重要因素。[47]

來自於歐洲哲學背景對形上學的反感，使他們對氣學的關注，可能要求的是「去等級化」，不贊成過度強調精神的優先性，企圖將理論朝「非形上學」模式發展，但並不意味著他們即認同唯物論，其理由是「因為唯物論（形下學）只不過是一種倒置的形上學」。[48]因此，此一型態的學者在研究氣學時，雖然常對形上學很有意見，卻未必認同唯物論。雖然因為過去大陸的氣學研究方向，造成唯物論與唯氣論兩種理論使用上的連體共生現象，唐、牟也採用這樣連用的說法作為批判對象，但事實上不論採取的立場是贊成或反對，唯物論、唯氣論二者在理論上未必一定要被劃上等號，雖然它們的理論有太多的相似之處。唐先生突顯張載氣學的重要，卻又強調張載非唯氣論者，他的說

47　何乏筆：〈何謂「兼體無累」的工夫──論牟宗三與創造性的問題化〉，收入楊儒賓、祝平次主編：《儒家的氣論與工夫論》，頁80。

48　何乏筆：〈何謂「兼體無累」的工夫──論牟宗三與創造性的問題化〉，頁99。

法如何能免於「氣一詞之使用上實存有歧義」的質疑？筆者認同可以先拉開唯物論、唯氣論二者之間過度緊密，所帶來的糾葛，直接確認唐先生張載學中的反唯物論立場，不再討論；僅針對唐先生張載學的「氣」與唯氣論的部分來說明。

　　唐先生要求高看張載學的「氣」，但反對視之為唯氣論者，與其說唐先生在「氣一詞之使用上實存有歧義」，不如說長久以來對「唯氣論」或「氣學」的使用上本來就存在著歧義。晚近不少學者已提出為了避免討論上的糾葛，不應僅是籠統的使用「氣學」或「唯氣論」、「氣本論」這樣的說法；而應在「氣學」一詞的用法中進一步做更精細的分判，區分出不同的類型。[49]在「氣學」系譜中並不僅存在著「一種氣學」，而至少應該是「兩種氣學」。不管是楊儒賓所區分的「先天型氣學」與「後天型氣學」；或劉又銘的「神聖氣本論」、「自然氣本論」；或馬昌淵也的「性善說—本來聖人」氣學與

49　「氣學」的精細區分，如劉又銘主張分為「神聖氣本論」（又分為與「理本論」相容－王夫之代表；與「心本論」相容－劉蕺山、黃宗義代表）與「自然氣本論」兩類三型。參劉又銘：〈宋明清氣本論研究的若干問題〉，收入楊儒賓、祝平次主編：《儒家的氣論與工夫論》，頁206-207。王俊彥分為「以氣為本」、「理氣是一」、「心理氣是一」、「由易說氣」四種。參王俊彥：《王廷相與明代氣學》（臺北：秀威科技資訊公司，2005）。馬昌淵也主張分為「性善說—本來聖人—朱子學系的氣的哲學」（羅欽順代表）、「性善說—本來聖人—心學系的氣的哲學」（湛若水代表）、「非本來聖人—非性善說的氣的哲學」（王廷相代表）三種。參馬昌淵也：〈明代後期「氣」的哲學之三種類型與陳確的新思想〉，收入楊儒賓、祝平次主編：《儒家的氣論與工夫論》，頁161-202。筆者認為馬昌淵也的分法與「性善說—本來聖人」氣學與「非性善說—非本來聖人」氣學的提法，其實看法與劉又銘主張「神聖氣本論」、「自然氣本論」十分接近，也同樣具有兩類三型的架構。至於楊儒賓也認為應該有這兩種不同類型的「氣學」區分，他選擇了使用「先天類型氣學」（也包括張載與劉蕺山兩型）、「後天類型氣學」的說法。參楊儒賓：〈檢證氣學——理學史脈絡下的觀點〉，收入氏著：《異議的意義——近世東亞的反理學思潮》（臺北：臺大出版中心，2012），頁85-126。

「非性善說—非本來聖人」氣學，這些要求應對「氣學」做精細區分的學者，即使他們的立場未必相同，使用詞語有別；但大致上都認同應該以它們是否具有神聖的心體、性體、道體這樣的超越向度，去區分「氣學」的兩種不同類型。也就是說，前者是超越義的氣學，後者是自然主義的氣學。楊儒賓先生認為此二者「分則兩利」，他提出一個檢擇的判準——兩種氣學本質的差異在於有沒有「天道性命相貫通」此一核心因素，他說：

> 我們可以說它（筆者案：先天型氣學）具有追求存在的本源之本體論的概念，同時也蘊含了「轉換意識以證本體」的工夫論構造。而且前者的呈顯要建立在後者的基礎上，此之謂天道性命相貫通。相對之下，「後物理學」乃是對自然作後設的反省，完全沒有天道性命相貫通的關懷。[50]

而「天道性命相貫通」如何可能？此正需要有一無限的人性論作為基礎，馬昌淵也以「性善說—本來聖人」與「非性善說—非本來聖人」氣學作為兩種氣學本質不同的區別，也正是因為前者對人性的看法皆先肯定人性本善，以作為人人可以成聖，與天道性命相貫通的可能之根據。張載是理學家中最早提出兩種人性論（氣質之性與天地之性）作對照的人，但他並非是「性二元論」者，唐先生說張載「不是將人之二性同時對立說，而是分本末以說，在本上看，人只有天地之性。在末上來看，人乃有氣質之性。」[51]因此，張載才說「氣質之性，君子有弗性者焉。」（《正蒙・誠明》）唐先生說：

50　參楊儒賓：〈檢證氣學——理學史脈絡下的觀點〉，收入氏著：《異議的意義——近世東亞的反理學思潮》，頁125。

51　唐君毅：〈張橫渠之心性論及其形上學之根據〉，頁229-230。

> 人之性究其根本上說，只是一純善之天地之性。因為天
> 地，或客觀宇宙本原之虛氣不二之太和本身，原是至善無
> 惡。⋯⋯由是而可趨向惡之氣質之性，遂既在天地之本原上
> 為無根，而最後在聖人君子身上，亦無寄托處。他只是在人
> 生以後，人未盡心大心以實現其天地之性時，為一暫時之存
> 在而已。[52]

只有「天地之性」，也就是孟子性善論所言的性，才是真正的人性，
張載所持的是一儒家正宗的無限人性論，其工夫論也指向於變化氣質
以「復性」。依照這樣的判準，張載的氣學在兩種氣學中應該被歸類
到先天型氣學的類型中。

　　唐先生之所以同意張載重「氣」，在理學中於程朱陸王外可自成
「氣學」一系，卻堅持張載非唯氣論者，放到「兩種氣學」的脈絡下
就顯得清晰可解。唐先生所認同的張載氣學，其形態是屬於天道性命
相貫通、無限人性論，具有超越向度的先天型氣學；而非不具超越向
度的後天型氣學。雖然將張載視為自然主義唯氣論的氣學研究者，或
有其「重建中國自然哲學」以便「與近代物理學掛勾」的用意[53]，但
在唐先生看來張載《正蒙》中〈動物〉、〈參兩〉篇那些被視為「近
自然主義唯氣論」之說的自然科學知識，其實「橫渠于此所論，若
作自然科學知識而觀，則亦甚簡單幼稚，而不出常識之仰觀俯察之所
見。」[54]不須對此有太高的期待。

　　如此一來，唐先生對《正蒙》一書所採取的詮釋策略就顯得非常
重要，唐先生的詮釋策略十分具有創造性，他並不是如傳統的依《正

52　唐君毅：〈張橫渠之心性論及其形上學之根據〉，頁231-232。

53　陳榮灼：〈氣與力：「唯氣論」新詮〉，頁72-73。

54　唐君毅：《中國哲學原論──原教篇》，頁88。

蒙》原書順序以〈太和〉篇為詮釋起點，而是標舉〈大心〉篇作為理解全書的樞紐。[55]甚至抄錄了〈大心〉篇全文予以逐一次第解釋，可以看出唐先生對〈大心〉篇的重視程度。因此，要如何理解張載的氣學？唐先生說：

> 此所觀得之太虛與氣，乃依于人之大心之仰觀俯察而見得；故其觀察之所得，亦不能離此人之大心而說。……凡此等等今所謂精神意義之名言概念，皆橫渠用之以說明太虛之氣聚而有象成形者。則橫渠之以「虛」、「氣」、「形象」為真實不虛，固無問題。然其所以說明其真實不虛，則賴此諸具精神意義之概念。而此諸概念，與虛氣形象之概念之似只具物質意義者，乃相互為用，以互相轉化、互相涵攝，以成其義。[56]

張載的「太虛」與「氣」概念雖然是宇宙之真實存在，但卻依於人之「大心」觀察所得，而「大心」之所以可能卻須奠基在心性論與工夫論的基礎上。張載對「大心」的說明如下：

> 大其心則能體天下之物，物有未體，則心為有外。世人之心，止於聞見之狹。聖人盡性，不以見聞梏其心，其視天下無一物非我，孟子謂盡心則知性知天以此。天大無外，故有外之心不足以合天心。見聞之知，乃物交而知，非德性所知；德性所知，不萌於見聞。[57]

55　唐先生說：「吾人欲知橫渠之學，所以通天人之相對者，宜當由大心一篇始。更及其誠明、神化二篇之言，方為得論橫渠學之正道。」唐君毅：《中國哲學原論——原教篇》，頁78。

56　唐君毅：《中國哲學原論——原教篇》，頁90。

57　〔宋〕張載：《張載集》（臺北：漢京文化，1983），頁24。

「大心」即是孟子「盡心知性知天」的聖人之心，它必須經過一個
「大其心」的擴充式工夫，不斷體物盡性的實踐歷程，最後才會被證
成。唐先生提出的張載氣學必須以〈大心〉篇所言作為詮釋的起點，
意味著張載所言之「氣」當不僅是自然哲學語彙或思辯哲學語彙，而
是東方體驗形上學下的工夫論語彙。追求存在的本源之本體論概念，
其呈顯要建立在工夫論的基礎上。此即唐先生反覆強調張載非自然主
義唯氣論者的原因，張載型態的先天型氣學和今人所談論的氣學有著
本質的差異。

　　因此，參照晚近學者為了避免討論上的混淆，而將氣學分成「先
天型氣學」與「後天型氣學」兩種型態，唐先生所提的「張載氣學可
在宋明理學中自成一系，卻非唯氣論者」之說，大致上也可以放進這
兩種不同型態的氣學中被理解。作為先天型氣學型態的張載氣學，對
「氣」的討論並沒有逸出理學「天道性命相貫通」的道德形上學之範
圍，唐先生也標舉「以人道合天道之道」稱張載學。因此，不論是否
同意張載、王船山一系的先天型氣學能自成氣學一系，具有足夠的分
量能在宋明理學中與程朱理學、陸王心學抗衡形成三足鼎立的格局，
可肯定的是他們並不是與「理學」站在對立面的一種「氣學」論述。
楊儒賓就認為「先天型氣論則是理學內部的修正系統，它們很自覺的
是要『完成』而不是要『拆解』朱子學的架構。」[58]他們的氣學應該
被視為理學內部的修正系統，並沒有逸出理學的範圍，在宋明理學中
當有其合法性地位。

58　參楊儒賓：〈檢證氣學──理學史脈絡下的觀點〉，收入氏著：《異議的意
　　義──近世東亞的反理學思潮》，頁125。

五 張載學的「氣」對儒家倫理學與工夫論之意義

　　唐先生認為在經歷理學史上漫長的兩大主流——程朱理學、陸王心學多不重視張載學之後，由明末清初重量級理學家王船山對張載重「氣」思想的回歸，可以看出張載氣學在理學中具有「成始成終」的重要意義與價值。[59]在區分了張載的氣學屬於先天型氣學，與後天型氣學乃是本質不同的「兩種氣學」，肯定它在理學系統中有其合法性後，那麼對於唐先生何以一面堅持張載非唯物論、唯氣論者，一面卻很重視張載的氣論，就不是那麼糾葛難解。唐先生對張載的「氣」之態度不像牟先生看到的是它的負面意義，而肯定「氣」應有其正面意義與價值。筆者以為唐先生「氣」的看法對當代儒家倫理學的研究很有啟發性，筆者擬將之置入近年來臺灣學界對氣學與工夫論的研究成果來討論。

　　儒家的氣學與工夫論的關係，近年來已是儒學研究中的重要議題之一，楊儒賓先生指出：

> 不管是先天型或後天型的氣論或氣學學者，他們不言而喻的前提是種生命的世界觀，也可說是種動態的世界觀。氣與生命的聯結在先天與後天這兩種類型的學者身上，顯現地都極為突出。就工夫論的觀點看，先天型或後天型氣學學者共同分享的聯結首先呈現在氣作為身心底層的統一原理，所以如何適當的處理氣（養氣）以增加道德的能量，此事遂成為工夫論之核心要義。其次，氣與生命的聯結也見於人際以及人與世界之感通，因此，如何透過氣的交感、共振之屬性而與人群共感，並形成築基於社會之上的意義之交互網脈，此事

---

59 唐君毅：〈張橫渠之心性論及其形上學之根據〉，頁212。

也成了近世儒學工夫論的另一個關心點。[60]

「氣學」雖有兩種不同型態，但它們之間也存在一些共享的成分。在儒家的氣學工夫論研究中，研究者提出在東方哲學中有一個「形氣神」三位一體的身體觀[61]，雖然「精神」或「心性」往往是作為首出的概念，有其優先性，但在東方身心之學中「身」與「心」的關係，並不像西方哲學傳統下笛卡兒的心物、身心二元論，視身心關係為斷裂的兩橛，原因是有「氣」作為身心底層的統一性原則。因此，在儒家的工夫論中除了由「心性」修養入手，「氣」也可以作為另一種下手工夫。以張載學來說，張載說：

> 今人所以多為氣所使而不得為賢者，蓋為不知學。……但學至於成性，則氣無由勝，孟子謂「氣壹則動志」，動猶言移易，若志壹亦能動氣，必學至於如天則能成性。（《經學理窟・氣質》）[62]

張載指出有兩條修持的工夫路線，一是「志壹能動氣」，由「心」（志）下手，這是「大心」的心性工夫；一是「氣壹則動志」，由「氣」下手，這是「變化氣質」工夫。二者不可偏廢，所以張載說：「變化氣質與虛心相表裏」。由「氣」下手，帶著全身全心，除了意識層面也包括身體的隱闇向度之修養工夫，此可以視為對孟子「吾善養吾浩然之氣」工夫論如何進行的進一步發揮。至於楊儒賓先生提到的另一個氣學與儒學工夫論關係的焦點議題——氣與生命的聯結也

---

60 參楊儒賓：〈兩種氣學、兩種儒學〉，收入氏著：《異議的意義——近世東亞的反理學思潮》，頁168。

61 參楊儒賓：《儒家身體觀》（臺北：中央研究院中國文哲所籌備處，1996）。

62 〔宋〕張載：《張載集》，頁266。

見於人際以及人與世界之感通，此一議題對儒家倫理學來說有其重要性。新儒家的道德形上學一向重視「天道性命相貫通」，在既超越又內在的體用論模式下，心體、性體、道體三體為一，所開展出來的儒家倫理學，基本上是傾向於突顯主體──本體間縱貫面向度之高度的內向型「超越論」倫理學，這本是儒家心性學之至論。但儒家的倫理學應該還有另一個同樣重要的面向，需要被同等的關注──奠基在人與人之間、人與物之間、人與自然之間的交互共感，這必須主體超出其主體性之外，與其他做為「他者」的主體「互為主體性」才能夠完成，這是一種「倫際性」的道德哲學。[63]它是橫攝面向度的倫理學關懷，而且要建立在主體與他者的「共感」之上。共感的可能往往建立在血氣心知，「氣」在此扮演了重要的角色。

　　唐先生提出了他的重要觀察，他認為張載學有超過另一理學開山祖周敦頤的地方，就在於張載的氣學在橫攝面向度上關注到主體與他者共感的重要性。唐先生指出雖然張載繼承了中國傳統中所共用的「氣」觀念，但卻有他的創造性詮釋，創造出一個不同於原來秦漢儒傳統的「氣」說──綜合秦漢儒傳統的「氣」與佛道二教的「虛無」、「空」概念，最後回歸到《易傳》思想上說「氣」。[64]在中國

63　楊儒賓研究伊藤仁齋、戴震、阮元、丁若鏞等反理學儒者的氣學指出他們的哲學批判：「有由『超越論』逆轉為『倫際性』的道德哲學之迴向。由於這種倫際性的哲學建立在一種共感的、迴向的氣化主體上面，因此，此種倫理學未嘗沒有『人』此種屬性的普遍性。……這種氣化的、相偶的主體不但可以自證，也可以由此建立文化哲學，他雖然不符合牟宗三先生對『基本存有論』的要求，但也許和提出此概念的海德格的原始構想反而較接近。」楊儒賓：《異議的意義──近世東亞的反理學思潮・序》，頁vi。

64　唐先生說：「進於秦漢儒者對氣之說明者，則一在張橫渠特重氣之虛靈性，而加以提出，說『虛空即氣』。……他的意思正是綜合秦漢儒者所重氣與道家佛家所重之虛無或空而一之。此綜合之結果，則是復歸於先秦易傳之思想，而予以一新說明。」參唐君毅：〈張橫渠之心性論及其形上學之根據〉，頁219。

哲學「氣」的發展史上，張載特別重視「氣的虛靈性」，他對氣論的
革命性貢獻是帶進「虛」的概念來詮釋「氣」。唐先生分成縱橫兩面
論述張載的「虛氣不二」論，他認為張載之氣在縱的面向說：「從一
切有形質之物，均一方不斷形成，而一方不斷融解其形質，而化為他
物上；以說萬物皆在一『不斷顯出亦不斷隱伏之歷程中』。……宇宙
真有者便只此由有形而無形，無形而有形之存在歷程。此即是氣之流
行。此氣之流行，乃綜合有與無，虛與實之概念的。」[65]張載綜合有
無、虛實概念，提出以「幽明」取代「有無」，破除佛道二教「寂
滅」或「循生執有」的宇宙觀、生死觀，此即氣的流行義、歷程說。
至於以「虛」說「氣」的橫面向說法，唐先生說：

> 橫的說從一切有形之物，皆由舊物之互相感通以生出，而此
> 有形之物又不斷與其他有形之物，互相感通，以生新物上
> 說。由此即見氣之多而一，分散而復相通。……中國傳統思
> 想從《易經》一系統下來之自然觀，都是以物之互相影響關
> 係，為一感通而相涵攝之關係。但直到張橫渠，才更明白確
> 切的指出此感通而涵攝之可能，本於氣之原有虛於其內部；
> 此氣之虛，即物與物互相感通涵攝之根據。[66]

重視「感通」原本就是《易傳》傳統，唐先生指出張載的貢獻在於他
能進一步指出此物與物之間所以能互相滲透、感通、涵攝的根據，就
在於有虛靈之氣流動於其間。因此，在解釋張載〈太和〉篇的「不知
野馬氤氳，不足以知太和」時，唐先生的看法不同於牟先生，牟先生
說：

65　唐君毅：〈張橫渠之心性論及其形上學之根據〉，頁220。
66　唐君毅：〈張橫渠之心性論及其形上學之根據〉，頁222。

然以「野馬絪縕」來形容太和,則言雖不窒,而意不能無偏。蓋野馬絪縕是氣之事,若以氣之絪縕說太和,說道,則著于氣之意味太重。……其與《易傳》窮神知化之大義不能無距離,不如濂溪之由誠體說天道為簡潔精微而復能提得住也。[67]

唐先生則認為:「絪縕即此氣之依於虛而互相滲透,而互相感通涵攝之狀也。」[68]可以說牟先生重視的是《易傳》的窮神知化義,他認為張載「氣」意味太重,以「氣」說道嫌著而濁,和《易傳》說法有距離,不如濂溪之「誠體」能夠向上提得住。唐先生則認為張載「虛氣不二」論在發揮《易傳》的感通義上另有其重要貢獻,他說:

在濂溪之系統中,有一太極之誠,立於萬物之各自正命處,然未嘗言萬物之間,皆原有一依其氣之清通,以相體合一之性。此中便只有「一本散為萬殊,而立於萬殊中」之一度向,而無「萬殊間,亦彼此能依其氣之清通,而互體,以使萬物相保合,為一太和」之一度向。此即橫渠言性與天道之進於濂溪者也。[69]

在唐先生看來,周濂溪的太極說雖是天道性命相貫通的理學至論,但是其進路乃是一個「『由上而下』的進路(top-down approach)」,所採取只是一「縱貫的向度」;而張載卻能夠進一步在「縱貫的向度」之外,兼顧「橫攝的向度」。[70]「橫攝的向度」在儒家倫理學中

67　牟宗三:《心體與性體》第1冊,頁437。

68　唐君毅:〈張橫渠之心性論及其形上學之根據〉,頁224。

69　唐君毅:〈由佛再入儒之性論〉,《中國哲學原論——原性篇》(臺北:臺灣學生書局,1989),頁346。

70　陳榮灼:〈氣與力:「唯氣論」新詮〉,頁58。

有其重要意義，它的視角是將人平放於萬物之間，作為萬物之一的人
如何在真實的、具體的與萬物共感共通中擴充主體性的內涵，以此作
為倫理學的起點，同時也是作為工夫論的起點。因此，唐先生肯定就
儒家倫理學橫攝面的向度來看張載有超過周濂溪之處。儒家倫理學除
了是縱貫面向度的道德主體對超越天理的體證外，真正的道德也應該
要在主體與他人間的互動同情、交感共振中產生，唐先生看出在這個
橫攝面倫理學向度中，「氣」可以是「感通」的重要媒介。在氣化世
界觀之下，除了身與心，人與人、人與萬物、人與自然之間，因為氣
的虛靈、清通，它們之間自然而然地會有一種本質上的繫聯，形成綿
延不絕的、生機連續的網脈，人就不會是一個孤零零地被拋擲在世界
上的存在，道德也不會是抽象的道德。

　　黃冠閔先生的〈主體之位：唐君毅與列維納斯的倫理學思考〉一
文，對唐先生哲學中主體如何透過「感通」，倫理的、開放的迎納他
人以擴大主體性，提出他的觀察，他說：

> 唐君毅更以「主」為「體」的基本作用，在超越能力上肯定
> 自律原則，他轉而以神聖心體為說，這是結合人心與天心的
> 心體。然而，此種精神性必須同時是聯繫自我與他人的精神
> 性，或者說，是能夠證立社會性的精神性。這或許也可以
> 說是交互主體性或主體間性的道路，然而，此一問題已經蘊
> 涵在有關他人的問題討論中。社會性的要求呈現基礎的世間
> 相，主體在世間，但並非孤零零地懸於世間，而是倫理地迎
> 納他人。唐君毅對主體的理解蘊含著「主迎賓」的迎納與面
> 對，也擴大了主宰的意義，並且聯繫到感通的作用。[71]

---

71 黃冠閔：〈主體之位：唐君毅與列維納斯的倫理學思考〉，收入劉笑敢主編：
　　《中國哲學與文化（第8輯）──唐君毅與中國哲學研究》（桂林：廣西師範大學

離開了人倫關係或停止與他者對話，都無道德可言。黃冠閔先生透過
將唐先生的倫理學與列維納斯「他者」哲學的對話，指出唐先生所開
展出來的儒家倫理學之價值，在於主體如何倫理地迎納他人，在此一
迎納與面對中擴大主體性的意義。而在唐先生的哲學中，此一可能聯
繫著「感通」。張載學中的「氣」，在其哲學中正是主體與他者「感
通」的可能之根據。所以在唐先生看來，在張載學中「氣」不是一個
負面的哲學成分，而有其必須被正面肯定的意義，此意義不僅是對張
載學的研究，即使在當代儒家的倫理學、工夫論的議題上，都有被關
注與研究的價值。

六　結語

　　本論文在陳述過程中有時援引牟先生說法作一對照，但筆者的立
場並無意論斷二者之軒輊，亦不認為二先生之間存在著一種判教式的
針鋒相對，而是如唐先生本人所說「永恆的哲學義理之不同型態」的
信念般，認同兩家之同異乃是：

> 嘗以為凡哲人之所見之異者，皆由哲學義理之世界，原有千
> 門萬戶，可容人各自出入；然既出入其間，周旋進退，還當
> 相遇；則千門萬戶，亦應有其通。[72]

這是作為唐、牟先生學習者與喜好者的孺慕之情。張載學在宋明理學
史上到當代學術研究中都引發了諸多爭議，這些爭議卻也正是張載學
的學術潛力之所在。唐先生的張載學在當代並不是最被聚焦的研究對

出版社，2010），頁193。

72 參唐君毅：〈自序——釋名、內容、論述之方式及本書之限極〉，《中國哲學原
論——原教篇》，頁7-8。

象，但筆者認為唐先生的說法不論是在張載學研究，甚至在整個當代儒家倫理學與工夫論議題的討論中都非常的具有啟發性。本論文的論點總結如下：

1. 張載學從理學史上引起的「誤解」，到近代的「不一致」、「不徹底」、「滯辭」說諸多批評，問題可能未必來自於張載學本身，而是詮釋者使用了不相應的詮釋方法與理論模式。唐先生對詮釋張載學的方法論有一個高度的自覺，他尊重張載作為具有完整系統性的哲學家，其學乃一次第相連的系統性論述，不應任意割裂顛倒以論其學，不冒然指責其思想不徹底、不一致；也不須做太多切割與增補使之高深，盡量降低詮釋者之哲學系統所帶來的前見與干擾，這是在研究張載學之前必須先進行的清理。筆者認為唐先生張載學所突顯的此一態度，代表對一個大思想家應持的敬意與尊重，雖平實卻很可貴。

2. 唐先生非常重視兩端詮釋法對張載學的重要性，虛／氣關係也應如此被理解。不應只重視虛或只重視氣，虛氣二元論、唯氣論、虛本論並不是詮釋張載的相應理論。雖然一致反對唯物論、唯氣論，唐、牟對張載之「氣」的解讀卻十分不同。牟先生以體用圓融義切割形上太虛神體／形下之氣在存有論位階上的差別，也藉以銷融張載氣論對確立本體之形上超越性格所帶來的解釋困擾，以證明張載非唯物論者、唯氣論者。唐先生卻肯定「氣」在張載學中具有核心價值，他認為「氣」可上下其講，非形下之氣，應被高看、上看為形上之氣，此為唐先生張載學之重要論斷；並以「存在」與「歷程」兩概念，說明其獨特的「流行存在之氣論」。如同程朱之理、陸王之心，張載之氣也具有同樣位置，應被視為第一原理、真實存在；因此，張載，加上繼承他重氣思想的王船山，應可自成理學、心學外的氣學一系。

3. 由於唐先生給予張載氣論很高的位階，連帶必須回答一些問

題：包括張載何以非唯氣論者、此一氣學提法與張、馮有何不同、如何確立張載氣學的理學合法性等等。這些問題在牟先生那裡都可不存在，但卻是唐先生張載學必須釐清的問題。筆者認為唐先生高看張載之「氣」，卻反對視之為唯氣論者，與其說唐先生在「氣一詞之使用上實存有歧義」，不如說長久以來對「唯氣論」或「氣學」的使用本來就籠統而且存在著歧義。晚近學者提出不是「一種氣學」，而是「兩種氣學」──「先天型氣學」與「後天型氣學」，它們本質的差異在前者持無限人性論、以「天道性命相貫通」為核心。作為先天型氣學型態的張載氣學，並沒有逸出理學道德形上學之範圍，唐先生因此標舉「以人道合天道之道」稱張載學。因此，不論是否同意張載、船山一系的先天型氣學具有足夠的分量能與程朱理學、陸王心學鼎足為三，但可肯定他們並不是與「理學」站在對立面的一種「氣學」論述，而應被視為理學內部的修正系統，在宋明理學中當有其合法性地位。

　　4. 唐先生對張載氣學的討論在當代儒家倫理學與工夫論的思考上很有啟發性。新儒家一向重視「天道性命相貫通」的道德形上學，所開展出來的倫理學模式基本上是傾向於突顯主體──本體間縱貫面高度的內向型超越論倫理學，這本是無可非議的儒家心性學至論。但還有一橫攝面向度的倫理關懷應被同等關注──奠基在人與人、人與物、人與自然間的交互共感，必須主體超出其主體性之外，與他人同情共感才能夠完成，此為一「倫際性」道德哲學。唐先生看出在橫攝面倫理學向度中，「氣」可以是「感通」的重要媒介。他認為重視「感通」是《易傳》傳統，張載的貢獻在於他進一步指出互相滲透、感通、涵攝的根據在於有虛靈之氣流動其間。唐先生認為張載學有超過周敦頤之處，他在橫攝面向度上關注到主體與他人共感的重要性，其視角是將人平放於萬物之間，作為萬物之一的人如何在真實的、具

體的與萬物共感共通中擴充主體性的內涵，以此作為倫理學的起點，
同時也是作為工夫論的起點。儒家倫理學除了是縱貫面向度的道德主
體面對超越天理的體證外，真正的道德也應該要在主體與他人間的互
動同情、交感共振中產生。

附錄二

以心解經：張載經典詮釋思想
之考察*

一　前言：為什麼要探討張載的經典詮釋思想

　　近年來，受到西方詮釋學的影響，開始出現不少和「中國詮釋學」（Chinese hermeneutics）有關的討論。然而，關於中國有沒有「詮釋學」，一直是個爭議性的問題。[1]為了避免爭議，學者大都採取保守謹慎的態度，僅使用「經典詮釋傳統」，而刻意避開「詮釋學」一詞。[2]一般認為，中國雖然沒有作為「理論」型態的西方定義之詮釋學[3]，但是中國學術史卻有著豐富的釋經傳統和經驗，與西方相比，有

---

* 本論文曾發表於《吳鳳學報》19期（2011年12月），經修改而成。

1　關於中國有無詮釋學的爭議，認為中國沒有所謂詮釋學傳統的如李幼蒸，理由是「古代中國學者對有關經典文本的意義和理解的探究未超出過實用的或準實用的階段。理論層次上的差別使我們有必要把近代業已形成的西方解釋學學說與其他文化區域中的考據和釋義學傳統加以來嚴格區分。」持不同看法的如黃俊傑，他認為「這種說法固然是事實，但是，如果我們採取一個較為寬廣的視野，我們可以將『詮釋學』定義為『關於或釐清理解（Verstehen）的思想傳統或哲學思考』，在這個定義下，近代以前，不論中西，都有悠久的詮釋學傳統。」參李清良：〈黃俊傑論中國經典詮釋傳統：類型，方法與特質〉，收入洪漢鼎主編：《中國詮釋學》第1冊（濟南：山東人民出版社，2003），頁265、266。

2　李明輝編：《儒家經典詮釋方法》（臺北：喜馬拉雅研究發展基金會，2003），導言，頁2、3。

3　什麼是西方定義的「詮釋學」？《韋伯新國際詞典第三版》是這樣定義的：「詮釋學乃是對詮釋和解釋的方法論原則的研究；尤其指對《聖經》詮釋的普遍方法

過之而無不及，而且更為典型，在西方也許只有聖經解釋學可以與之相比。[4]因此，西方詮釋學大師高達美（Gadamer）在一百零一歲高齡時還告誡中國學者，不應忽視自己文化傳統中豐富的、具有特色的詮釋學思想的分析和提煉，它也可以給西方提供某種借鑒和啟示。[5]中國詮釋思想的特色在哪裡？中國的經典詮釋者並非為詮釋而詮釋，而是為了安頓個人的身心，或是為了淑世、經世而詮釋經典。因此，中國詮釋學的總體特徵在於它本質上是一種「體驗之學」，或者說是一種「實踐的詮釋學」。[6]在中國思想史上，經典詮釋往往具有強烈的現實取向，尤以儒家系統的經典詮釋更為顯著。

　　本文為何要探討張載的經典詮釋思想？誠如張茂澤所說：

　　　　在中國詮釋學思想史上，孟子「以意逆志」實開主體論詮
　　　　釋觀的先河，……張載「心解」論，可謂是中國儒學主體

之研究。」帕瑪認為這個定義對只想對這個語詞本身做一般理解的人來說，已經綽綽有餘了。但是，如果想要從詮釋學領域獲得此一觀念，帕瑪提出「詮釋學的六個現代定義」：（1）聖經註釋的理論（2）一般文獻學方法論（3）一切語言理解的科學（4）人文科學的方法論基礎（5）存在和存在理解的現象學（6）既是重新恢復、又是破壞偶像的詮釋系統。參見帕瑪著、嚴平譯：《詮釋學》（臺北：桂冠圖書公司，1992），頁4、頁37。

4　何衛平：〈西方解釋學在中國的傳播與效應〉，收入洪漢鼎主編：《中國詮釋學》第1冊，頁224。

5　余敦康、黃俊傑、洪漢鼎、李明輝：〈中國詮釋學是一座橋〉，收入洪漢鼎主編：《中國詮釋學》第1冊，頁248。

6　此為黃俊傑看法。成中英曾提出「本體論的詮釋學」一詞來建立中國詮釋學的特色，潘德榮說：「在迄今的詮釋學中國化研究中，這樣兩種詮釋學思想尤為引人注目，即成中英的本體論詮釋學和傅偉勳的創造的詮釋學。」潘德榮：《詮釋學導論》（臺北：五南圖書，1999），頁222。但黃俊傑以為，就此一角度言，中國詮釋學作為「實踐的詮釋學」的意味遠大於「本體論的詮釋學」的意味。參見李清良：〈黃俊傑論中國經典詮釋傳統：類型，方法與特質〉，收入洪漢鼎主編：《中國詮釋學》第1冊，頁273-275。

論詮釋觀首次比較系統的揭示與表述。後來心學講「六經注我」，則成為主體論詮釋觀最典型的表達方式。[7]

從張載的經典詮釋思想，可以呈現中國經典詮釋傳統作為「體驗之學」、「實踐的詮釋學」之特色。作為宋代理學的開山祖之一，他的「心解」經典一方面可以看出他自覺的對孟子「以意逆志」說的繼承；強調以「義理」解經，則可以看出他的經典詮釋思想中的宋學特色。對於儒家經典詮釋傳統中的漢學／宋學之爭，乃至宋學內部的理學／心學不同詮釋進路所引發的爭議，都能在張載經典詮釋思想中看出端倪。張載經典詮釋思想的重要性在於，他在儒家經典詮釋傳統中具有承先啟後的地位，同時也是儒學詮釋觀首次比較有系統的表述，此即其具有研究價值之處。

二　張載的經典詮釋思想之理論針對性

（一）佛老挑戰與儒學衰微

作為宋代儒學復興運動的開創者，也是關學創始人，張載一生學思的用心在「為天地立心，為生民立命，為往聖繼絕學，為萬世開太平。」[8]這四句教代表他整個生命的終極關懷。其中「絕學」一詞指「儒學」。為「往聖繼絕學」一方面反映張載對當時儒學衰微不振，甚至「斷絕」的感慨；一方面也顯示張載立志復興儒學，以此為己任

7　張茂澤：〈「心解」：張載的經典詮釋思想〉，收入成中英主編：《本體與詮釋——中西比較》第3輯（上海：上海社會科學出版社，2003），頁254。

8　張載這四句傳世名句，有不同說法。此處所引乃見於〔宋〕張載：〈朱軾康熙五十八年本張子全書序〉，《張載集》（臺北：漢京文化，1983），頁320。〈近思錄拾遺〉則作：「為天地立志，為生民立道，為去聖繼絕學，為萬世開太平。」《張載集》，頁376。

的慷慨胸懷。

　　儒學為何衰微不振？和佛教東來、道教興盛有著很大關係。丁為
祥說：

> 從經學衰微到理學崛起這近千年間，中國文化的一個「大事
> 因緣」便是佛教的東來與道教的產生。佛道二教雖居山林，
> 卻常能以其獨有的形式給廟堂以很大的震動；對於統治者來
> 說，它雖然時而排佛，時而抑道，但更多的卻是以實用的原
> 則三教並用。[9]

除了政治上失去正統地位的空前壓力外，就學術思想的普遍趨勢來
說，儒學也面臨「絕學道喪」的難堪。正由於漢代儒學的經學化、獨
尊化以及由此而來的煩瑣、淺薄乃至迷信，漢末到魏晉南北朝的學術
發展，由經學一變而玄學，再變而佛學。王治心《中國宗教史大綱》
如此論述：

> 自王弼注《老》、《易》，開六朝玄學之先，於是一般學
> 者，咸以研精《老》、《易》為一時風氣。以為儒學淺薄，
> 不若老莊，老莊浮誕，不若佛理，於是捨儒學老，捨老學
> 佛，這便成了當時學術思想上的普遍趨勢。老佛說因而大
> 興，竟奪孔子地位。[10]

自漢末到唐宋近千年時間中，佛老的挑戰與儒學的衰微，可說是宋代
理學崛起的思想史背景。因此，在張載思想「往聖繼絕學」的工作也
分成兩方面進行：對外，他一方面延續韓愈、孫復、石介闢佛闢老的

9　丁為祥：《虛氣相即──張載哲學體系及其定位》（北京：人民出版社，
　　2000），頁13。
10　王治心：《中國宗教史大綱》（北京：東方出版社，1996），頁99。

作法，並且進一步在理論高度上和佛老較是非；對內，他則思考到儒學衰微的內在根源在儒學自身的煩瑣化與庸俗化，失去超越的追求與精神的感召力。因此，他也在儒學內部展開反省與檢討。

（二）對漢唐諸儒解經方法的反省

儒學內部出了什麼問題？自漢末以來，儒學雖然不再處於「獨尊」的地位，但歷代不管是政治或學術、文化上，都還存在著龐大的儒家隊伍。即使是在南北朝到隋唐這一佛教迅速發展的時代，儒家經學傳統中都不乏著名的經學家，陸德明《經典釋義》、孔穎達《五經正義》，都是儒家經學史上的不朽之作。但這樣的經學傳統所訓練出來的「儒」，陷於浩瀚文獻中，「幼童而守一藝，白首而後能言」，成為所謂的「章句之儒」。因此，蔡方鹿說：

> 宋代理學興起的理論針對性，即理學的興起一是對舊儒學拘
> 於訓詁，限於名物，奉行「注不駁經，疏不破注」的治經原
> 則而使儒學發展停滯不前的反思。[11]

在理學家看來，儒學沒有辦法對抗佛、老二教的挑戰與衝擊，「章句之儒」正該要對儒學在漢唐的不振負責。

我們從思想史的角度，探討張載的問題意識後，了解張載經典詮釋思想的理論針對性，乃是建立在對漢唐諸儒章句訓詁之學的批判，就可了解張載為何會認為應該如此詮釋經典。張載云：

> 「誦《詩》三百，亦奚以為」，誦《詩》雖多，若不心解而
> 行之，雖授之以政則不達，使於四方，言語亦不能，如此則

11　蔡方鹿：〈張載經典詮釋的義理化傾向及其氣學特色〉，《人文雜誌》2007年第5
　　期，頁48。

雖誦之多奚以為？（《張載集・張子語錄・語錄上》，頁
309）[12]

張載反對「字字相較」、見樹不見林的章句訓詁式解經法，其經典詮
釋思想，從方法論角度看，他提出「心解」──「以心解經」的經
典詮釋法，要求「心解而行之」，展現重視經典「義理」、求其「大
體」，並且重視身心實踐的取向。以下筆者將探討張載「以心解經」
經典詮釋思想的具體內容。

三 張載「以心解經」經典詮釋思想的內容

對張載來說，經典閱讀（包括詮釋）是悟道不可或缺的階梯。張
載云：

> 讀書少則無由考校得義精，蓋書以維持此心，一時放下則一
> 時德性有懈，讀書則此心常在，不讀書則終看義理不見。
> （《張載集・經學理窟・義理》，頁275）

> 道理須（義）從〔義〕理生，集義又須是博文，博文則利
> 用。又集義則自是經典，已除去了多少掛意，精其義直至於
> 入神，義則一種是義，只是尤精。雖曰義，然有一意、必、
> 固、我，便是繫礙，動輒不可。（《張載集・經學理窟・學
> 大原下》，頁286）

詮釋的對象是「經典」，經典並不是一般世俗意義的文本，而是經過

---

12 〔宋〕張載：《張載集・張子語錄・語錄上》（臺北：漢京文化，1983），頁
309。以下本文所引張載原典文獻皆同此，將直接在引文後標示頁數，不再另外作
註。

「精其義」、「除去掛意」的神聖文本，是聖人之作。[13]張載以為在
閱讀或詮釋進行的過程中，必須除去「意必固我」。這當中有「對
文本尊重、對聖書作者的虔敬、對一己私見的懸擱、對聖人之意的
期待、認同與敞開，也有讀者自家身己的姿態、踐履與修行。」[14]因
此，在張載的經典詮釋思想中，詮釋者並不是為了獵奇或消遣而存在
的現代讀者，也不是解構或批評之類的專業評論家；而是求道者。解
經，是為了求道。所以，經典詮釋對張載而言，不僅是認知意義的，
更重要的是它具有實踐目的。詮釋（包括閱讀）的目的只有一個，那
就是「要見聖人」。

　　如何透過經典的閱讀與詮釋了解聖人本意，進一步作為悟道成聖
的階梯？張載提出的經典詮釋方法是「心解」──以心解經，而且要
「心解而行之」，反對訓詁考證，試圖回到義理的體證和領悟，用
「心」和經典對話、溝通。張載「心解」經典的路數，顯然是直接繼
承自孟子的「以意逆志」。孟子云：

　　故說詩者，不以文害辭，不以辭害志。以意逆志，是為得
　　之。[15]

13　所謂的「經典」，在當代的用法中至少包括三類：第一，屬於傳統偉大文明之偉
　　大經典（如《論語》《老子》《聖經》、希臘悲劇等），這也就是狹義而言一般
　　我們所公認的經典；第二，現代學科體系建立後的學科經典或各學術流派之經典
　　（如《國富論》《存有與時間》《資本論》《第二性》），這些是學科的典範，
　　學科自我認同的合法性根基；第三，各種不同文化、知識、藝術或表現領域中的
　　經典作品（如畢卡索的名畫、披頭四的歌曲、侯孝賢的電影等），不論精緻或通
　　俗文化，只要形成文化傳統，它就必有其經典。參見鄒川雄：《通識教育與經典
　　詮釋：一個教育社會學的反省》（嘉義：南華教社所，2006），頁86。張載詮釋
　　思想中所論的「經典」，乃是指第一種用法中的狹義的經典。

14　陳立勝：〈朱子讀書法：詮釋與詮釋之外〉，收入李明輝編：《儒家經典詮釋方
　　法》（臺北：喜馬拉雅研究發展基金會，2003），頁234。

15　〔宋〕朱熹：《四書章句集注·孟子·萬章上》（臺北：大安出版社，1999），

根據朱子的注，孟子的意思是「言說詩之法，不可以一字而害一句之義，不可以一句而害設辭之志，當以己意迎取作者之志，乃可得之。」[16]大抵而言，「意」指詮釋者心意，「志」指作者想法，「文」是或短或長的篇章，「辭」相當於所謂的「文本」。[17]對於孟子「以意逆志」解經法，黃俊傑說；

> 孟子所謂的「以意逆志」一語，較妥善的解釋是：以讀者之心上溯千載而遙契作者之心，因此，這種解經方法下的經典詮釋學是一種「體驗之學」，讀者親身體驗作者所經歷過的心路歷程。於是，解經文字就成為兩個心靈互動時撞擊產生的火花。[18]

詮釋者以己之「意」上溯千載而遙契作者之「志」，問題是，我如何確定這個理解是正確真實的？而不是詮釋者一己的臆測？一人一義，多人多義？對張載來說，詮釋主體的建立是很重要的。詮釋主體必需具備一定的條件，才能建立有效的經典詮釋。因此，在張載的經典詮釋思想中，筆者擬先探討詮釋主體，張載哲學中「心」的概念。

（一）「以心解經」的「心」：張載經典詮釋主體之建立

1「大心」乃「德性之知」：張載的詮釋主體為「道德實踐」主體

卷9，頁428。

16 〔宋〕朱熹：《四書章句集注・孟子・萬章上》，卷9，頁429。

17 參見黃俊傑編：《中國經典詮釋傳統——通論篇》（臺北：喜馬拉雅研究發展基金會，2003），頁442。

18 黃俊傑：〈孟子運用經典的脈絡及其解經方法〉，收入李明輝編：《儒家經典詮釋方法》（臺北：喜馬拉雅研究發展基金會，2003），頁178。

　　張載這個「以心解經」──繼承自孟子，而為後來宋明理學一脈
相承、大力發展的經典詮釋方法，和漢唐諸儒重視透過文字訓詁以疏
證經典的語意學式解經方式相較，二者間最大的差異在於「解經者
主體性的彰顯，強調只有經過解經者主體性的照映，經典中的義理
或『道』才能豁然彰顯。」[19]要有效理解經典，對於詮釋者而言，其
條件是，必須透過身心的實踐才能取得真正的理解，訴諸經典詮釋者
個人生命的體驗或覺醒，而遙契經典中的道。因此，詮釋主體──
「心」的建立，乃是張載的經典詮釋活動的起點。張載這個「心解」
經典的「心」是超越心理學意義，而到達本體論高度的心，張載稱之
為「大心」、「虛心」，並且以此來區別執著於「意必固我」的「小
心」、「成心」。

　　何謂「大心」？張載說：

> 大其心則能體天下之物，物有未體，則心為有外。世人之
> 心，止於聞見之狹。聖人盡性，不以見聞梏其心，其視天
> 下無一物非我。孟子謂盡心則知性知天以此。天大無外，故
> 有外之心不足以合天心。見聞之知，乃物交而知，非德性所
> 知；德性所知，不萌於見聞。（《張載集・正蒙・大心》，
> 頁24）

「大心」就是「能體天下之物」的心，這種「大心」的特質必須由
「德性所知」，而「不萌於見聞」。張載將人的知識區分為二，「見
聞之知」與「德性之知」。「見聞之知」指以感官知能接觸外物而得
的經驗知識，張載以之為「小知」；「德性之知」指人以良知良能

19　黃俊傑：〈儒家論述中的歷史敘述與普遍原則〉，收入氏編：《中國經典詮釋傳
　　統──通論篇》，頁423。

而對天理的領會，又稱為「天德良知」。[20]聖人之學的學習歷程靠的
是「天德良知」、「德性之知」，而不是「聞見小知」、「見聞之
知」。要進入儒者的聖賢境界，真正領悟聖賢之言，不能只用「見聞
之知」；必須由「天德良知」而來的「德性之知」，透過不斷的行，
不斷的道德實踐，這時對道的理解才是真實的。杜維明說：

> 淺顯地說，德性之知與聞見之知最大的不同是聞見之知不必
> 體之於身，而德性之知必須有所受用，也就是說，德性之知
> 必須有體之於身的實踐意義。[21]

因為「德性之知」必須有體之於身的實踐意義，因此杜維明把「德性
之知」稱為「體知」，並視為一個廣義的認識論方法，「它是一個認
知的問題，但不是西方意義上的認知。」[22]張載對於「見聞之知」與
「德性之知」作區分，並突顯「德性所知，不萌於見聞」。他要揭示
的是成聖學所以可能，不能只是純粹由「見聞之知」而來的知識「理
解」；成聖之學的開展也不會只是靠知識累積即可得到成就。「體
知」和「認知」不同處在「體之於身」的「體知」能帶來一種「有所
受用」。何謂「有所受用」？杜維明說：

> 這種體知預設了一個很奇特的東西，我稱之為knowing as a
> transformative act，了解同時又是轉化行為。這就是受用，
> 是一種對人有轉化功能的認知，如張載所說的「變化氣

---

20 張載曰：「誠明所知乃天德良知，非聞見小知而已。」見〔宋〕張載：《張載
   集·正蒙·誠明》，頁20。
21 杜維明：〈儒家「體知」傳統的現代詮釋〉，《東亞價值與多元現代性》（北
   京：中國社會科學出版社，2001），頁65。
22 杜維明：〈儒家「體知」傳統的現代詮釋〉，頁65。

質」。[23]

這就是所謂的「有所受用」。

　　這也就是說道德體驗不同於客觀知識上的「理解」，只是理解和知識的增加。透過「德性之知」與「見聞之知」的區分，可以明白成聖之學不是學究式的理性思辨所能到達，而是來自生命實踐所得的體驗。

　　和「大心」相對的是「小心」。其特質是安於見聞、安於所執，不足以體天下之物。張載云：

> 但恐以聞見為心則不足以盡心。人本無心，因物為心，若只以聞見為心，但恐小卻心。今盈天地之間者皆物也，如只據己之聞見，所接幾何，安能盡天下之物？（《張載集・張子語錄・語錄下》，頁333）

這個「安於所執」的聞見之知而來的「小心」，張載亦稱之為「成心」。張載云：

> 成心忘然後可以進於道。（下有小註：成心者，私意也。）（《張載集・正蒙・大心》，頁25）

> 化則無成心矣。成心者，意之謂與！（同上，頁25）

「成心」即是「私意」，即「毋意、毋必、毋固、毋我」之「意必固我」。和「成心」相對的稱之為「虛心」。張載說：

> 毋四者則心虛，虛者，止善之本也，若實則無由納善矣。（《張載集・張子語錄・語錄上》，頁307）

23　杜維明：〈儒家「體知」傳統的現代詮釋〉，頁64。

「成心」即為習見所蔽之心，也就是失其「虛」的心。心若「實」，有所執則無由納善，要能「虛心」才能「大心」體物。

所以，在張載的經典詮釋思想中，他所要建立的詮釋主體，就是這個要化其「成心」、「小心」而來的「大心」、「虛心」。「大心」、「虛心」所建立的的詮釋主體乃是一「道德實踐」的主體，是「德性之知」，非「見聞之知」。

2 不萌於見聞與不廢見聞：「大心」與「見聞之知」矛盾辯證關係

張載的詮釋主體——「大心」，乃是「德性之知」，必須有「體之於身的實踐意義」，是一種道德體驗、生命實踐。張載明確區分「德性之知」與「見聞之知」二者，他說：「見聞之知，乃物交而知，非德性所知；德性所知，不萌於見聞。」（《正蒙·大心》）但是，值得注意的是張載同時也表示：

> 聞見不足以盡物，然又須要他。耳目不得則是木石，要他便合得內外之道，若不聞不見又何驗？（《張載集·張子語錄·語錄上》，頁313）

> 耳目雖為性累，然合內外之德，知其為啟之之要也。（《張載集·正蒙·大心》，頁25）

張載指出「見聞之知」的限制，但卻也肯定「見聞之知」不可廢，因為合內外之道還是要靠它，可以作為表現的管道。因此，在張載詮釋主體「大心」（「德性之知」）和「見聞之知」的關係，便出現一方面「不萌於見聞」，一方面「然又須要他」的「不廢見聞」的矛盾辯證之關係。

　　這表現在張載經典詮釋思想中就是對讀書、文字書寫和誦記的強調，使張載在重視身心體驗的理學家中顯得特別突出。在對讀書和文字書寫的態度上，張載和程明道有著顯著的差異。我們先來看明道先生的說法：

> 學者先學文，鮮有能至道。至如博觀泛覽，亦自為害。故明道先生教余嘗曰：「賢讀書，慎不要尋行數墨。」（《二程集·河南程氏外書卷第十二·傳聞雜記》，頁427）[24]

> 明道見謝子記問甚博，曰：「賢卻記得許多。」謝子不覺身汗面赤。先生曰：「只此便是惻隱之心。」（同上）

> 張橫渠著《正蒙》時，處處置筆硯，得意即書。伯淳云：「子厚卻如此不熟。」（同上）

對明道來說文字只是傳達內心的媒介而已，既不是心體不可分割的部份，也不是持心的必要方法。所以明道認為「先學文，鮮有能至道」，「博觀泛覽」、「尋行數墨」反而有害。張載作《正蒙》時對文字的在意，明道認為這是對聖人義理「不熟」的象徵；對於謝良佐之「記問甚博」，也是持不以為然的態度，而教其在身汗面赤的當下直接「識仁」──識取惻隱之心，乃是直捷簡易的當下即是。

　　相對於明道的當下即是，張載則持不同的看法，他認為：

> 讀書少則無由考校得義精，蓋書以維持此心，一時放下則一時德性有懈，讀書則此心常在，不讀書則看義理不見。書須成誦精思，多在夜中或靜坐得之，不記則思不起，但通貫得大原後，書亦易記。（《張載集·經學理窟·義理》，頁

24　〔宋〕程顥、程頤：《二程集》（臺北：漢京文化，1983），頁427。

275）

> 經籍亦須記得，雖有舜禹之智，（吟）〔唫〕而不言，不如
> 聾盲之指麾。故記得便說得，說得便行得，故始學亦不可無
> 誦記。（《張載集・經學理窟・義理》，頁277）

張載強調文字書寫、誦記，這些事實上也很難脫離「見聞之知」。因
此，張茂澤先生說：

> 張載雖然斷言「德性所知，不萌於見聞」，將德性之知與見
> 聞之知對立起來，但在具體的詮釋活動中，張載卻不自覺地
> 都講見聞之知，希望借見聞之知達到德性之知。雖不自覺，
> 卻符合他所強調的辯證法。[25]

根據這個「大心」（「德性之知」）與「見聞之知」，既「不萌於見
聞」，又「不廢見聞」的關係，可以發現在張載經典詮釋思想中詮釋
主體的建立，一方面是詮釋活動的起點，其建立並不是憑空而來。這
個主體的建立需要一大段的實踐歷程，這就又涉及到張載的工夫論問
題。在這個主體的建立歷程中，需要借助文字書寫、誦記、閱讀和詮
釋的幫助，二者之間便會出現一種循環的關係，「詮釋主體的建立，
既是詮釋活動的起點，又是詮釋活動的成績。」[26]因此，在張載經典
詮釋思想中詮釋主體和詮釋對象間便不是主／客對立的模式，詮釋
也不是「客觀主義式」的理解與揭露。詮釋主體和詮釋對象間會出現

---

25 張茂澤：〈「心解」：張載的經典詮釋思想〉，收入成中英主編：《本體與詮
　釋—中西比較》第3輯（上海：上海社會科學出版社，2003），頁237。
26 陳政揚：〈張載致學成聖的生命教育觀——兼論對孟子聖人觀之承繼與重詮〉，
　「倫理與宗教的對話——比較哲學學術研討會」（嘉義：南華大學哲學系，2009
　年6月3-4日）會議手冊，頁19、20。

「互為主體性」的辯證融合過程，在這個辯證融合的過程中，詮釋者
的身心狀態會產生動態的生命變化。[27]可以和詮釋主體間「互為主體
性」的詮釋對象便不會是一般意義的文本，而是有其規範和檢擇標準
的。

（二）什麼是「以心解經」的「經」：張載經典詮釋對象之探討

張載經典詮釋思想中的詮釋主體是一道德實踐主體，他的詮釋活
動基本上是一種「實踐活動」，張載的目的只有一個「成聖」——
「要見聖人」。因此，他的經典詮釋對象有所檢擇，不是一般意義的
文本，而是「聖人之作」，也就是所謂的「核心文本」——經典。

1 《四書》《六經》為核心文本而展開的經典詮釋

張載對文本的檢擇，以儒家經典《論》、《孟》、《學》、
《庸》和《六經》為核心而展開，張載云：

> 學者信書，且須信《論語》《孟子》。《詩》《書》無舛
> 雜。（理）〔《禮》〕雖雜出諸儒，亦若無害義處，如《中
> 庸》《大學》出於聖門，無可疑者。《禮記》則是諸儒雜
> 記，至如禮文不可不信，己之言禮未必勝如諸儒。如有前後

---

27 關於此詮釋的過程，鄒川雄說：「讀者並非如孤獨主體般地、有距離的檢視自
己、如照相般的反映自己，相反地，讀者在摸索文本意義及深入文本背後身心狀
態的同時，就會反身地檢視及揭露自己身心狀態的變化，讀者與文本的相遇與接
觸，會造成讀者身心狀態發生『不可逆的』（irreversible）生命變化。這種變化
不僅僅是有效的詮釋理解的結果，也是有效的詮釋理解的前提。」鄒川雄：《通
識教育與經典詮釋：一個教育社會學的反省》（嘉義：南華教社所，2006），頁
103。

所出不同且闕之，《記》有疑議亦且闕之，就有道而正焉。（《張載集‧經學理窟‧義理》，頁277-278）

《詩》、《禮》、《易》、《春秋》、《書》，《六經》直是少一不得。（《張載集‧經學理窟‧義理》，頁278）

張載為有志學作聖賢的閱讀者，所選出來的必讀經書，除了最重要的《論》、《孟》外，就是出自聖門、沒有疑義的《中庸》、《大學》，以及缺一不可的《六經》等儒家聖賢經典。對其他非儒家經典的書籍則採取較為輕視的態度。張載云：

觀書且勿觀史，學理會急處，亦無暇觀也。然觀史又勝於游，山水林石之趣，始似可愛，終無益，不如游心經籍義理之間。（《張載集‧經學理窟‧義理》，頁276）

嘗謂文字若史書歷過，見得無可取則可放下，如此則一日之力可以了六七卷書。又學史不為為人，對人恥有所不知，意只在相勝。醫書雖聖人存此，亦不須大段學，不會亦不甚害事，會得不過惠及骨肉間，延得頃刻之生，決無長生之理，若窮理盡性則自會得。如文集文選之類，看得數篇無所取，便可放下，如《道藏》《釋典》，不看亦無害。既如此則無可得看，唯是有義理也。故為《六經》則須著循環，能使晝夜不息，理會得六七年，則自無可得看。若義理則儘無窮，待自家長得一格則又見得別。（《張載集‧經學理窟‧義理》，頁278）

對張載來說，史書大致瀏覽過即可，無可取即可放下；醫書雖「聖人存此」，不會也不害事；《道藏》、《釋典》等佛道之書，不看也沒

有害處；文集文選等文學作品也是可看、可不看。

　　與其說張載在文本的檢擇中帶著某種儒家學者的傲慢，對於其餘知識的輕蔑，不如去思考——張載對文本檢擇的判準在哪裡？這一個檢擇的判準具體的說就是「義理」。張載說其他書籍「既如此則無可得看，唯是有義理也。」儒家的經典要「循環」詮釋閱讀，則是因為其「若義理則盡無窮」。從張載在《經學理窟》的分類置〈義理〉一篇，即可看出張載經典詮釋思想中重視「義理」的方向。此外，張載對文本的檢擇，也可以在〈義理〉一文的脈絡中得到合理的說明。陳政揚指出：

> 就〈義理〉一文的論述結構可知，張載是先指出學者問學若無法掌握聖賢義理，學則不固的弊端。次論學者何以迷失於經典中，而無法掌握聖賢義理。最後，則指出六經、《論》、《孟》是掌握聖賢義理的關鍵。在此論述結構中，張載是在討論如何讀書方能掌握儒家聖賢義理處，提到醫書、史書之類的書「不看亦無害」。依此可知，除非吾人認為醫書、史書、文集，以及道藏、佛典之類的書，其書題、要旨在於闡述儒家聖賢義理，探討經世濟民、安立天下之道。否則吾人當可同意，依據〈義理〉的題旨，回歸《論》、《孟》、六經才是契入儒家聖賢義理的正途，而醫書之類的書「不看亦無害」。[28]

這段話把張載對於文本的揀擇標準做了清楚的陳述。張載讀書的目的不是為了純粹的閱讀興趣，而是有著「致學成聖」的一貫目的。因

---

28 陳政揚：〈張載致學成聖的生命教育觀——兼論對孟子聖人觀之承繼與重詮〉，「倫理與宗教的對話——比較哲學學術研討會」會議手冊，頁19、20。

此，張載的詮釋思想便不是一種「認知活動」，而是做為「實踐活動」而展開。文本的價值有本末之別，也有詮釋、閱讀上之緩急。此即是張載所說的「學理會急處」。他說：

> 某向時謾說以為已成，今觀之全未也，然而得一門庭，知聖人可以學而至。更自期一年如何，今且專與聖人之言為學，閒書未用閱，閱閒書蓋不知學之不足。（《張載集·經學理窟·自道》，頁289）

對於張載來說成德之路是如此艱難，表現在張載自身的是用他的全幅生命，甚至是「終夕不寐」，[29]致力於聖人之道都尚且不足。在張載看來好不容易「得一門庭，知聖人可以學而至」，還有什麼比這個更重要、更迫切的？這就是張載所謂的「急處」。所以他會說「閒書不用閱」、其他書「亦無暇觀也」，正見其致學成聖的苦心極力之處。

2 儒家經典《新五經》新典範之形成

張載的詮釋對象是以儒家《六經》、《四書》為核心經典，在張載核心文本中，可以看到他肯定「《六經》直是少一不得。」但值得注意的是，《四書》地位已明顯的得到提升。

在儒學發展史中，核心經典之地位是有變化的。先秦儒家和兩漢、六朝經學皆圍繞著對《六經》（或《五經》）的整理、編纂、疏解而展開，這一大段的時間中詮釋的中心是《五經》。魏晉以後佛道二教對儒學價值系統提出嚴厲的挑戰，《五經》的權威性也遇到空前的危機，並帶來根源性的衝擊。伴隨《五經》權威的失落，作為儒家詮釋學新的興奮點和思想增長點，《易傳》、《論語》、《孟子》、

---

29 〔宋〕張載：《張載集·經學理窟·自道》，頁289。

《大學》、《中庸》等傳記開始備受青睞，從中唐開始慢慢增長，宋
後重要性漸超過《五經》，成為新的詮釋中心。此儒學發展史核心經
典從《五經》到《新五經》（《四書》加上《易傳》）的典範轉移過
程[30]，楊儒賓說：

> 首先，它呈現出以《中庸》、《易經》為主的階段（北
> 宋時期的周、張、邵）；其次，再輪到以《大學》為主
> 的階段（以程、朱為代表的學問）；接著，再輪到以《論
> 語》、《孟子》為主的階段（以陸、王為代表的心學之學
> 問）。……從《五經》到《新五經》的發展，我們可以看出
> 儒家思想的連續性與轉化處。就連續性而言，《五經》與
> 《新五經》皆表現了人文化成的理想主義精神，人文世界的
> 倫理與文化精神是儒家精神環繞迴轉的北極星；就轉化處而
> 言，從《五經》到《新五經》可說是從文化之書到性命之書
> 的轉折，《新五經》賦予《五經》超越的向度，此超越的向
> 度也是奧秘主體的向度。[31]

在張載對經典的檢擇中，可以看出儒家核心經典已經開始悄悄出現一

30　參景海峰：〈儒家詮釋學的三個時代〉，收入李明輝編：《儒家經典詮釋方法》
　　（臺北：喜馬拉雅研究發展基金會，2003），頁131-132。這個從《五經》到《易
　　傳》、《四書》（楊儒賓稱後者為「新《五經》」）的核心經典轉移過程，楊儒
　　賓認為：「宋明理學的經學如以《四書》總括之，固然說得通，但需要多費唇舌
　　解釋，才能周延。」而「《易經》雖然是群經之首，但宋明時期的經解與漢唐理
　　解者大不相同，宋明的《易經》和漢唐的《易經》不妨視為兩種文本。」因此，
　　以「新《五經》」一詞來指稱宋明理學的核心經典比《四書》更為恰當。參楊儒
　　賓：〈新《五經》的時代〉，收入氏著：《從《五經》到《新五經》》（臺北：
　　臺大出版中心，2013），頁13-14。
31　參楊儒賓：〈新《五經》的時代〉，收入氏著：《從《五經》到《新五經》》，
　　頁12。

些微妙的變化。宋儒對儒家經典的創造性詮釋有兩方面，表現在「剝離已有的經傳」，也表現在「大力托舉《大學》、《中庸》，特別是《孟子》，將這些傳記逐步推到詮釋的中心。」[32]對於前者，張載從早期的《橫渠易說》到晚年哲學成熟的代表作《正蒙》，都體現了一種不斷與經拉開距離的努力，展開一種再詮釋、再創造。對於後者，張載則將《大學》、《中庸》當作求見聖人之道的要籍，他說：

> 如《中庸》《大學》出於聖門，無可疑者。（《張載集·經學理窟·義理》，頁277）

不同於唐代以前只將《學》、《庸》視為《小戴禮記》中的兩篇，張載特別肯定二書「出於聖門」，予以高度的重視。特別是《中庸》，自張載二十一歲時遇范仲淹勸讀《中庸》後，張載自云：

> 某觀《中庸》義二十年，每觀每有義，已長得一格。（《張載集·經學理窟·義理》，頁277）

可以看出他對《中庸》的長期涵泳和肯定。更值得注意的是《孟子》地位的提升，在唐宋以前，《孟子》地位並不算高，僅是普通的「子部」之一。從中唐開始，韓愈大力表彰孟子，以「道統」說提升孟子的地位到一個前所未有的高度；北宋尊孟之風日盛，張載除直接繼承孟子的心性論外[33]，也極力推尊《孟子》一書，與《論語》並舉，張載說：

---

32 景海峰：〈儒家詮釋學的三個時代〉，頁132。

33 張載云：「今之（性）〔人〕滅天理而窮人欲，今復返歸其天理。古之學者便立天理，孔孟而後，其心不傳，如荀揚皆不能知。」〔宋〕張載：《張載集·經學理窟·義理》，頁273。以孔孟並稱，可看出張載對孟子心性論的肯定和繼承。

要見聖人，無如《論》、《孟》為要。《論》、《孟》二
書於學者大足，只是須涵泳。（《張載集・經學理窟・義
理》，頁272）

經過張載以及和他同時的二程大力表彰孟子，《孟子》一書經典地位
大致底定，和《論語》齊駕[34]。與《中庸》《大學》合稱《四書》，
再加上《易傳》，成為理學思想系統共同的核心文本。宋代以後儒家
心性義理之學的命脈所在，其經典的地位從此不可動搖。《四書》加
上《易傳》所形成的《新五經》系統，其文本基質為儒家詮釋思想提
供了新的詮釋空間，包括張載在內的理學家們在這個新的詮釋空間中
體現出人的主體性。當然，這也需要不同於漢唐諸儒的新詮釋方法才
能達成。

（三）如何「以心解經」：張載經典詮釋方法之探討

張載經典詮釋思想中為了超越漢儒「字字相校」的訓詁法，以明
了經典中的「義理」，並且由經義而「取證明」，達到自覺、自明的
經典詮釋目的。針對此，他提出「心解」的詮釋方法。

1 心解則求義自明——「心解」以求「義理」的詮釋方法

張載的經典詮釋方法主要原則是「心解」。他說：

心解則求義自明，不必字字相校。譬之目明者，萬物紛錯於
前，不足為害，若目昏者，雖枯木朽株皆足為梗。（《張載

---

34 二程子說：「孟子大賢，亞聖之次。」〔宋〕程顥、程頤：《二程集・河南程氏
遺書卷第十八》，頁197。此外，也將《論》、《孟》並舉，二程說：「學者須先
讀《論》、《孟》自有簡要約處，以此觀他經，甚省力。《論》、《孟》如丈尺
權衡相似，以此去度量事物，自然見得長短輕重。」（同上書，頁205。）

集‧經學理窟‧義理》，頁277）

> 當自立說以明性，不可以遺言附會解之。若孟子言「不成章
> 不達」及「〔所性〕」「四體不言而喻」，此非孔子曾言而
> 孟子言之，此是心解也。（《張載集‧經學理窟‧義理》，
> 頁275）

從詮釋主體的討論中，可以了解「心解」的心乃是由「德性之知」
（而非「見聞之知」）涵養而來的「大心體物」之心；是「大心」，
而非梏於耳目見聞的「小心」。但是，這個「大心」又必須「不廢見
聞」，在經典循環反覆的閱讀過程中與經典聖言互為主體性，慢慢累
積出「明」和「定」；再回過頭來以此「明」和「定」作為詮釋經典
的基礎，此即是「心解」。

此一過程有其工夫次第，在剛開始「己守未明」的「迷經」階
段，的確常常會被語言所移動，張載說：

> 人之迷經者，蓋己所守未明，故常為語言可以移動。己守既
> 定，雖孔孟之言有紛錯，亦須不思而改之，復鋤去其繁，使
> 詞簡而意備。（《張載集‧經學理窟‧義理》，頁277）

此時，「聞一句話則起一重心，所以處得心煩」（《張載集‧經學理
窟‧義理》，頁277）這種曖昧不明與不確定性是經典詮釋的必經歷
程，鄒川雄說：

> 事實上，經典思考的本質就在於深思熟慮中、在曖昧不明
> 中、在跌跌撞撞的摸索中去追索經典中的微言大義。這些微
> 言大義必然涉及經典與讀者背後的身心狀態，這種追索最終
> 會以彰顯那隱藏在身心狀態中的真理為依歸。所謂曖昧不明

正是讀者自己較狹隘的真理視域無法含括經典的真理視域所
體現的面貌，此時，透過讀者與文本的對話，兩者的視域開
始融合，雙方在辯證的發展中向較為寬廣的真理邁進。[35]

這個曖昧不明與不確定性的過程如何超越？張載以為在詮釋過程中
「養心以識明靜」[36]，慢慢累積到「己守既定」，這時經典的意義就
「自然可見」、「譬之目明者，萬物紛錯於前，不足為害」，有「如
見肺肝然」的「明」，即張載所說的「心解則求義自明」。到此時，
文字是可以超越的，就不必再「字字相校」，甚至即使是「孔孟之
言」有紛錯都可「不思而改之」。

　　張載以「心解」作為掌握經典義理的詮釋方法，是建立在「養心
以識明靜」，透過工夫、實踐，累積明、定之證量來解經，才能「自
然得見」。因此，在張載看來正確的理解不來自客觀「認知」，而是
要「實到」──「實到其間方可言知」，才是「真知識」。張載說：

> 聖人之道，以言者尚其辭，辭不容易，只為到其間知得詳，
> 然後言得不錯，譬之到長安，極有知長安子細者。（《張載
> 集・張子語錄・語錄下》，頁329）

> 或探知於外人，或隔牆聽人之言，終不能自到，說得皆未是
> 實。（《張載集・經學理窟・自道》，頁288）

這也是張載認為「辭」困難的地方，文辭的表達和詮釋和心靈境界息
息相關，只有聖人之「辭」才沒有疑義。只有「實到」，對經典的理

35　鄒川雄：《通識教育與經典詮釋：一個教育社會學的反省》，頁108。
36　張載云：「書多閱而好忘者，只為理未精耳，理精則須記了無去處也。仲尼一以
　　貫之，蓋只著一義理都貫卻。學者但養心識明靜，自然可見。」〔宋〕《張載
　　集・經學理窟・學大原上》，頁279。

解和詮釋才是真實的。

2 總其言而求作者之意──從文本本義到作者本意的探求

張載透過「心解」的詮釋方法，目的是要在經典詮釋過程中求得「作者之意」。張載說：

> 觀書必總其言而求作者之意。（《張載集・經學理窟・義理》，頁275）

經典詮釋的目的是要求得經典「義理」，並且進一步要「求作者之意」。因此，不同於當代詮釋學所強調的文本多義性、開放性[37]，張載以為經典本義是唯一的。張載說：

> 有言經義須人人說得別，此不然。天下義理只容有一箇是，無兩箇是。（《張載集・經學理窟・學大原上》，頁279）

經典中要傳達的義理即是聖人的義理，這同時也是天地之理。由於天地之理是一，故經典的聖人義理也不可能是一人一義、十人十義。陳政揚說：

> 張載更指出，由於人並非藉由見聞之知掌握天地之理，而是通過天德良知領會之。故閱讀經典的關鍵並非僅是一種藉由

---

37 於詮釋學「文本的開放性」，也不是沒有條件的。李明輝說：「如果我們拋卻了『作者原意說』，很可能會落入任何解釋都可以成立的窘境，這個觀點是我無法接受的。在此我想引述高達美在《真理與方法》中的說法。高達美並不認為詮釋活動是漫無標準的，因為在文本的全體與部分間有一種循環，所有細節與整體間的一致性，辨識理解的正確性之當下判準。未達到這種一致性就意味理解之失敗。因此，『文本的開放性』並不是毫無限制的開放。」參黃俊傑編：《中國經典詮釋傳統──通論篇》，頁446。

知慮思辨以獲取各種詮釋可能的認知活動，而是人通過閱讀以「大其心」而「知天」的過程。[38]

對張載而言，經典的本義只是一義，作者的本意也只有一個。只有工夫不到家的「迷經者」，因為「己所守未明，故常為語言可以移動」。至於「實到」的聖人，張載說：

> 仲尼一以貫之，蓋只著一義理都貫卻。（《張載集‧經學理窟‧學大原上》，頁279）

文本多義性不是來自經典本身，而是來自於經典詮釋者和閱讀者不同的心靈境界，因此，唯有心靈境界的提升，才能對經典有正確的理解。

張載透過經典詮釋以明了經典「義理」，以「求作者之意」，這個文本本義、作者原意的獲得如何可能？又如何確認自己的詮釋與理解正確無誤？張載並沒有從詮釋學角度回答這個問題，他的「心解」詮釋方法顯然是由工夫論的角度來回答。這是一種「體驗之學」，必須透過身心的實踐才能取得真正的理解。此理解也代表中國詮釋思想異於西方詮釋學的特殊面向。這種強調實踐性、強調個人體認的詮釋方法如何避免落入經典詮釋的無政府主義，或導致經典詮釋的神秘主義？[39]張載的「心解」說，雖然和陸王「六經皆我注腳」一樣，強調在經典詮釋中主體性的張揚，但是張載在經典詮釋上顯然是更加

---

38 陳政揚：〈張載致學成聖的生命教育觀——兼論對孟子聖人觀之承繼與重詮〉，「倫理與宗教的對話－比較哲學學術研討會」會議手冊，頁21。

39 黃俊傑說：「傳統的『學』與『知』都具有實踐性，因此中國歷代解經者均十分強調個人體認，於是產生了某種經典詮釋的無政府主義，甚至導致了經典詮釋的神秘主義，我們應該如何看待這種現象？又該如何避免這種現象？」參黃俊傑編：《中國經典詮釋傳統——通論篇》，頁452。

小心。對於陸王「六經皆我注腳」之說，明末大儒劉蕺山提出他的憂慮：

> 所好者道也，而古人其階梯云。後儒之言曰：「古人往矣，
> 《六經》注我耳。吾將反而求吾之心。」夫吾之心未始非聖
> 人之心也，而未嘗學問之心，容有不合於聖人之心者，將遂
> 以之自信曰：「道在是。」不已過乎？夫求心之過，未有不
> 流為猖狂而賊道者也。（〈張慎甫《四書解》序〉）[40]

經典乃是聖人言辭，是義之尤精者。還未達到聖人境界的學習者，透過對經典的理解去把握聖人之心，張載在此顯得格外小心翼翼、戒慎恐懼。張載說：

> 讀書少則無由考校得義精，蓋書以維持此心，一時放下則一
> 時德性有懈，讀書則此心常在，不讀書則終看義理不見。書
> 須成誦精思，多在夜中或靜坐得之，不記則思不起，但通貫
> 得大原後，書亦易記。所以觀書者，釋己之疑，明己之未
> 達，每見每知所益，則學進矣，於不疑處有疑，方是進矣。
> （《張載集‧經學理窟‧義理》，頁275）

> 學者潛心略有所得，即且誌之紙筆，以其易忘，失其良心。
> 若所得是，充大之以養其心，立數千題，旋注釋，常改之，
> 改得一字即是進得一字。（同上）

不同於明道對記問甚博和尋行數墨的不以為然，讀書與文字都是張載所格外重視的工夫。張載認為在詮釋過程中要多讀書才能「考校得義

---

40 〔明〕劉宗周：《劉宗周全集》第3冊下（臺北：中央研究院中國文哲研究所籌備
處，1997），頁712。

精」，看見義理。而且是要「循環理解」[41]，才能逐漸體會無窮的經典「義理」，以「求作者之意」。不僅要精思成誦，甚至要寫讀書心得，化作文字、改得一字即是進得一字。因為在他看來，文字的變化並不只是修辭上辭的巧拙問題，而是對義理理解是否透澈無蔽的表現。

如何透過詮釋到達文本本義，乃至作者原意？在張載詮釋思想中，他除了以「心解」——主體性的實踐作為主要的詮釋方法外；也透過「聞見之知」上的對讀書、記誦、做筆記、循環理解等等，作為輔助的詮釋方法來達成其詮釋的正確性與完整性。

整體而言，張載的經典詮釋過程從詮釋主體的建立，到詮釋對象的檢擇、詮釋方法的說明，都表現和身心體驗息息相關的「實踐」特色。張載的經典詮釋即使以認知活動為手段，也是以實踐活動為目的。經典對於詮釋者來說是一個活生生的、與人們身心緊密相連的生活世界，而不只是知識上的認知對象；這是一個內化經典的過程。因此，張載經典詮釋的目的也不只是單純的「如何了解文本」的問題，而是指向「如何受文本的感化」，而「致學以成聖」。所以張載說：

> 凡經義不過取證明而已，故雖有不識字者，何害為善！
> （《張載集·經學理窟·義理》，頁277）

透過經典的聖人之言，來取得「證明」，驗證自己的道德修養、生命境界，張載的經典詮釋思想所表現的是一「實踐的詮釋學」的特質。

---

41 張載：「《六經》循環，年欲一觀。」「故為《六經》則須著循環。」〔宋〕《張載集·經學理窟·義理》，頁277、278。

四 結語

　　為了回應佛老挑戰，而展開對漢唐諸儒文字訓詁解經法的反省。作為宋代理學開山祖之一，張載經典詮釋思想中「心解」的詮釋方法、對經典「義理」的重視，以及在《六經》外對《四書》、《易傳》的推崇，在儒家經典詮釋史中體現了人的道德主體意識之自覺。其詮釋思想所展現的「實踐的詮釋學」特色，也就是後來所說的「宋學」。這種重視文本「義理」的解經法，影響整個宋明理學，一直到當代的新儒學。

　　除了「心解」和「義理」的強調外，張載經典詮釋思想中對讀書的重視和文字的在意，在宋儒中是罕見的，大概只有南宋朱子相似。對照張載的重視讀書、在意文字，和明道對「尋行數墨」的不以為然；這兩種態度的不同，延伸到南宋以後程朱和陸王學派間，就成了「我注《六經》」與「《六經》注我」的爭議，在「宋學」中又分成「理學」和「心學」兩種不同的詮釋法。陸王心學系統「《六經》皆我注腳」所引起的流弊是對主體的過度自信，以及對經典的輕慢。這種詮釋方法到明末引起東林學派的批判，自此以降學者莫不重視讀書。清代以後，從反對「《六經》皆我注腳」的陸王心學，到反對整個宋明理學，演變成整個「漢學」、「宋學」之爭，中國的詮釋思想之主流又走回重視文字訓詁的語意學詮釋學之路。

　　這一大段中國經典詮釋方法的爭議，或許說明儒學除了保有作為「生命的學問」重視體驗的特色外，也要重視文字訓詁，這是基礎。「如果沒有訓詁考據專家的梳理，就無法踏出經典詮釋的第一步，因此從事闡述義理的工作者、必須尊重傳統訓詁考據之學的研究成果，

避免望文生義的錯謬。」[42]詮釋經典既要能融入經典的文化傳統，也要能進入生命實踐的意義世界之中，在主觀化和客觀化的經典詮釋策略二者辯證交融的開展中，使詮釋者和經典間達到視域融合的結果。在這個意義下，張載的「心解」經典，雖然反對漢學的「字字相校」，但其重視文本「義理」外，對文字的不輕忽，是其值得肯定之處。

---

42 李明輝語。參黃俊傑編：《中國經典詮釋傳統──通論篇》，頁465。

引用書目

一　傳統文獻

〔唐〕宗密　《華嚴原人論》　《大正新脩大藏經》第45冊　臺北　新文豐出版社　NO.1886

〔宋〕周敦頤　《通書》《周敦頤集》　北京　中華書局　1990

〔宋〕邵雍　《擊壤全書》　臺北　廣文書局　1972

〔宋〕張載　《張載集》　臺北　漢京文化事業公司　1983

〔宋〕程顥、程頤　《二程集》　臺北　漢京文化事業公司　1983

〔宋〕朱熹著　鄭明等校點　《朱子全書》　上海　上海古籍出版社　2002

〔宋〕朱熹　《朱子文集》　臺北　德富文教基金會　2000

〔宋〕朱熹著　黎靖德編　《朱子語類》　北京　中華書局　1999

〔宋〕陸九淵　《陸九淵集》　臺北　里仁書局　1981

〔宋〕黃榦　《黃勉齋先生文集》　臺北　青山書屋　1957

〔明〕王陽明　《王陽明全集》　上海　上海古籍出版社　1992

〔明〕王畿　《王龍溪語錄》　臺北　廣文書局　1977

〔明〕高攀龍　《高子遺書》　臺北　臺灣商務印書館　影印文淵閣四庫全書第1292冊‧集部231別集類　1985

〔明〕劉蕺山著　戴璉璋、吳光主編　《劉宗周全集》　臺北　中央研究院中國文哲研究所　1997

〔明〕張岳　《小山類稿》　福州　福建人民出版社　2000

〔清〕黃宗羲著　沈芝盈點校　《宋元學案》　北京　中華書局

　　　　　2007

〔清〕黃宗羲著　沈芝盈點校　《明儒學案》　北京　中華書局
　　　　　2007

〔清〕孫希旦　《禮記集解》　臺北　文史哲出版社　1984

〔清〕王懋竑　《朱子年譜》　北京　中華書局　1998

〔清〕李中孚著　王心敬纂　《漢學彙編斷句李二曲全集》　臺北
　　　　　廣文書局　1999

〔清〕李顒撰　陳俊民點校　《二曲集》　北京　中華書局　1996

〔清〕吳懷清編著　陳俊民點校　《關中三李年譜》　西安　陝西師
　　　　　範大學出版社　1992年

〔清〕曾國藩　《曾文正公家書》　《曾文正公全集》　臺北　世界
　　　　　書局　1991

二　近人論著

丁為祥　《虛氣相即──張載哲學體系及其定位》　北京　人民出版
　　　　　社　2000

中嶋隆藏　《靜坐──實踐與歷史》　新竹　國立清華大學出版社
　　　　　2011

方　倫　《唯識三頌講記》　高雄　佛光出版社　1992

王治心　《中國宗教史大綱》　北京　東方出版社　1996

王俊彥　《王廷相與明代氣學》　臺北　秀威科技資訊公司　2005

史泰司（W. T. Stance）著　楊儒賓譯　《冥契主義與哲學》　臺北
　　　　　正中書局　1998

朱建民　《張載思想研究》　臺北　文津出版社　1989

牟宗三　《才性與玄理》　臺北　臺灣學生書局　1985

牟宗三　《中國哲學的特質》　臺北　臺灣學生書局　1998

牟宗三　《中國哲學十九講》　臺北　臺北學生書局　1983

牟宗三　《心體與性體》第一冊　臺北　正中書局　1985

牟宗三　《心體與性體》第二冊　臺北　正中書局　1985

牟宗三　《從陸象山到劉蕺山》　臺北　臺灣學生書局　1984

米爾恰・伊里亞德（Mircea Eliade）著　王建光譯　《神聖與世俗》
　　　　北京　華夏出版社　2002

杜小真編選　《福柯集》　上海　上海遠東出版社　1998

杜保瑞　《北宋儒學》　臺北　臺灣商務印書館　2005

杜維明　《東亞價值與多元現代性》　北京　中國社會科學出版社
　　　　2001

周與沉　《身體：思想與修行——以中國經典為中心的跨文化觀照》
　　　　北京　中國社會科學出版社　2005

岡田武彥　《坐禪與靜坐》　東京　櫻楓社　1970

帕瑪著、嚴平譯　《詮釋學》　臺北　桂冠圖書公司　1992

林安梧　《儒學轉向——從「新儒學」到「後新儒學」的過渡》　臺
　　　　北　臺灣學生書局　2006

林安梧　《王船山人性史哲學之研究》　臺北　東大圖書公司　1987

林安梧　《儒學與中國傳統社會之哲學省察》　上海　學林出版社
　　　　1998

林維杰　《朱熹與經典詮釋》　臺北　臺大出版中心　2008

林繼平　《李二曲研究》　臺北　臺灣商務印書館　1999

侯外廬、邱漢生、張豈之主編　《宋明理學史》　北京　北京人民出
　　　　版社　1987

威廉・詹姆斯（William James）著　蔡怡佳、劉宏信譯　《宗教經驗
　　　　之種種》　臺北　立緒文化　2001

柳川綱義編　《朱子靜坐集說》　江戶　須原屋版　1717年

唐君毅　《哲學論集》　臺北　臺灣學生書局　1990

唐君毅　《中國哲學原論——原性篇》　臺北　臺灣學生書局　1989

唐君毅　《中國哲學原論——原教篇》　臺北　臺灣學生書局　1984

唐君毅　《中國哲學原論——原道篇》　臺北　臺灣學生書局　1990

徐復觀　《中國思想史論集》　臺北　臺灣學生書局　1981

袁保新　《從海德格、老子、孟子到當代新儒學》　臺北　臺灣學生書局　2008

張岱年　《中國哲學史史料學》　北京　生活、讀書、新知三聯書店　1982

梁啟超　《中國近三百年學術史》　臺北　華正書局　1984

梁啟超　《清代學術概論》　臺北　臺灣商務印書館　1994

許鶴齡　《李二曲「體用全學」之研究》　臺北　文史哲出版社　2004

陳立勝　《「身體」與「詮釋」——宋明儒學論集》　臺北　臺大出版中心　2011

陳俊民　《張載哲學與關學學派》　臺北　臺灣學生書局　1990

陳政揚　《張載思想的哲學詮釋》　臺北　文史哲出版社　2007

陳榮捷　《朱子新探索》　臺北　臺灣學生書局　1988

陳德和　《儒家思想的哲學詮釋》　臺北　洪葉文化　2003

陶清　《明遺民九大家哲學思想研究》　臺北　洪葉文化　1997

湯淺泰雄著　馬超等編譯　《靈肉探微——神秘的東方身體觀》　北京　中國友誼出版社　1990

馮友蘭　《中國哲學史新編》　第5冊　北京　人民出版社　1984

黃俊傑　《東亞儒學史的新視野》　臺北　喜瑪拉雅研究發展基金會　2001

楊立華　《氣本與神化──張載哲學述論》　北京　北京大學出版社　2008

楊儒賓　《儒家身體觀》　臺北　中央研究院中國文哲研究所籌備處　1996

楊儒賓、何乏筆主編　《身體與社會》　臺北　唐山出版社　2004

楊儒賓、馬淵昌也、艾皓德編　《東亞的靜坐傳統》　臺北　臺大出版中心　2012

鄒川雄　《通識教育與經典詮釋：一個教育社會學的反省》　嘉義　南華教社所　2006

廖俊裕　《道德實踐與歷史性──關於蕺山學的討論》　臺北　花木蘭出版社　2008

熊十力　《十力語要》　臺北　明文書局　1990

熊十力　《原儒》　臺北　明文書局　1988

劉述先　《朱子哲學思想的發展與完成》　臺北　臺灣學生書局　1995

潘德榮　《詮釋學導論》　臺北　五南圖書出版公司　1999

鄭宗義　《明清儒學轉型探析：從劉蕺山到戴東原》　香港　中文大學出版社　2000

三　單篇論文

（一）專書論文

Robert C. Neville著　楊儒賓譯　〈中國哲學的身體思維〉　收入楊儒賓編　《中國古代思想中的氣論與身體觀》　臺北　巨流圖書公司　1997　頁193-212

王汎森　〈明末清初的一種道德嚴格主義〉　收入氏著　《晚明清初
　　　　思想十論》　上海　復旦大學出版社　2004　頁89-106

史甄陶　〈東亞儒家靜坐研究之概況〉　收入楊儒賓、馬淵昌也、艾
　　　　皓德編　《東亞的靜坐傳統》　臺北　臺大出版中心　2012
　　　　頁27-61

何乏筆　〈何謂「兼體無累」的工夫——論牟宗三與創造性的問題
　　　　化〉　收入楊儒賓、祝平次主編　《儒家的氣論與工夫論》
　　　　臺北　臺大出版中心　2005　頁79-102

何衛平　〈西方解釋學在中國的傳播與效應〉　收入洪漢鼎主編
　　　　《中國詮釋學》第一冊　濟南　山東人民出版社　2003　頁
　　　　211-246

余英時　〈「明明直照吾家路」——《陳寅恪晚年詩文釋證》新版自
　　　　序〉　氏著　《中國文化與現代變遷》　臺北　三民書局
　　　　1992　頁243-254

余英時　〈怎樣讀中國書〉　氏著　《中國文化與現代變遷》　臺北
　　　　三民書局　1992　頁261-268

余敦康、黃俊傑、洪漢鼎、李明輝　〈中國詮釋學是一座橋〉　收入
　　　　洪漢鼎主編　《中國詮釋學》第一冊　濟南　山東人民出版
　　　　社　2003　頁247-254

吳光明　〈莊子的身體思維〉　收入楊儒賓主編　《中國古代思想
　　　　中的氣論及身體觀》　臺北　巨流圖書公司　1993　頁393-
　　　　414

宋灝（Mathias Obert）　〈普遍理解與個人理解——以現代詮釋學看
　　　　程朱詮釋學〉　收入李明輝、邱黃海主編　《理解、詮釋與儒
　　　　家傳統　比較觀點》　臺北　中央研究院中國文哲研究所
　　　　2010　頁95-128

李　中　〈氣質之性源於道教說〉　《道教文化研究》第五輯　上海　上海古籍出版社　1994　頁271-279

李清良　〈黃俊傑論中國經典詮釋傳統　類型　方法與特質〉　收入洪漢鼎主編　《中國詮釋學》第一冊　濟南　山東人民出版社　2003　頁263-277

林永勝　〈中文學界有關理學工夫論之研究現況〉　收在楊儒賓、祝平次編　《儒學的氣論與工夫論》　臺北　臺灣大學出版中心　2005　頁337-384

邵東方　〈朱子讀書解經之詮釋學分析——與伽達默爾之比較〉　收入鍾彩鈞主編　《朱子學的開展——學術篇》　臺北　漢學研究中心　2002　頁69-94

唐君毅　〈張橫渠之心性論及其形上學之根據〉　《哲學論集》　臺北　臺灣學生書局　1990　頁211-233

秦家懿　〈朱熹與道教〉　收入鍾彩鈞主編　《國際朱子學會議論文集》下冊　臺北　中央研究院中國文哲研究所籌備處　1993　頁855-874

荒木見悟；〈朱子學與大慧宗杲〉　收入鍾彩鈞主編　《國際朱子學會議論文集》下　臺北　中研院文哲所　1993　頁795-816

馬昌淵也　〈明代後期「氣」的哲學之三種類型與陳確的新思想〉　收入楊儒賓、祝平次主編　《儒家的氣論與工夫論》　臺北　臺灣大學出版中心　2005　頁161-202

張岱年　〈關於張載的思想和著作〉　收入《張載集》　臺北　漢京文化事業公司　1983　頁1-18

張茂澤　〈「心解」：張載的經典詮釋思想〉　收入成中英主編　《本體與詮釋——中西比較》第三輯　上海　上海社會科學出版社　2003　頁230-255

陳立勝　〈「心」與「腔子」：儒學修身的體知面向〉　收入氏著《「身體」與「詮釋」──宋明儒學論集》　臺北　臺大出版中心　2011　頁71-110

陳立勝　〈朱子讀書法：詮釋與詮釋之外〉　收入氏著　《身體與詮釋──宋明儒學論集》　臺北　臺大出版中心　2011　頁191-228

陳章錫　〈《禮記》政治思想之形上原理及其開展〉　收入《通經致用：第二屆中華經學國際學術研討會論文集》　臺灣　高雄師範大學經學研究所　2012年5月　頁107-128

陳榮灼　〈氣與力：「唯氣論」新詮〉　收入楊儒賓、祝平次主編《儒家的氣論與工夫論》　臺北　臺大出版中心　2005　頁47-77

彭國翔　〈身心修煉：朱子經典詮釋的宗教學意涵〉　收入林維杰、邱黃海主編　《理解、詮釋與儒家傳統：中國觀點》　臺北　中央研究院中國文哲研究所　2010　頁193-258

景海峰　〈儒家詮釋學的三個時代〉　收入李明輝編　《儒家經典詮釋方法》　臺北　喜馬拉雅研究發展基金會　2003　頁115-142

湯淺泰雄　〈「氣之身體觀」在東亞哲學與科學中的探討〉　收入楊儒賓主編　《中國古代思想中的氣論及身體觀》　臺北　巨流圖書公司　1993　頁63-99

黃俊傑　〈孟子運用經典的脈絡及其解經方法〉　收入李明輝編《儒家經典詮釋方法》　臺北　喜馬拉雅研究發展基金會　2003　頁165-182

黃俊傑　〈東亞儒學思想傳統中的四種「身體」：類型與議題〉　收入氏著　《東亞儒學　經典與詮釋的辯證》　臺北　臺大出

版中心　2007　頁187-218

黃俊傑　〈儒家論述中的歷史敘述與普遍原則〉　收入氏編　《中國
　　　　經典詮釋傳統（一）：通論篇》　臺北　喜馬拉雅研究發展
　　　　基金會　2003　頁403-432

黃冠閔　〈主體之位：唐君毅與列維納斯的倫理學思考〉　收入劉笑
　　　　敢主編　《中國哲學與文化（第8輯）──唐君毅與中國哲
　　　　學研究》　桂林　廣西師範大學出版社　2010　頁165-194

楊儒賓　〈水月與記籍：理學家如何詮釋經典〉　收入李明輝編
　　　　《中國經典詮釋傳統（二）：儒學篇》　臺北　喜馬拉雅研
　　　　究發展基金會　2003　頁159-192

楊儒賓　〈主靜與主敬〉　收入楊儒賓、馬淵昌也、艾皓德編　《東
　　　　亞的靜坐傳統》　臺北　臺大出版中心　2012　頁129-160

楊儒賓　〈宋儒的靜坐說〉　收入臺灣哲學學會編　《儒家哲學》
　　　　臺北　桂冠圖書　2004　頁39-86

楊儒賓　〈兩種氣學、兩種儒學〉　收入氏著　《異議的意義──近
　　　　世東亞的反理學思潮》　臺北　臺大出版中心　2012　頁
　　　　127-172

楊儒賓　〈格物與豁然貫通──朱子〈格物補傳〉的詮釋問題〉　收
　　　　入鍾彩鈞主編　《朱子學的開展──學術篇》　臺北　漢學
　　　　研究中心　2002　頁219-246

楊儒賓　〈檢證氣學──理學史脈絡下的觀點〉　《異議的意義──
　　　　近世東亞的反理學思潮》　臺北　臺大出版中心　2012　頁
　　　　85-126

楊儒賓　〈「積累」與「當下」──時間隱喻下的經典詮釋〉　收入
　　　　氏著　《從《五經》到《新五經》》　臺北　臺大出版中心
　　　　2013　頁59-98

劉又銘 〈宋明清氣本論研究的若干問題〉 收入楊儒賓、祝平次主
　　　　編 《儒家的氣論與工夫論》 臺北 臺大出版中心 2005
　　　　頁203-246

鄭宗義 〈論朱子對經典詮釋的看法〉 收入鍾彩鈞主編 《朱子學
　　　　的開展──學術篇》 臺北 漢學研究中心 2002 頁95-
　　　　130

藤井倫明 〈日本研究理學工夫論之概況〉 收入楊儒賓、祝平次編
　　　　《儒學的氣論與工夫論》 臺北 臺大出版中心 2005 頁
　　　　301-336

（二）期刊論文

王昌偉 〈李二曲調和朱子與陸王的方法〉 《孔子研究》 2000年
　　　　第6期 頁87-97

王雪卿 〈以心解經──張載的經典詮釋思想之考察〉 《吳鳳學
　　　　報》 第19期 2011年12月 頁439-458

王雪卿 〈作為「生命實踐」的李二曲思想之研究（上）〉 《鵝湖
　　　　月刊》 第37卷第6期 總號第438 2011年12月 頁9-22

王雪卿 〈作為「生命實踐」的李二曲思想之研究（下）〉 《鵝湖
　　　　月刊》 第37卷第7期 總號第439 2012年1月 頁20-27

王曉昕 〈王陽明「為教之變」中的本體與工夫──也從「靜坐教
　　　　法」談起〉 《貴州社會科學》 第10期總226期 2008年
　　　　10月 頁54-58

朱康有、葛榮晉 〈清初諸大儒思想再評價〉 《西南民族大學學
　　　　報》 人文社科版 2006年10月 總第182期 頁74-80

朱康有 〈李二曲論心性修養的初步工夫〉 《寧波黨校學報》

2006年第6期　頁106-109

何乏筆　〈修養與批判：傅柯《主體解釋學》初探〉　《中國文哲研究通訊》　第15卷　第3期　2005年9月　頁5-32

李孟儒　〈從「靜坐」衡定陳白沙之心學〉　《鵝湖月刊》　33卷3期　總387期　2007年9月　頁22-31

林永勝　〈惡之來源、個體化與下手功夫——有關張載變化氣質說的幾個思考〉　《漢學研究》　第28卷第3期　2010年9月　頁1-34

孫　萌　〈李二曲是如何兼取朱子陸王的——與王昌偉先生商榷〉　《孔子研究》　2002年第6期　頁67-75

張閏洙　〈張載的大心工夫論〉　《湖南大學學報（社會科學版）》　第22卷第4期　2008年7月　頁5-10

張麗珠　〈理學在清初的沒落過程〉　彰化師範大學　《國文學誌》　第4期　2000年12月　頁99-117

許宗興　〈「中國生命實踐哲學」的範疇論〉　《華梵人文學報》　第8期　2007年1月　頁53-88

陳劍鍠　〈高攀龍對「靜」的體認——兼及對朱熹未發、已發說的修正〉　《鵝湖學誌》　28期　2002年6月　頁119-147

彭國翔　〈作為身心修煉的禮儀實踐——以《論語・鄉黨篇》為例的考察〉　《臺灣東亞文明研究學刊》　第6卷第1期　2009年6月　頁1-27

黃俊傑　〈評李明輝著《孟子重探》〉　《臺大歷史學報》　第27期　2001年6月　頁213-223

黃慧英　〈陳白沙之工夫論〉　《鵝湖學誌》　33期　2004年12月　頁208-232

楊　菁　〈高攀龍的靜坐實踐及其體悟〉　《彰化師大國文學誌》22

期　2011年6月　頁301-333

楊儒賓　〈變化氣質、養氣與觀聖賢氣象〉　《漢學研究》　第19卷
　　　　第1期　2001年6月　頁103-136

廖俊裕　〈證量解經──論劉蕺山《人譜雜記》之詮釋途徑〉　《南
　　　　華文學學報》　第十二期　2010年12月　頁121-156

趙吉惠　〈李二曲《四書反身錄》對傳統儒學的反省與闡釋〉　《中
　　　　國哲學史》　1998年第1期　頁71-80

劉滌凡　〈李二曲體用思想發微〉　《孔孟月刊》　第32卷第6期
　　　　1984年2月　頁40-49

潘振泰　〈劉宗周（1578-1645）對於「主靜」與「靜坐」的反
　　　　省──一個思想史的探討〉　《新史學》18卷1期　2007年3
　　　　月　頁43-85

鄧秀梅　〈唐、牟二氏對張載哲學的詮釋比較〉　《鵝湖月刊》　第
　　　　35卷第3期　總號411　2009年9月　頁25-39

橫手裕著　黃崇修譯　〈道教於「本然之性」與「氣質之性」之言
　　　　說──兩種的「性」與「神」為核心〉　《興大歷史學報》
　　　　第17期　2006年6月　頁27-40

賴錫三　〈陸西星的男女双修觀與身體心性論──內丹男女双修的批
　　　　判性反思〉　《中正大學中文學術年刊》　2008年第1期
　　　　總第11期　2008年6月　頁307-350

四　學位論文

周　兵　《唐君毅對張載思想的現代詮釋》　西安市　陝西師範大學
　　　　中國哲學碩士學位論文　2009

林杜杰　《論港台新儒家對張載《正蒙》的詮釋──以方東美、唐君毅

為例》　西安市　陝西師範大學中國哲學碩士學位論文　2013
翁文立　《橫渠思想的當代詮釋──以唐君毅為中心》　嘉義　南華
大學哲學系碩士學位論文　2009

哲學研究叢書・學術思想叢刊 0701002

靜坐、讀書與身體：理學工夫論之研究

著　　　者	王雪卿
責任編輯	吳家嘉
特約校稿	陳漢傑

發 行 人	林慶彰
總 經 理	梁錦興
總 編 輯	張晏瑞
編 輯 所	萬卷樓圖書股份有限公司
	臺北市羅斯福路二段 41 號 6 樓之 3
	電話 (02)23216565
	傳真 (02)23218698

發 　 行	萬卷樓圖書股份有限公司
	臺北市羅斯福路二段 41 號 6 樓之 3
	電話 (02)23216565
	傳真 (02)23218698
	電郵 SERVICE@WANJUAN.COM.TW
香港經銷	香港聯合書刊物流有限公司
	電話 (852)21502100
	傳真 (852)23560735

ISBN 978-957-739-900-7

2020 年 12 月初版三刷
2019 年 10 月初版二刷
2015 年 7 月初版一刷

定價：新臺幣 520 元

如何購買本書：

1. 劃撥購書，請透過以下郵政劃撥帳號：
   帳號：15624015
   戶名：萬卷樓圖書股份有限公司

2. 轉帳購書，請透過以下帳戶
   合作金庫銀行 古亭分行
   戶名：萬卷樓圖書股份有限公司
   帳號：0877717092596

3. 網路購書，請透過萬卷樓網站
   網址 WWW.WANJUAN.COM.TW

大量購書，請直接聯繫我們，將有專人為
您服務。客服：(02)23216565 分機 610

如有缺頁、破損或裝訂錯誤，請寄回更換

版權所有・翻印必究

Copyright©2020 by WanJuanLou Books CO., Ltd.

All Rights Reserved　　　　　**Printed in Taiwan**

國家圖書館出版品預行編目資料

靜坐、讀書與身體：理學工夫論之研究 / 王
雪卿著.
 -- 初版. -- 臺北市 ： 萬卷樓, 2015.7
　面；　公分

ISBN 978-957-739-900-7(平裝)

1.宋明理學 2.儒學

125　　　　　　　　　　　　　103024191